마가를 따라

KATA MAPKON

신약성서 헬라어 원전 강해 시리즈 2 — 마가복음

마가를 따라 KATA MAPKON

2024년 4월 11일 처음 펴냄

지은이 | 진철
펴낸이 | 김영호
펴낸곳 | 도서출판 동연
주　소 | 서울시 마포구 월드컵로 163-3
전　화 | 02-335-2630
팩　스 | 02-335-2640
이메일 | yh4321@gmail.com
인스타그램 | dongyeon_press

ISBN 978-89-6447-985-8 04230
ISBN 978-89-6447-893-6 04230(신약성서 헬라어 원전 강해 시리즈)

신약성서 헬라어 원전 강해 시리즈 2
마가복음

마가를
따라
KATA MAPKON

진철 지음

동연

2

한신^{韓神}의 수사자^{獅子}

전병생 목사님께

추 천 의 글

할렐루야! 진 목사님의 오랜 시간에 걸친 강해의 노고를 경하합니다. 그리고 마가복음 헬라어 원전 강해서『마가를 따라』의 출판을 축하드립니다. 제가 이 추천의 글을 쓰게 된 것은 40여 년 전에 있었던 한 장면 때문입니다.

1980년 봄, 한신 기숙사 개방의 날에 친구랑 함께 남자 기숙사에 갔습니다. 진 목사님의 방을 방문했을 때 그는 의자에 앉아 룸메이트와 이야기를 나누고 있었습니다. 그는 그때 감옥에서 풀려나온 지 얼마 안 되는 복학생이었습니다. 그리고 하나님께서는 그날부터 나에게 그를 위해 기도하게 하셨습니다. 졸업하고 오랜 세월이 흘렀지만, 하나님께서 주시는 은혜로 열심히 기도하였습니다. 다만 어디서든지 언젠가는 주님께서 귀하게 쓰실 것이라고만 믿었습니다.

이런 인연으로 진 목사님과의 만남이 이어져 추천의 글을 쓰게 되었습니다.

『마가를 따라』가 한 권의 책으로 나오기까지 40여 년의 세월이 걸렸다는 사실을 알았습니다. 신학교에 입학하였을 때 헬라어 성서를 소설처럼 읽는 꿈을 꾸었고, 운동권 15년의 세월이 흐르고 46세 되는 나이에 드디어 헬라어 문법에 도전하였고, 공부를 한 지 20년의 시간이 흘러 강해를 시작하였고, 그것이 책이 되었다는 사실에 가슴

이 먹먹해졌습니다. 목사님의 하나님 말씀에 대한 지독한 사랑과 집념, 열정이 하나님께서 목사님께 주신 카리스마였습니다. 성서 원전 강해로 성서의 말씀을 풍성하게 일구어 주시는 목사님께 마음의 꽃다발을 보내며 하나님께 감사를 드립니다.

본서는 여느 강해와 다르게 읽기가 수월합니다. 전반적으로 신학적인 전문용어가 많지 않고 문장 호흡이 길지 않아서 이해가 쉽습니다. 신학을 위한 강해가 아니고 신앙을 위한 강해라서 단언적이며 선포적인 케리그마입니다.

강단 신학자의 강해가 아니고 재야 신학자의 글이어서 복잡하고 난해하지 않고 간단명료합니다. 마찬가지로 다른 신학자들의 학문적인 토론이나 비판을 염두에 두지 않으므로 형식이나 논리 전개, 사용하는 언어에 제약이 없습니다. 박진감이 있는 선악의 대립, 거친 어투와 표현들이 여과 없이 아무렇지도 않게 사용되고 있습니다. 그뿐만 아니라 상상과 유추와 비약이 많습니다. 이런 여러 가지 요인으로 인하여 책이 지루하지 않고 활기찬 느낌을 줍니다. 재미가 있습니다. 특별히 곳곳에서 다른 복음서의 특징을 열거해 주어서 마가복음의 무색무취의 독특성을 거꾸로 깨닫게 되는 묘미를 맛보기도 합니다.

이 책은 마가복음을 새롭게 흥미를 가지고 읽게 해 줍니다. 저는 이 책에서 마가복음에 대한 좋은 안내를 많이 받았지만, 특별히 세 가지를 함께 나누고 싶습니다.

첫째는 "하나님의 아들 예수 그리스도의 복음의 시작이라"는 우리에게는 너무 당연하고 너무 구태의연한 서두의 선언이 당시 유대사회를 흔들며 로마제국의 기저를 흔드는 위험한 역사적 혁명적 선언이었다는 사실을 새롭게 알았습니다. 그뿐만 아니라 지금도 서두의 선언은 우리로 하여금 종말론적 삶, 예수 그리스도를 따라 죽음의 길, 부활의 길로 나설 것을 강권하고 있다는 것입니다.

둘째는 변화산 사건을 부활의 예시로 보는 해석입니다.

"변화산에서 나사렛 예수의 몸은 영광의 본체로 변화한다"(211쪽). "다시 말해서 나사렛 예수의 몸은 사람의 육체를 벗어버리고 그의 본래의 영광의 본체로 돌아갔다는 것이다. 이로써 나사렛 예수의 존재의 실체가 드러났다. 그러자 엘리야가 모세와 함께 나타나 나사렛 예수와 더불어 이야기한다. 이것은 나사렛 예수가 예언자와 율법의 증거를 받고 있음을 드러내는 것이다"(218-219쪽).

셋째는 복음의 본질이 하나님의 종말론적인 희망의 약속인 부활이라는 것입니다.

저자는 마가의 신학이 '신 죽음의 신학'이라고 주장합니다.

"나사렛 예수는 신의 아들이고 그의 죽음은 신의 죽음이다. 십자가에 못 박혀 죽은 것은 영광의 신이다. 만약 그가 신이 아니라면 그는 더 이상 신앙의 대상이 될 수 없다. 마가복음은 나사렛 예수의 신성을 여러 군데서 증거하고 있다. 더 나아가 마가복음 전체가 그의 신성을 증언하는 글이다. 나사렛 예수의 신성의 계시는 변화산에서 절정에 도달한다. 마가는 부활에 대한 이야기를 하지 않지만 마가에게 부활은 이미 정해져 있는 것이다. 그것은 하나님께서 선지자들을 통해 약속해 놓으신 종말론적 구원의 길이다"(11쪽).

그러므로 저자는 "제자들이 온 세계에 나가서 선포해야 할 케리그마는 하나님의 종말론적 희망의 약속인 부활이라는 것이다"라고 합니다(431쪽).

십자가신학, '신 죽음의 신학'이 곧 '신 부활의 신학'임을 공감하며 귀한 책을 써주신 저자에게 깊은 감사를 드립니다.

이옥희 선교사
(기장총회 파송 남인도교단 에큐메니칼 코워커,
희망발전소 대표)

머 리 말

내가 한신에 입학했을 때 나의 꿈은 헬라어 성서를 소설처럼 읽는 것이었다. 그리고 그것은 모든 신학생의 꿈이었으리라. 그러나 그 꿈이 이루어질 가능성은 거의 없는 일이었다. 더구나 운동권의 엉뚱한 길로 들어선다는 것은 그 꿈과는 더욱더 멀어지는 일이었다.

그렇게 운동권 15년의 세월이 흘렀다. 그리고 그렇게 인생이 끝날 줄 알았다. 그러나 인생이란 태어나서 죽는 것뿐 아니라 그 과정 자체가 신비에 싸여있으니, 그것은 모든 피조물의 삶에는 신의 초월적 의지가 작동하고 있기 때문이다. 나는 생각지도 않은 시간과 장소에서 하나님의 환상을 보고 그분의 음성을 듣게 되었다. 그것은 나의 의지와는 아무 상관 없는 일이었다. 그 후 나는 그분의 초월적 의지에 굴복할 수밖에 없었다. 그렇게 해서 알 수 없는 힘에 이끌리어 46살의 늦은 나이에 헬라어 문법에 다시 도전하게 되었다. 그리고 그 알 수 없는 힘에 사로잡혀 알파벳부터 시작하여 분해성경을 끝내는 데 88일이 걸렸다. 그것은 미친 사람에게나 일어날 수 있는 일이었다. 그때 나는 너무 행복했다. 나는 꿈이 금방 이루어질 것으로 생각했다. 그러나 그것은 고통의 시작일 뿐이었다. 헬라어 공부는 첩첩산중이요 갈수록 태산이었다. 그 끝도 보이지 않는 길을 바라보며 공부 때문에 자살하는 학생들 이야기가 실감이 났다. 내가 포기하지 않고 끝까지 갈 수 있었던 것은 그것 외에는 다른 길이 없었기 때문이다. 그렇게 헬라어 공부 20년의 시간이 흘러 80살의 늙은 모세처럼 모든 인간적 희망이 사라진 어느 날 하나님의 은혜가 찾아왔다. 갑자기 바위가 터지고 샘물이 솟아나기 시작한 것이다. 그것은 인간의 계획과 의지 너머에 있는 신의 계획과 의지가 작동하고 있다는 증거다. 그렇게 해서 헬라어 원전 강해 시리즈라는 기이하고 놀라운 일이 시작되었다.

이 책의 제목 『마가를 따라』는 헬라어 원전의 제목 '카타 마르콘'을 그대로 직역한 것이다. 사실 나는 이 책의 제목을 어떻게 할 것인지 답을 찾지 못하고 있었다. 그러던 중 1차 교정지의 제목이 '마가를 따라'로 되어있는 것을 발견했다. 이 제목은 동연출판사 김영호 사장이 붙여 준 것이다. 나는 그럴듯하다는 생각이 들었다. 왜냐하면 마가복음은 다른 복음서에 비하면 무색무취하기 때문이다. 그러나 마가의 글은 그 어떤 복음서보다 강렬한 에너지를 품고 있는데, 그 에너지는 십자가 죽음의 폭발력이다. 마가가 남겨놓은 글에는 마가의 신학이 있다. 우리는 그의 신학을 따라 나사렛 예수의 실체에 접근하게 될 것이다. 마가복음은 나사렛 예수의 뒤를 따라 죽음을 향하여 나가고 있던 어떤 제자가 남겨놓은 글이다. 그는 십자가 죽음을 통해 부활의 영광 속으로 들어간 주님의 뒤를 따라가고 있다. 그 역시 죽음을 통해 그분의 영광에 참여하게 될 것이다. 그에게 부활의 영광은 반드시 죽음을 통해서 열리게 되는데, 그 죽음은 의지적이고 주체적인 운동성을 가지고 있다. 그에게 죽음은 부활의 영광으로 들어가는 문이다. 그의 죽음은 종말론적 실존이며 또한 혁명적이고 정치적이다.

마가의 신학은 '신 죽음의 신학'이다. 나사렛 예수는 신의 아들이고, 그의 죽음은 신의 죽음이다. 십자가에 못 박혀 죽은 것은 영광의 신이다. 만약 그가 신이 아니라면 그는 더 이상 신앙의 대상이 될 수 없다. 마가복음은 나사렛 예수의 신성을 여러 군데서 증거하고 있다.

더 나아가 마가복음 전체가 그의 신성을 증언하는 글이다. 나사렛 예수의 신성의 계시는 변화산 이야기에서 절정에 도달한다. 마가복음은 나사렛 예수의 세례로부터 시작하여 변화산을 향하여 올라가 거기서 그분의 영광의 실체를 계시한 후 빠른 속도로 십자가 죽음을 향하여 전진한다. 마가는 예수의 부활에 대해 많은 이야기를 하지 않는다. 마가에게 있어서 부활은 이미 정해져 있는 것이다. 그것은 이미 하나님께서 선지자들을 통해 약속해 놓으신 종말론적 구원의 길이다. 그러므로 부활하신 예수를 직접 만나거나 만져보지 않고서도 부활은 하나님 나라의 실체이며 신앙의 대상이다.

2024년 2월
진철

차 례

❋

❋

일러두기

성경 구절은 독일성서공회(academic-bible.com)의 '헬라어 성경'에서 인용하
였습니다.

하나님의 아들

마가복음 1:1

1절

Ἀρχὴ τοῦ εὐαγγελίου Ἰησοῦ Χριστοῦ [υἱοῦ θεοῦ].

[하나님의 아들] 예수 그리스도의 복음의 시작.

해설

마가는 자신의 신학적 입장을 분명히 밝히면서 이야기를 시작한다. 그에게 나사렛 예수는 하나님의 아들이다. 그렇기에 이 서문은 딴소리는 하지 말라는 독단적이고 배타적인 신학 선언이다. 그의 주장은 이 케리그마를 믿고 세례받으면 구원받고 그렇지 않으면 정죄받는다는 것이다.

반면에 마태는 나사렛 예수를 아브라함과 다윗의 아들이라고 선언하면서 족보 이야기로 시작한다. 여기에는 벌써 종말론적인 긴장이 사라지고 대신에 역사적 관점이 들어와 있다. 그러나 마태에게 중요한 것은 오직 믿음의 역사뿐이다. 그 족보 외에는 전부 무가치한 것이다. 이것은 교회중심적이고 유대주의적인 세계관이다.

그러나 누가는 세례요한의 출생으로부터 이야기를 시작한다. 그는 구체적이고 사실적인 역사탐구의 자세로 접근한다. 그의 관점은 교회를 벗어나 있다. 그는 일반 역사의 관점에서 나사렛 예수를 조명하기 시작한 최초의 역사신학자다. 그것은 그가 이방인 출신의 기독교인이었기 때문이다. 마태가 교회적이라면 누가는 선교적이다.

반면에 요한은 태초부터 계시는 로고스로부터 시작한다. 이 사람은 종말론이나 역사같은 것에는 관심이 없다. 그는 오직 초월적이고 영원한 진리에 초점을 맞춘다. 그에게 역사적 자료들은 단지 영원한 로고스를 설명하는 해석의 도구로만 의미가 있을 뿐이다.

바우어(F. C. Bauer)는 요한의 글이 가톨릭의 보편성의 세계로 가는 길을 열어주었다고 주장했는데 그것은 그럴듯한 이야기다. 불트만(Bultmann)은 요한의 글을 실존적 관점에서 해석하려고 애를 썼는데 이것은 번지수를 잘못 찾은 것이다. 왜냐하면 요한의 관심은 인간 실존이 아니라 그리스도의 초월성에 있기 때문이다.

오히려 나사렛 예수 사건을 실존적 차원에서 해석한 최초의 인물은 바울이다.

마가의 특징은 동사에 있어서 미완료태를 많이 사용함으로써 마치 영화를 보고 있는 듯한 느낌을 준다는 것과 하나하나의 사건에 대해서 다른 복음서들보다 길고 상세한 보도를 하고 있다는 점이다. 마가는 빠른 속도로 이야기를 진행하고 있는데 그가 향하는 목표는 십자가 죽음과 부활이다.

훌륭한 선배

마가복음 1:2-8

2절

Καθὼς γέγραπται ἐν τῷ Ἡσαΐᾳ τῷ προφήτῃ·

ἰδοὺ ἀποστέλλω τὸν ἄγγελόν μου πρὸ προσώπου σου,

ὃς κατασκευάσει τὴν ὁδόν σου·

예언자 이사야에,

"보라, 내가 너의 얼굴 앞에 나의 사자를 보내노니, 그는 너의 길을 예비할

것이다.

3절

φωνὴ βοῶντος ἐν τῇ ἐρήμῳ·

ἑτοιμάσατε τὴν ὁδὸν κυρίου,

εὐθείας ποιεῖτε τὰς τρίβους αὐτοῦ,

광야에서 외치는 자의 소리,

너희들은 주님의 길을 준비하라, 그분의 오솔길들을 곧게 만들어라"라

고 기록된 대로

4절

ἐγένετο Ἰωάννης [ὁ] βαπτίζων ἐν τῇ ἐρήμῳ καὶ κηρύσσων βάπτισ
μα μετανοίας εἰς ἄφεσιν ἁμαρτιῶν.

세례요한이 광야에 나타나 죄사함을 위한 회개의 세례를 선포하고 있었다.

5절

καὶ ἐξεπορεύετο πρὸς αὐτὸν πᾶσα ἡ Ἰουδαία χώρα καὶ οἱ Ἱεροσολυ
μῖται πάντες, καὶ ἐβαπτίζοντο ὑπ' αὐτοῦ ἐν τῷ Ἰορδάνῃ ποταμῷ ἐξομο
λογούμενοι τὰς ἁμαρτίας αὐτῶν.

그리고 온 유대 땅과 모든 예루살렘 백성들이 그를 향하여 나오고 있었다.
그리고 그들은 그들의 죄들을 고백하면서 요단강에서 그에게 세례를
받고 있었다.

6절

καὶ ἦν ὁ Ἰωάννης ἐνδεδυμένος τρίχας καμήλου καὶ ζώνην δερματίν
ην περὶ τὴν ὀσφὺν αὐτοῦ καὶ ἐσθίων ἀκρίδας καὶ μέλι ἄγριον.

그리고 요한은 낙타털을 입고 있었고 그의 허리에 가죽띠를 (묶고) 메뚜
기와 들꿀을 먹고 있었다.

7절

Καὶ ἐκήρυσσεν λέγων· ἔρχεται ὁ ἰσχυρότερός μου ὀπίσω μου,
οὗ οὐκ εἰμὶ ἱκανὸς κύψας λῦσαι τὸν ἱμάντα τῶν ὑποδημάτων αὐτοῦ.

그리고 그는 선포하며 말하고 있었다. "나의 뒤에 나보다 힘센 분이 오시
는데, 나는 몸을 구부려 그분의 신발들의 끈들을 풀 자격도 없다.

8절

ἐγὼ ἐβάπτισα ὑμᾶς ὕδατι, αὐτὸς δὲ βαπτίσει ὑμᾶς ἐν πνεύματι ἁγίῳ.

나는 너희들에게 물로 세례를 주었다. 그런데 그분은 성령으로 너희들에게 세례를 주실 것이다."

해설

세례요한은 나사렛 예수의 선배다. 나사렛 예수가 역사의 무대에 등장하기 전에 세례요한의 회개운동이 있었다. 그것으로 나사렛 예수가 활동할 수 있는 분위기가 무르익어 가고 있었다. 그것은 나사렛 예수가 자기의 사명을 신속히 마치는 데 큰 도움이 되었다.

나사렛 예수 역시 유구한 예언의 전통과 수많은 선배의 노고 위에 등장한 종말론적 예언자였다. 나사렛 예수에게는 세례요한이라는 훌륭한 선배가 있었다. 세례요한은 세상과 단절하고 온전히 자신의 삶을 예수 그리스도의 오심을 위해 바친 위대한 예언자였다.

나사렛 예수는 위대한 선배들의 전통 위에서 완성된 빛나는 작품이다. 그런 점에서 나사렛 예수는 예언의 성취다. 우리는 역사로부터 겸손을 배워야 한다. 선배를 귀하게 여기고 존경하는 것은 예수 그리스도의 축복으로 들어가는 길이다.

인내와 겸손

마가복음 1:9-11

9절

Καὶ ἐγένετο ἐν ἐκείναις ταῖς ἡμέραις ἦλθεν Ἰησοῦς ἀπὸ Ναζαρὲτ τῆς Γαλιλαίας καὶ ἐβαπτίσθη εἰς τὸν Ἰορδάνην ὑπὸ Ἰωάννου.

그리고 저 날들에 예수는 갈릴리의 나사렛에서 와서 요단강에서 요한에게 세례를 받았다.

10절

καὶ εὐθὺς ἀναβαίνων ἐκ τοῦ ὕδατος εἶδεν σχιζομένους τοὺς οὐρανοὺς καὶ τὸ πνεῦμα ὡς περιστερὰν καταβαῖνον εἰς αὐτόν·

그리고 즉시 물에서 올라올 때 그는 하늘이 찢어지는 것과 성령이 비둘기처럼 그를 향하여 내려오는 것을 보았다.

11절

καὶ φωνὴ ἐγένετο ἐκ τῶν οὐρανῶν· σὺ εἶ ὁ υἱός μου ὁ ἀγαπητός, ἐν σοὶ εὐδόκησα.

그리고 하늘로부터 소리가 있었다. "너는 나의 사랑스러운 아들이다. 내가 너를 기뻐했다."

해설

　30년 동안 갈릴리 나사렛에서 은인자중하며 자신의 때를 기다리던 나사렛 예수는 요단강으로 요한을 찾아가 군중들 속에 섞여 세례를 받는다.

　여기에 세례요한보다 더 강하고 성령으로 세례를 베풀 자의 인내와 겸손이 있다. 하늘에 계시는 아버지께서는 아들의 순종을 보시고 크게 기뻐하시고 그를 높여주신다. 우주공간이 찢어지고 하나님의 보좌로부터 성령이 비둘기처럼 그를 향하여 내려오고, 온 우주를 진동시키는 하나님의 음성이 들려온다. 여기에 성부·성자·성령 삼위일체 하나님의 영광의 실체가 계시되고 있다.

　아버지께서는 자기를 사랑하고 경외하는 자를 영화롭게 하신다. 이것은 나사렛 예수의 30년의 인내와 순종에 대한 아버지의 보상이었다. 이것은 민중들 속에서 무명의 노동자로 살아온 나사렛 예수가 하나님께서 사랑하시는 아들이며 성 삼위일체 인격적 사랑의 교제 속에 거하시는 아들로 계시되는 영광의 순간이다.

혹독한 훈련

마가복음 1:12-13

12절

Καὶ εὐθὺς τὸ πνεῦμα αὐτὸν ἐκβάλλει εἰς τὴν ἔρημον.

그리고 즉시 성령이 그를 광야로 내쫓는다.

13절

καὶ ἦν ἐν τῇ ἐρήμῳ τεσσεράκοντα ἡμέρας πειραζόμενος ὑπὸ τοῦ σατανᾶ, καὶ ἦν μετὰ τῶν θηρίων, καὶ οἱ ἄγγελοι διηκόνουν αὐτῷ.

그리고 그는 광야에서 40일을 사탄에게 시험을 받고 있었다. 그리고 그는 짐승들과 함께 있었다. 그리고 천사들이 그를 섬기고 있었다.

해설

    나사렛 예수가 하나님의 아들로서 계시되는 영광의 순간이 지나자마자 하나님은 성령을 통하여 그를 광야로 몰아내신다. 나사렛 예수는 거기서 혹독한 검증의 시간을 보낸다. 그것은 인간의 힘으로는 감당할 수 없는 무시무시한 시험이다. 그것은 오직 전적으로 하나님의 말씀과 능력을 의지해야만 빠져나올 수 있는 한계상황이다. 그는 사탄의 손에 넘겨졌고, 야생동물들과 함께 지내야 했다.

    여기서 그는 전적으로 하나님만을 의지하는 가운데 경외하는 법도를 배운다. 예수 그리스도의 아버지는 사랑하는 아들을 시험의 불구덩이 속에서 단련하시는 엄위하신 하나님이다.

    그분이 우리들의 아버지이시다.

하나님 나라의 담지자

마가복음 1:14-15

14절

Μετὰ δὲ τὸ παραδοθῆναι τὸν Ἰωάννην ἦλθεν ὁ Ἰησοῦς εἰς τὴν Γαλιλαίαν κηρύσσων τὸ εὐαγγέλιον τοῦ θεοῦ

그런데 요한이 넘겨진 후에 예수는 갈릴리로 가서 하나님의 복음을 선포한다.

15절

καὶ λέγων ὅτι πεπλήρωται ὁ καιρὸς καὶ ἤγγικεν ἡ βασιλεία τοῦ θεοῦ· μετανοεῖτε καὶ πιστεύετε ἐν τῷ εὐαγγελίῳ.

그리고 말했다. "때가 채워졌다. 그리고 하나님의 나라가 가까이 다가왔다. 회개하고 기쁜 소식을 믿으라."

해설

    나사렛 예수와 함께 하나님의 나라가 도래했다. 나사렛 예수는 하나님 나라의 담지자이며, 하나님 복음의 전파자인데, 그가 전파하는 하나님의 복음은 나사렛 예수 바로 그 자신이다. 그러므로 나사렛 예수를 떠나서는 하나님의 복음도, 하나님의 나라도 없다.

    이제 우리는 마가의 글에서 나사렛 예수를 통해 계시되는 하나님 나라의 실체를 만나게 될 것이다.

어부들을 부르심

마가복음 1:16-20

16절

Καὶ παράγων παρὰ τὴν θάλασσαν τῆς Γαλιλαίας εἶδεν Σίμωνα καὶ Ἀνδρέαν τὸν ἀδελφὸν Σίμωνος ἀμφιβάλλοντας ἐν τῇ θαλάσσῃ· ἦσαν γὰρ ἁλιεῖς.

그리고 갈릴리 바닷가를 지나가다가 시몬과 그의 형제 안드레가 바다에 함께 그물을 던지고 있는 것을 보았다.

17절

καὶ εἶπεν αὐτοῖς ὁ Ἰησοῦς· δεῦτε ὀπίσω μου, καὶ ποιήσω ὑμᾶς γενέσθαι ἁλιεῖς ἀνθρώπων.

그리고 예수께서 그들에게 말했다. "내 뒤로 오라. 그러면 내가 너희들을 사람들의 어부가 되게 만들겠다."

18절

καὶ εὐθὺς ἀφέντες τὰ δίκτυα ἠκολούθησαν αὐτῷ.

그러자 그들은 즉시 그물들을 버리고 그를 따랐다.

19절

Καὶ προβὰς ὀλίγον εἶδεν Ἰάκωβον τὸν τοῦ Ζεβεδαίου καὶ Ἰωάννην τὸν ἀδελφὸν αὐτοῦ καὶ αὐτοὺς ἐν τῷ πλοίῳ καταρτίζοντας τὰ δίκτυα,

그리고 조금 더 나아가서 세베대의 아들인 야고보와 그의 형제 요한을 보았는데, 그들은 배 안에서 그물을 수리하고 있었다.

20절

καὶ εὐθὺς ἐκάλεσεν αὐτούς. καὶ ἀφέντες τὸν πατέρα αὐτῶν Ζεβεδαῖον ἐν τῷ πλοίῳ μετὰ τῶν μισθωτῶν ἀπῆλθον ὀπίσω αὐτοῦ.

그리고 즉시 그들을 불렀다. 그러자 그들은 자기들의 아버지 세베대를 품꾼들과 함께 배 안에 버려두고 그의 뒤로 떠나갔다.

나사렛 예수는 이제 드디어 하나님의 나라를 펼쳐 보이기 시작한다. 나사렛 예수가 맨 처음 한 일은 어부들을 부르는 것이었다. 그것은 하나님의 나라는 부르심에 응답하는 평범한 사람들에 의해 세워지는 것임을 알려주기 위함이다. 나사렛 예수의 첫 번째 제자들은 지식인들이 아니었다. 나사렛 예수의 첫 번째 제자들은 노동을 통해 열심히 돈을 벌고 있던 경제인들이었다. 그들은 생산수단을 소유하고 있었던 소규모 자영업자들이었다. 그러기에 그들은 세상 돌아가는 것에 대해 빠삭하고 닳고 닳은 사람들이었다.

이해타산에 밝은 이들이 나사렛 예수의 부르심에 즉시 응답하고 따라간 것은 분명 이유가 있었다. 어쩌면 그들은 돈키호테의 속삭임에 끌려 집을 떠나는 산초 판사와 같은 생각을 품었을지도 모른다. 그들은 나사렛 예수를 통해 자신들의 꿈을 성취하려고 떠난 하나님 나라의 모험가들이었다.

그들의 용기와 결단은 대단하다. 그들의 생각이 좀 잘못된 부분들이 있었을지라도 결정적으로 중요한 것은 그들이 따라간 대상이 나사렛 예수라는 사실이다.

그 결과 그들은 나사렛 예수 때문에 인류 역사상 가장 출세한 사람들이 되었다. 그들은 천국에서도 출세하고 세상에서도 출세한 성공적인 인생들이다. 그러나 그 영광은 반드시 그들의 스승인 나사렛 예수의 죽음에 참여하는 고난을 통해 얻어질 것이다. 하나님의 나라는 부르심에 대하여 즉시 응답하는 결단의 사람들을 통해 세워지는 나라다.

귀신들을 쫓아냄

마가복음 1:21-28

21절

Καὶ εἰσπορεύονται εἰς Καφαρναούμ· καὶ εὐθὺς τοῖς σάββασιν εἰσελθὼν εἰς τὴν συναγωγὴν ἐδίδασκεν.

그리고 그들은 가버나움으로 들어간다. 그리고 그는 즉시 안식일에 회당에 들어가 가르치고 있었다.

22절

καὶ ἐξεπλήσσοντο ἐπὶ τῇ διδαχῇ αὐτοῦ· ἦν γὰρ διδάσκων αὐτοὺς ὡς ἐξουσίαν ἔχων καὶ οὐχ ὡς οἱ γραμματεῖς.

그리고 사람들은 그의 가르침에 충격을 받고 있었다. 왜냐하면 그는 권세를 가지고 있는 자처럼 가르치고 있었고 서기관들과 같지 않았기 때문이다.

23절

Καὶ εὐθὺς ἦν ἐν τῇ συναγωγῇ αὐτῶν ἄνθρωπος ἐν πνεύματι ἀκαθάρτῳ καὶ ἀνέκραξεν

그리고 즉시 그들의 회당에 더러운 영에 사로잡힌 사람이 있었고 그 사람이 소리치며

24절

λέγων· τί ἡμῖν καὶ σοί, Ἰησοῦ Ναζαρηνέ; ἦλθες ἀπολέσαι ἡμᾶς; οἶδά σε τίς εἶ, ὁ ἅγιος τοῦ θεοῦ.

말했다. "우리와 당신에게 무슨 일입니까? 나사렛 예수여! 당신은 우리들을 멸망시키려고 오셨나이까? 나는 당신이 누구인지 압니다. 하나님의 거룩한 분."

25절

καὶ ἐπετίμησεν αὐτῷ ὁ Ἰησοῦς λέγων· φιμώθητι καὶ ἔξελθε ἐξ αὐτοῦ.

그러자 예수께서 그를 꾸짖으며 말했다. "입 다물고 그에게서 나오라."

26절

καὶ σπαράξαν αὐτὸν τὸ πνεῦμα τὸ ἀκάθαρτον καὶ φωνῆσαν φωνῇ μεγάλῃ ἐξῆλθεν ἐξ αὐτοῦ.

그러자 그 더러운 영은 그 사람을 내동댕이치고 큰 소리로 외치며 그에게서 나갔다.

27절

καὶ ἐθαμβήθησαν ἅπαντες ὥστε συζητεῖν πρὸς ἑαυτοὺς λέγοντας· τί ἐστιν τοῦτο; διδαχὴ καινὴ κατ' ἐξουσίαν· καὶ τοῖς πνεύμασιν τοῖς ἀκαθάρτοις ἐπιτάσσει, καὶ ὑπακούουσιν αὐτῷ.

그러자 모든 사람이 깜짝 놀라며 자기들끼리 서로 논쟁하며 말하게 되었다. "이것이 무엇이냐? 권세있는 새 교훈이로다. 그가 더러운 영들에게 명령하니 그것들이 그에게 복종하는도다!"

28절

καὶ ἐξῆλθεν ἡ ἀκοὴ αὐτοῦ εὐθὺς πανταχοῦ εἰς ὅλην τὴν περίχωρον τῆς Γαλιλαίας.

그리고 그에 대한 소문이 즉시 갈릴리 온 땅에 모든 곳에 (퍼져)나갔다.

해설

　나사렛 예수는 하나님의 형상인 인간의 존엄성을 회복시키기 위해 오신 하나님의 아들이다. 나사렛 예수가 나타나자 더러운 귀신들은 그의 정체를 알아보고 난리를 친다. 귀신들은 세상 끝 날에 붙잡혀 영원한 유황불 속에 던져질 운명이다. 그들은 사형집행을 기다리고 있는 사형수와 같은 두려움 속에 살고 있다. 그런데 나사렛 예수가 갑자기 나타나자, 혼비백산하여 떠들고 있는 것이다.

　사악하고 교활한 귀신들은 자기들이 들어가 살고 있던 사람을 바닥에 내동댕이치며 사람들을 놀라게 한다. 그들은 거짓과 속임수의 대가들이며, 어둠 속에서 활동하는 어두움의 영들이다. 그러나 진리의 하나님이 오시면 그들의 실체가 드러난다.

　이 이야기는 그리스도가 세상에 나타날 때 사람들의 눈에 보이지 않는 영적 세계의 실체가 드러나고 있음을 말하고 있다. 세상은 거룩한 천사들과 함께 어두움의 영인 귀신들이 활동하고 있는 영적인 공간이다.

세상의 치료자

마가복음 1:29-34

29절

Καὶ εὐθὺς ἐκ τῆς συναγωγῆς ἐξελθόντες ἦλθον εἰς τὴν οἰκίαν Σίμω νος καὶ Ἀνδρέου μετὰ Ἰακώβου καὶ Ἰωάννου.

그리고 그들은 즉시 회당에서 나와서 야고보와 요한과 함께 시몬과 안드레의 집으로 갔다.

30절

ἡ δὲ πενθερὰ Σίμωνος κατέκειτο πυρέσσουσα, καὶ εὐθὺς λέγουσιν αὐτῷ περὶ αὐτῆς.

그런데 시몬의 장모가 열이 나서 드러누워 있었다. 그리고 그들은 즉시 그에게 그녀에 대해 말한다.

31절

καὶ προσελθὼν ἤγειρεν αὐτὴν κρατήσας τῆς χειρός· καὶ ἀφῆκεν αὐτὴν ὁ πυρετός, καὶ διηκόνει αὐτοῖς.

그리고 그가 나아가 손을 잡아 그녀를 일으켰다. 그러자 열이 그녀를 떠났다. 그리고 그녀는 그들에게 시중들고 있었다.

32절

Ὀψίας δὲ γενομένης, ὅτε ἔδυ ὁ ἥλιος, ἔφερον πρὸς αὐτὸν πάντας τοὺς κακῶς ἔχοντας καὶ τοὺς δαιμονιζομένους·

그런데 저녁이 되어서 해가 질 때 사람들은 그를 향하여 심하게 고생하고 있는 사람들과 귀신 들린 사람들을 데려오고 있었다.

33절

καὶ ἦν ὅλη ἡ πόλις ἐπισυνηγμένη πρὸς τὴν θύραν.

그리고 온 도시가 대문을 향하여 모여들어 있었다.

34절

καὶ ἐθεράπευσεν πολλοὺς κακῶς ἔχοντας ποικίλαις νόσοις καὶ δαιμόνια πολλὰ ἐξέβαλεν καὶ οὐκ ἤφιεν λαλεῖν τὰ δαιμόνια, ὅτι ᾔδεισαν αὐτόν.

그리고 그는 여러 가지 질병으로 심하게 고생하는 많은 사람을 고쳤고 많은 귀신을 쫓아냈다. 그리고 그는 귀신들이 이야기하는 것을 허락하지 않고 있었다. 왜냐하면 그것들이 그를 알았기 때문이다.

해설

나사렛 예수는 세상의 치료자로 왔다. 질병과 귀신들은 하나님의 형상인 인간의 존엄성을 파괴한다. 나사렛 예수는 병을 고치고 귀신들을 쫓아내어 파괴된 인간의 존엄성을 회복시켜 주었다.

놀라운 것은 하나님의 백성인 이스라엘 민족이 온갖 질병과 더러운 귀신들의 소굴이 되었다는 것이다. 그것이 유대교 율법 시대의 결과물이다. 율법의 통치 아래 민중들은 지배 대상일 뿐이었다.

그들은 사랑받지 못하고 방치되어 있었다. 바리새인들에게 율법은 단지 자신들의 허구적인 종교적 우월성을 지켜주는 보호장치에 불과했다. 이제 하나님 나라의 은혜와 사랑과 축복의 기쁜 소식을 가지고 온 나사렛 예수와 법으로 민중을 지배하고 있던 바리새인들과의 피할 수 없는 목숨을 건 승부가 펼쳐질 것이다.

한편, 시몬의 장모가 열이 나서 드러누워 있었던 이유는 생활력 강했던 그녀의 사위가 처자식을 내팽개쳐 버리고 나사렛 예수라는 목수를 따라 하나님 나라 운동권에 들어갔기 때문은 아니었을까?

나사렛 예수가 그녀의 손을 잡아 일으키자 나사렛 예수 안에 가득 찬 성령의 능력이 그녀의 몸속으로 들어가 그녀의 원망과 분노를 다 불살라 버린다. 나사렛 예수의 손길을 통해 천국의 능력을 온몸으로 경험한 그녀는 심술을 버리고 나사렛 예수의 하나님 나라 운동의 제자가 된다.

그가 온 목적

마가복음 1:35-39

35절

Καὶ πρωῒ ἔννυχα λίαν ἀναστὰς ἐξῆλθεν καὶ ἀπῆλθεν εἰς ἔρημον τόπον κἀκεῖ προσηύχετο.

그리고 새벽 매우 어두울 때 그는 일어나 나갔다. 그리고 한적한 곳으로 떠나 거기서 기도하고 있었다.

36절

καὶ κατεδίωξεν αὐτὸν Σίμων καὶ οἱ μετ᾽ αὐτοῦ,

그리고 시몬과 그와 함께 한 사람들은 그를 추적했다.

37절

καὶ εὗρον αὐτὸν καὶ λέγουσιν αὐτῷ ὅτι πάντες ζητοῦσίν σε.

그리고 그들은 그를 발견하고 그에게 말한다. "모든 사람이 당신을 찾고 있어요."

38절

καὶ λέγει αὐτοῖς· ἄγωμεν ἀλλαχοῦ εἰς τὰς ἐχομένας κωμοπόλεις, ἵνα καὶ ἐκεῖ κηρύξω· εἰς τοῦτο γὰρ ἐξῆλθον.

그러자 그가 그들에게 말한다.

"큰 마을들을 거느린 다른 곳으로 가자. 나는 거기서도 선포할 것이다. 왜냐하면 나는 이것을 위해 나왔기 때문이다."

39절

Καὶ ἦλθεν κηρύσσων εἰς τὰς συναγωγὰς αὐτῶν εἰς ὅλην τὴν Γαλιλαίαν καὶ τὰ δαιμόνια ἐκβάλλων.

그리고 그는 온 갈릴리에 있는 그들의 회당들로 가서 선포하고 귀신들을 쫓아냈다.

해설

　나사렛 예수가 세상에 온 목적은 하나님 나라를 선포하는 것이다. 하나님 나라가 선포되는 곳에는 귀신들이 쫓겨난다. 하나님 나라 운동은 나사렛 예수와 네 명의 어부들로부터 시작되었다. 나사렛 예수는 네 명의 제자들을 데리고 갈릴리 지역 전체를 다니며 회당을 중심으로 활동한다.

　나사렛 예수의 활동은 두 가지로 압축된다. 하나는 하나님 나라의 도래를 선포하는 것이고, 다른 하나는 귀신들을 쫓아내는 것이다. 이 두 가지는 결국 하나다. 왜냐하면 하나님 나라가 선포되는 곳에서는 귀신들의 정체가 발각되어 쫓겨나기 때문이다.

　특별히 마가는 귀신들을 축출하는 것에 초점을 맞추고 있다. 마가에게 하나님 나라는 귀신들이 쫓겨나고 인간의 존엄성이 회복되는 것을 의미한다.

첫 번째 신앙고백

마가복음 1:40-45

40절

Καὶ ἔρχεται πρὸς αὐτὸν λεπρὸς παρακαλῶν αὐτὸν [καὶ γονυπετῶν] καὶ λέγων αὐτῷ ὅτι ἐὰν θέλῃς δύνασαί με καθαρίσαι.

그리고 그를 향하여 나병환자가 와서 그에게 간청하며 [무릎 꿇고] 그에게 말한다. "만약 당신이 원하신다면 당신은 나를 깨끗하게 하실 수 있나이다."

41절

καὶ σπλαγχνισθεὶς ἐκτείνας τὴν χεῖρα αὐτοῦ ἥψατο καὶ λέγει αὐτῷ· θέλω, καθαρίσθητι·

그러자 그는 가엾게 여기고 손을 뻗어 그를 만지며 그에게 말한다. "내가 원한다. 깨끗하게 되어라."

42절

καὶ εὐθὺς ἀπῆλθεν ἀπ᾽ αὐτοῦ ἡ λέπρα, καὶ ἐκαθαρίσθη.

그러자 즉시 그에게서 나병이 떠나가고 깨끗하게 되었다.

43절

καὶ ἐμβριμησάμενος αὐτῷ εὐθὺς ἐξέβαλεν αὐτόν.

그리고 엄히 그에게 경고하고 그를 내쫓으며

44절

καὶ λέγει αὐτῷ· ὅρα μηδενὶ μηδὲν εἴπῃς, ἀλλ᾽ ὕπαγε σεαυτὸν δεῖξον τῷ ἱερεῖ καὶ προσένεγκε περὶ τοῦ καθαρισμοῦ σου ἃ προσέταξεν Μωϋσῆς, εἰς μαρτύριον αὐτοῖς.

그리고 그에게 말한다. "누구에게도 아무것도 말하지 않도록 조심하라. 대신에 제사장에게 가서 너 자신을 보여주고 너의 깨끗함에 대하여 모세가 정해준 것들을 바쳐라, 그들에게 증거로."

45절

Ὁ δὲ ἐξελθὼν ἤρξατο κηρύσσειν πολλὰ καὶ διαφημίζειν τὸν λόγον, ὥστε μηκέτι αὐτὸν δύνασθαι φανερῶς εἰς πόλιν εἰσελθεῖν, ἀλλ᾽ ἔξω ἐπ᾽ ἐρήμοις τόποις ἦν· καὶ ἤρχοντο πρὸς αὐτὸν πάντοθεν.

그러나 그는 나가서 많은 것을 전파하고 그 말을 널리 퍼뜨리기 시작했다. 그리하여 예수는 더 이상 공개적으로 도시에 들어갈 수 없게 되었고, 대신에 바깥 한적한 곳에 있었다. 그리고 사람들은 사방에서 그를 향하여 오고 있었다.

해설

나사렛 예수가 이 세상에 나타난 초월적 전능자라는 것을 최초로 고백한 사람은 세상에서 버림받은 불쌍한 나병환자였다. 이것은 하나님 나라의 구원 방향이 어디를 향하고 있는지를 암시하고 있다.

나병환자는 나사렛 예수가 뜻을 세우면 무엇이든지 할 수 있는 전능자라는 것을 알았는데, 이것은 하나님께서 택하신 자들에게 계시를 통해서만 주어지는 지식이다.

나사렛 예수는 자신의 정체를 숨기려 하지만, 그러면 그럴수록 나사렛 예수에 대한 소문은 급속하게 퍼져나간다. 나사렛 예수는 한적한 외딴곳에 머물러 있으나 사방에서 수많은 사람이 구름떼처럼 그를 향하여 몰려든다. 그리고 이것은 유대 총독부와 유대 왕실을 긴장시키는 정치적 사건이 될 수밖에 없다. 또한 바리새파를 비롯한 나사렛 예수의 적들은 이 사태를 예의주시하며 지켜보고 있다.

이제 곧 저들의 공격이 시작될 것이다.

투쟁의 서막

마가복음 2:1-12

1절

Καὶ εἰσελθὼν πάλιν εἰς Καφαρναοὺμ δι᾽ ἡμερῶν ἠκούσθη ὅτι ἐν οἴκῳ ἐστίν.

그리고 며칠 후 다시 가버나움에 들어갔을 때 그가 집에 있다는 소식이 들렸다.

2절

καὶ συνήχθησαν πολλοὶ ὥστε μηκέτι χωρεῖν μηδὲ τὰ πρὸς τὴν θύραν, καὶ ἐλάλει αὐτοῖς τὸν λόγον.

그러자 많은 사람이 모여서 더 이상 문 앞에 자리 잡을 수 없게 되었다. 그리고 그는 그들에게 말씀을 이야기 하고 있었다.

3절

Καὶ ἔρχονται φέροντες πρὸς αὐτὸν παραλυτικὸν αἰρόμενον ὑπὸ τεσσάρων.

그런데 사람들이 네 사람에 의해서 들려진 중풍병자를 그를 향하여 운반해 왔다.

4절

καὶ μὴ δυνάμενοι προσενέγκαι αὐτῷ διὰ τὸν ὄχλον ἀπεστέγασαν τὴν στέγην ὅπου ἦν, καὶ ἐξορύξαντες χαλῶσιν τὸν κράβαττον ὅπου ὁ παραλυτικὸς κατέκειτο.

그리고 그들은 군중 때문에 그에게 데리고 갈 수 없게 되자 그가 있는 곳의 지붕을 뜯어냈다. 그리고 구멍을 뚫고 중풍병자가 누워있는 침상을 내려보냈다.

5절

καὶ ἰδὼν ὁ Ἰησοῦς τὴν πίστιν αὐτῶν λέγει τῷ παραλυτικῷ· τέκνον, ἀφίενταί σου αἱ ἁμαρτίαι.

그리고 예수는 그들의 믿음을 보고 중풍병자에게 말한다. "얘야, 너의 죄들은 용서받고 있다."

6절

Ἦσαν δέ τινες τῶν γραμματέων ἐκεῖ καθήμενοι καὶ διαλογιζόμενοι ἐν ταῖς καρδίαις αὐτῶν·

그런데 서기관 중의 어떤 사람들이 거기에 앉아있다가 그들의 마음속으로 생각했다.

7절

τί οὗτος οὕτως λαλεῖ; βλασφημεῖ· τίς δύναται ἀφιέναι ἁμαρτίας εἰ μὴ εἷς ὁ θεός;

'어찌하여 이 사람은 이런 식으로 이야기하는가? 그는 하나님을 모독하

고 있다. 누가 하나님 한 분 외에 죄들을 용서할 수 있단 말인가?'

8절

καὶ εὐθὺς ἐπιγνοὺς ὁ Ἰησοῦς τῷ πνεύματι αὐτοῦ ὅτι οὕτως διαλογίζ
ονται ἐν ἑαυτοῖς λέγει αὐτοῖς· τί ταῦτα διαλογίζεσθε ἐν ταῖς καρδίαις
ὑμῶν;

그러자 즉시 그는 자기의 영으로 그들이 자신들 속으로 이렇게 생각하는
것을 알아차리고 그들에게 말한다. "어찌하여 너희들은 너희들의 마음
속에서 이것들을 생각하고 있느냐?

9절

τί ἐστιν εὐκοπώτερον, εἰπεῖν τῷ παραλυτικῷ· ἀφίενταί σου αἱ ἁμα
ρτίαι, ἢ εἰπεῖν· ἔγειρε καὶ ἆρον τὸν κράβαττόν σου καὶ περιπάτει;

중풍병자에게 너의 죄들은 용서받고 있다고 말하는 것과 혹은 일어나
너의 침상을 들고 걸어 다니라고 말하는 것 중에 어느 것이 더 쉬우냐?

10절

ἵνα δὲ εἰδῆτε ὅτι ἐξουσίαν ἔχει ὁ υἱὸς τοῦ ἀνθρώπου ἀφιέναι ἁμαρτ
ίας ἐπὶ τῆς γῆς– λέγει τῷ παραλυτικῷ·

그러나 사람의 아들이 땅에서 죄들을 용서하는 권세를 가지고 있다는
것을 너희들이 알게 하기 위하여—" 그는 중풍병자에게 말한다.

11절

σοὶ λέγω, ἔγειρε ἆρον τὸν κράβαττόν σου καὶ ὕπαγε εἰς τὸν οἶκόν σου

"내가 너에게 말한다. 일어나 너의 침상을 들고 너의 집으로 가라."

12절

καὶ ἠγέρθη καὶ εὐθὺς ἄρας τὸν κράβαττον ἐξῆλθεν ἔμπροσθεν πάντ
ων, ὥστε ἐξίστασθαι πάντας καὶ δοξάζειν τὸν θεὸν λέγοντας ὅτι οὕτως
οὐδέποτε εἴδομεν.

그러자 그가 일어나 즉시 모든 사람 앞에서 침상을 들고 나갔다. 그리하여
모든 사람이 혼이 나가 하나님께 영광을 돌리며, "우리는 여태껏 이런
일을 본 적이 없다"고 말했다.

나사렛 예수는 인간의 죄들을 탕감해 주는 전능한 신으로 자기 자신을 계시한다. 이 계시적 사건은 엄청난 후폭풍을 몰고 온다. 나사렛 예수는 이제 유대교 세력으로부터 하나님을 참칭한 이단으로 낙인찍히게 된다.

만약 지붕을 뚫고 내려온 중풍병자를 고치는 것으로 이 이야기가 끝났다면 나사렛 예수는 그저 능력 있는 예언자 중의 하나로 존경받았을 것이다. 그러나 나사렛 예수가 자신을 전능한 신으로 증거함으로 신학적인 논쟁이 일어나게 된다.

나사렛 예수의 하나님 나라 운동이 들불처럼 갈릴리 지역 전체를 불태우자, 유대교 지도층은 그 운동의 이단성을 검증하기 위해 서기관들을 보낸다. 이것은 이미 신학적 전선이 형성되기 시작했다는 증거다. 그리고 이 전선은 장차 정치투쟁의 전선으로 발전하게 된다.

나사렛 예수는 갈릴리에서 유대교 회당을 중심으로 활동하며 자신의 세력을 형성한다. 나사렛 예수는 갈릴리에서 충분한 세력을 만든 후 자신을 따르는 제자들의 무리를 거느리고 유대교 종교권력의 근거지인 예루살렘으로 쳐들어가 성전을 장악한다. 유대교 종교권력은 나사렛 예수를 제거하기 위해 모든 정치세력을 결집한 후 나사렛 예수의 지지기반인 민중을 설득하여 그를 완전히 고립시키는 데 성공한다. 나사렛 예수는 그가 사랑했던 민중들로부터 버림받고 십자가에 매달려 죽는다.

마가는 이 이야기를 군더더기 없이 간결하고 빠른 속도로 전개하고 있다. 마태는 나사렛 예수를 종말론적 심판권을 가진 우주의 왕으로, 누가는 나사렛 예수를 지혜로운 랍비로 각색했다. 요한은 더 나아가 나사렛 예수를 이 세상에 육신을 입고 나타난 영원한 로고스로 신학적 해석을 시도했다. 그런 점에서 마가의 글은 나사렛 예수의 역사적 실체에 가장 근접해 있다.

비주류의 길

마가복음 2:13-17

13절

Καὶ ἐξῆλθεν πάλιν παρὰ τὴν θάλασσαν· καὶ πᾶς ὁ ὄχλος ἤρχετο πρὸς αὐτόν, καὶ ἐδίδασκεν αὐτούς.

그리고 그는 다시 바닷가로 나갔다. 그리고 모든 군중이 그를 향하여 오고 있었다. 그리고 그는 그들을 가르치고 있었다.

14절

Καὶ παράγων εἶδεν Λευὶν τὸν τοῦ Ἁλφαίου καθήμενον ἐπὶ τὸ τελώνιον, καὶ λέγει αὐτῷ· ἀκολούθει μοι. καὶ ἀναστὰς ἠκολούθησεν αὐτῷ.

그리고 지나가다가 알패오의 아들 레위가 세관에 앉아있는 것을 보았다. 그리고 그에게 말한다. "나를 따르라" 그러자 그가 일어나 예수를 따랐다.

15절

Καὶ γίνεται κατακεῖσθαι αὐτὸν ἐν τῇ οἰκίᾳ αὐτοῦ, καὶ πολλοὶ τελῶναι καὶ ἁμαρτωλοὶ συνανέκειντο τῷ Ἰησοῦ καὶ τοῖς μαθηταῖς αὐτοῦ· ἦσαν γὰρ πολλοὶ καὶ ἠκολούθουν αὐτῷ

그리고 예수가 그의 집에 앉아 식사하게 된다. 그리고 많은 세리와 죄인들이 예수와 그의 제자들과 함께 앉아있었다. 왜냐하면 많은 사람이 있었고 그들이 그를 따르고 있었기 때문이다.

16절

καὶ οἱ γραμματεῖς τῶν Φαρισαίων ἰδόντες ὅτι ἐσθίει μετὰ τῶν ἁμαρτωλῶν καὶ τελωνῶν ἔλεγον τοῖς μαθηταῖς αὐτοῦ· ὅτι μετὰ τῶν τελωνῶν καὶ ἁμαρτωλῶν ἐσθίει;

그러자 바리새인들의 서기관들은 그가 죄인들과 세리들과 함께 먹고 있는 것을 보고 그의 제자들에게 말하고 있었다. "어찌하여 그는 세리들과 죄인들과 더불어 먹고 있느냐?"

17절

καὶ ἀκούσας ὁ Ἰησοῦς λέγει αὐτοῖς [ὅτι] οὐ χρείαν ἔχουσιν οἱ ἰσχύοντες ἰατροῦ ἀλλ᾽ οἱ κακῶς ἔχοντες· οὐκ ἦλθον καλέσαι δικαίους ἀλλ᾽ ἁμαρτωλούς.

그러자 예수가 듣고 그들에게 말한다. "건강한 사람들은 의사가 필요 없다. 대신에 심하게 고생하는 사람들은 필요하다. 나는 의인들을 부르러 오지 않고 대신에 죄인들을 부르러 왔다."

해설

　이제 바리새인들은 나사렛 예수의 하나님 나라 운동을 감시하기 시작한다. 그들은 나사렛 예수를 종교재판에 회부할 증거를 수집하기 위해 그가 가는 곳마다 따라다닌다. 그들은 나사렛 예수를 위해 레위의 집에서 베풀어진 레위의 송별식 회식의 자리에도 와있다.

　그들은 나사렛 예수가 세리들과 죄인들과 더불어 밥을 먹고 있는 것을 보고 충격을 받는다. 왜냐하면 그들은 바리새인들이 보기에 구제 불능의 인간들이었기 때문이다. 나사렛 예수는 기꺼이 그들의 친구가 되어줌으로 스스로 비주류의 길을 선택한다. 바리새인들이 신본주의자들이었다면 나사렛 예수는 인본주의자였다. 바리새인들의 신본주의는 인간에 대한 감시의 형태로 나타난다. 그러나 나사렛 예수의 인본주의는 죄 많은 세상을 향한 하나님의 사랑의 개방성과 포용성으로 표현된다.

　나사렛 예수의 인본주의는 바리새인들의 신본주의의 허구성을 폭로하고 있다. 세상의 의인들은 하나님 앞에서 죄인들이고, 세상의 죄인들은 하나님 앞에서 의인들이다. 왜냐하면 세상의 의인들은 자기의 공로를 의지하지만, 세상의 죄인들은 하나님의 은혜를 의지하기 때문이다.

　나사렛 예수가 필요한 사람들은 하나님의 은혜를 간절히 사모하는 비주류 인생들이다.

잔칫집의 곡소리

마가복음 2:18-22

18절

Καὶ ἦσαν οἱ μαθηταὶ Ἰωάννου καὶ οἱ Φαρισαῖοι νηστεύοντες. καὶ ἔρχονται καὶ λέγουσιν αὐτῷ· διὰ τί οἱ μαθηταὶ Ἰωάννου καὶ οἱ μαθηταὶ τῶν Φαρισαίων νηστεύουσιν, οἱ δὲ σοὶ μαθηταὶ οὐ νηστεύουσιν;

그리고 요한의 제자들과 바리새인들이 금식하고 있었다. 그리고 사람들이 예수께 와서 그에게 말한다. "요한의 제자들과 바리새인들은 금식하고 있는데, 어찌하여 당신의 제자들은 금식하지 않느냐?"

19절

καὶ εἶπεν αὐτοῖς ὁ Ἰησοῦς· μὴ δύνανται οἱ υἱοὶ τοῦ νυμφῶνος ἐν ᾧ ὁ νυμφίος μετ' αὐτῶν ἐστιν νηστεύειν; ὅσον χρόνον ἔχουσιν τὸν νυμφίον μετ' αὐτῶν οὐ δύνανται νηστεύειν.

그러자 예수가 그들에게 말했다. "신방의 아들들이 신랑이 그들과 함께 있는 동안에 금식할 수 있겠느냐? 그들이 그들과 함께 신랑을 가지고 있는 동안에는 금식할 수 없다.

20절

ἐλεύσονται δὲ ἡμέραι ὅταν ἀπαρθῇ ἀπ᾽ αὐτῶν ὁ νυμφίος, καὶ τότε νηστεύσουσιν ἐν ἐκείνῃ τῇ ἡμέρᾳ.

그런데 신랑이 그들로부터 빼앗겨지는 날들이 올 것이다. 그리고 그들은 저 날에 금식할 것이다.

21절

Οὐδεὶς ἐπίβλημα ῥάκους ἀγνάφου ἐπιράπτει ἐπὶ ἱμάτιον παλαιόν· εἰ δὲ μή, αἴρει τὸ πλήρωμα ἀπ᾽ αὐτοῦ τὸ καινὸν τοῦ παλαιοῦ καὶ χεῖρον σχίσμα γίνεται.

그 누구도 새 천조각을 헌 옷 위에 덧붙이지 않는다. 그렇지 않으면 새로운 충만함이 그것으로부터 헌것을 끌어당겨 찢어짐이 심하게 된다.

22절

καὶ οὐδεὶς βάλλει οἶνον νέον εἰς ἀσκοὺς παλαιούς· εἰ δὲ μή, ῥήξει ὁ οἶνος τοὺς ἀσκοὺς καὶ ὁ οἶνος ἀπόλλυται καὶ οἱ ἀσκοί· ἀλλ᾽ οἶνον νέον εἰς ἀσκοὺς καινούς.

그리고 그 누구도 새 포도주를 낡은 가죽부대에 담지 않는다. 그렇지 않으면 포도주가 가죽부대들을 터뜨려 포도주와 가죽부대들은 못쓰게 된다. 대신에 새 포도주는 새 가죽부대들 속에 (담는다)."

해설

    나사렛 예수가 세상에 있는 동안 세상은 하나님 나라 잔칫집이다. 그런데 세례요한파와 바리새인파는 금식하며 슬퍼하고 있다. 이것은 잔칫집에 와서 곡하는 짓이고, 잔칫집 분위기를 훼방 놓는 행동이다.

    그들은 하나님의 구원의 기쁜 소식을 거부하고 하나님의 일을 방해하고 있다. 바리새인들은 나사렛 예수를 자신들의 신학과 제도 아래 묶어두려고 한다. 그러나 그것은 무지하고 어리석은 생각이다.

    이제 유대교라는 그릇은 생기를 잃은 헌 옷이요 신축성이 없는 낡은 가죽부대다. 그것은 하나님의 진리를 담을 수 없는 폐쇄적이고 경직된 그릇이 되었다. 이제 하나님의 진리는 세계를 향한 개방성과 포용성을 지닌 새로운 그릇이 필요하다.

    여기서 눈여겨볼 대목은 벌써 바리새인들이 세례요한파를 끌어들였다는 점이다. 바리새인들의 나사렛 예수 포위작전이 시작된 것이다.

예수의 인본주의

마가복음 2:23-28

23절

Καὶ ἐγένετο αὐτὸν ἐν τοῖς σάββασιν παραπορεύεσθαι διὰ τῶν σπορίμων, καὶ οἱ μαθηταὶ αὐτοῦ ἤρξαντο ὁδὸν ποιεῖν τίλλοντες τοὺς στάχυας.

그리고 그가 안식일에 곡식밭 사이로 지나가는 일이 있었다. 그리고 그의 제자들은 이삭을 훑으면서 길을 만들기 시작했다.

24절

καὶ οἱ Φαρισαῖοι ἔλεγον αὐτῷ· ἴδε τί ποιοῦσιν τοῖς σάββασιν ὃ οὐκ ἔξεστιν;

그러자 바리새인들이 그에게 말하고 있었다. "보라, 어찌하여 그들은 안식일에 합당치 않은 것을 하고 있느냐?"

25절

καὶ λέγει αὐτοῖς· οὐδέποτε ἀνέγνωτε τί ἐποίησεν Δαυὶδ ὅτε χρείαν ἔσχεν καὶ ἐπείνασεν αὐτὸς καὶ οἱ μετ᾽ αὐτοῦ,

그리고 그는 그들에게 말한다. "너희들은 다윗이 궁핍하여 그와 더불어 그와 함께한 자들이 굶주렸을 때 무엇을 했는지 읽지 못하였느냐?

26절

πῶς εἰσῆλθεν εἰς τὸν οἶκον τοῦ θεοῦ ἐπὶ Ἀβιαθὰρ ἀρχιερέως καὶ τοὺς ἄρτους τῆς προθέσεως ἔφαγεν, οὓς οὐκ ἔξεστιν φαγεῖν εἰ μὴ τοὺς ἱερεῖς, καὶ ἔδωκεν καὶ τοῖς σὺν αὐτῷ οὖσιν;

그가 어떻게 하나님의 집에 들어가 제사장들 외에는 먹는 것이 금지된 진설병을 먹었으며, 또한 그것을 자기와 함께 한 자들에게도 주었는지를."

27절

Καὶ ἔλεγεν αὐτοῖς· τὸ σάββατον διὰ τὸν ἄνθρωπον ἐγένετο καὶ οὐχ ὁ ἄνθρωπος διὰ τὸ σάββατον·

그리고 그가 그들에게 말하고 있었다. "안식일은 사람을 위하여 생겨난 것이지 사람이 안식일을 위하여 생겨난 것이 아니다.

28절

ὥστε κύριός ἐστιν ὁ υἱὸς τοῦ ἀνθρώπου καὶ τοῦ σαββάτου.

그러므로 사람의 아들은 또한 안식일의 주인이다."

해설

계속해서 바리새인들은 나사렛 예수를 감시하기 위해 따라다니고 있다. 어느 안식일에 나사렛 예수의 일행은 밀밭 사이를 지나가고 있었다. 생각 없는 제자들은 바리새인들이 자기들의 일거수일투족을 예의주시하고 있는 것을 아는지 모르는지 밀 이삭을 훑어서 손바닥으로 비벼 알맹이를 까먹고 있었다. 특이한 것은 나사렛 예수에게 엄청난 헌금이 들어왔을 텐데도 제자들은 언제나 먹을 것이 부족하다는 것이다.

제자들의 생각 없는 행동을 목격한 바리새인들은 즉시 나사렛 예수에게 쪼르르 달려가 제자들을 고발한다. 제자들이 안식일에 허락되지 않은 일을 했다는 것이다. 여기서 안식일 논쟁이 벌어지는데 이 논쟁은 나사렛 예수의 운명에 결정적 영향을 미친다.

이 안식일 논쟁의 끝에 나사렛 예수는 자신이 안식일의 주인이라고 선언한다. 이 선언은 나사렛 예수는 자기 백성에게 영원한 안식을 주는 전능자로 자신을 증거하는 계시의 말이다. 이 이야기 속에서 바리새인들의 신본주의와 나사렛 예수의 인본주의가 충돌한다. 나사렛 예수는 사람이 안식일을 위하여 있는 것이 아니라 안식일이 사람을 위하여 있는 것이라고 하면서 인간해방선언을 한다.

나사렛 예수는 모든 율법의 지배로부터 인간의 주체성을 해방시키러 온 해방자다. 그러므로 율법을 통해 인간을 지배하고 노예화함으로 자신들의 종교권력을 유지하던 바리새인들에게 나사렛 예수는 반드시 제거되어야 할 적이다. 이들의 갈등과 대립은 둘 중의 하나가 죽어야 끝나게 될 것이다.

이 대결에서 지상의 승리자는 바리새인들이었다. 그러나 하나님께서는 지상의 패배자인 나사렛 예수를 죽은 자들 가운데서 일으키심으로 그를 영원한 승리자로 선포한다. 그리고 그를 모든 산 자와 죽은 자의 심판자로 세우신다.

해체 시대의 기독교

마가복음 2:28

28절

ὥστε κύριός ἐστιν ὁ υἱὸς τοῦ ἀνθρώπου καὶ τοῦ σαββάτου.

그러므로 사람의 아들은 또한 안식일의 주인이다.

해설

　안식일은 모든 노동의 중단, 경제활동의 중단인데, 이것은 역사의 종말이며 물질세계의 해체다. 만물이 해체되어 사라질 때 남는 것은 성 삼위일체 진리의 하나님밖에 없다. 그 삼위일체 하나님은 만물이 그로부터 생겨나고, 그를 위해 존재하다가, 또다시 그에게로 돌아가는 영광의 본체이시다.

　그러기 때문에 인간의 육체를 입고 세상에 나타난 하나님의 아들은 우리에게 영원한 안식을 주시는 분이시다. 그의 그러한 능력과 자격은 그가 영원히 해체되지 않고, 부서지지 않고, 사라지지 않는 영광의 본체이기 때문이다.

　예수 그리스도의 계시의 사건은 하나님 아버지께서 만세 전에 감추어 두셨던 비밀인데, 그분이 정하신 때가 되었을 때 예언자들과 사도들을 통하여 알려진 것이다.

　오늘 우리는 인간의 이성에 의해 모든 것이 해체되는 해체의 시대에 살고 있다. 인간의 이성은 물질과 육체뿐 아니라 인간의 정신과 인격, 그리고 신앙과 양심까지도 논리적 분석에 의해 해체시키는 무소불위의 힘을 행사하고 있다. 그리고 그것은 이 세상의 모든 거짓 신들을 몰아내고 인간을 자의적 종교와 우상숭배로부터 해방시키는 해방자의 역할을 한다. 그러나 하나님을 모르는 자들에게는 그것이 전지전능한 새로운 신의 지위를 차지하고 있다.

　오늘날 우리 기독교는 해체시대의 도전 앞에서 두려워하거나 도망쳐서는 안 된다. 우리의 믿음은 모든 우상과 거짓 신들을 파괴하는 이성의 파도를 타고 그 너머에서 우리를 기다리고 계시는 예수 그리스도를 만나러 가는 것이다. 오늘 우리에게 요구되는 것은 역사의 도전에 맞서는 용기와 정직성이다.

안식일 논쟁

마가복음 3:1-6

1절

Καὶ εἰσῆλθεν πάλιν εἰς τὴν συναγωγήν. καὶ ἦν ἐκεῖ ἄνθρωπος ἐξηραμμένην ἔχων τὴν χεῖρα.

그리고 그는 다시 회당에 들어갔다. 그리고 거기에 마른 손을 가진 사람이 있었다.

2절

καὶ παρετήρουν αὐτὸν εἰ τοῖς σάββασιν θεραπεύσει αὐτόν, ἵνα κατηγορήσωσιν αὐτοῦ.

그리고 사람들은 예수를 고발하기 위해 예수가 안식일에 그를 고칠 것인지 지켜보고 있었다.

3절

καὶ λέγει τῷ ἀνθρώπῳ τῷ τὴν ξηρὰν χεῖρα ἔχοντι· ἔγειρε εἰς τὸ μέσον.

그리고 예수는 마른 손을 가지고 있는 사람에게 말한다. "가운데 서라."

4절

καὶ λέγει αὐτοῖς· ἔξεστιν τοῖς σάββασιν ἀγαθὸν ποιῆσαι ἢ κακοποι
ῆσαι, ψυχὴν σῶσαι ἢ ἀποκτεῖναι; οἱ δὲ ἐσιώπων.

그리고 그는 그들에게 말한다. "안식일에 선을 행하는 것이 합당하냐
아니면 악을 행하는 것이 합당하냐? 목숨을 살리는 것이 합당하냐 아니면
죽이는 것이 합당하냐?" 그러자 그들은 입을 다물었다.

5절

καὶ περιβλεψάμενος αὐτοὺς μετ᾽ ὀργῆς, συλλυπούμενος ἐπὶ τῇ
πωρώσει τῆς καρδίας αὐτῶν λέγει τῷ ἀνθρώπῳ· ἔκτεινον τὴν χεῖρα.
καὶ ἐξέτεινεν καὶ ἀπεκατεστάθη ἡ χεὶρ αὐτοῦ.

그리고 분노와 함께 그들을 둘러보고서, 그들 마음의 완악함에 깊이 슬퍼
하며 그 사람에게 말한다. "손을 뻗으라" 그러자 그가 뻗었다. 그리고
그의 손이 회복되었다.

6절

Καὶ ἐξελθόντες οἱ Φαρισαῖοι εὐθὺς μετὰ τῶν Ἡρῳδιανῶν συμβού
λιον ἐδίδουν κατ᾽ αὐτοῦ ὅπως αὐτὸν ἀπολέσωσιν.

그리고 바리새인들은 즉시 나가서 헤롯당원들과 함께 그를 어떻게 파멸
시킬 것인지 그에 대하여 의견을 교환했다.

해설

　죄사함의 권세에 대한 논쟁, 금식에 관한 논쟁, 안식일에 밀 이삭을 까먹는 문제에 대한 논쟁으로 충돌했던 나사렛 예수와 바리새인들은 또다시 안식일에 병 고치는 문제로 부딪힌다.

　바리새파는 나사렛 예수의 하나님 나라 운동에 대해 최전선에 공격하는 첨병의 역할을 수행하고 있다. 그것은 나사렛 예수가 선포한 하나님 자녀의 자유와 해방의 복음이 그들 존재의 기반을 뿌리부터 흔들었기 때문이다. 율법을 통해 민중을 지배하고 있던 그들에게 나사렛 예수의 복음은 치명적인 것이었다.

　나사렛 예수는 하나님의 기쁜 소식을 가지고 세상에 온 하나님의 아들이며 하나님 나라의 담지자다. 그가 있는 곳에 하나님 나라는 이미 와 있다. 그가 있는 곳에는 하나님 나라의 잔치가 열린다. 그 하나님 나라 잔치의 본질은 하나님의 잃어버린 양들을 되찾는 것이다. 그것은 귀신들이 쫓겨나고, 죄의 용서를 통해 하나님의 형상을 회복한 새로운 피조물의 탄생으로 시작된다. 그리고 그것은 장차 이 세상의 끝 날에 나타날 종말론적 희망의 미래의 모습이다.

　그가 자기 백성을 찾아왔을 때 그를 열렬히 환영한 것은 비주류 인생들이었다. 그들은 가난한 자들, 병든 자들, 세상의 중심에서 밀려난 자들이었다. 그들에게 붙여진 이름은 죄인들인데, 그들은 이 세상에서 희망이 없는 자들이다. 나사렛 예수는 그들에게 현세적 구원을 통해 종말론적 희망의 미래를 보여주었다.

　반면에 유대 사회의 주류세력들은 나사렛 예수의 하나님 나라 운동에 대해 저항한다. 그 중심에 바리새인들이 있다. 그들이 나사렛 예수의 하나님 나라 운동에 대해 적개심을 품은 것은 나사렛 예수의 하나님 나라 운동이 그들의 율법의 지배체제를 무너뜨렸기 때문이다. 나사렛 예수의 하나님 나라 운동은 두 가지 특징을 가지고 있다. 첫째는 인간의 존엄성 회복이고, 둘째는 인간의 주체성 해방이다. 이 두 가지를 한마디로 요약하면 하나님의 창조질서의 회복이다.

나사렛 예수는 병을 고치고 귀신들을 쫓아냄으로써 파괴된 인간의 존엄성을 회복시켜 주고, 유대교 율법의 지배체제에 눌려있는 죄인들에게 죄사함의 기쁜 소식을 선포한다.

그러나 하나님의 아들이 가지고 온 하나님의 기쁜 소식은 율법으로 세상을 지배하는 자들에게는 재앙이다. 그들에게 나사렛 예수는 율법체계를 무너뜨리는 위험천만한 반체제 혁명가다. 나사렛 예수가 그저 병 고치고 귀신 쫓아내는 권능 있는 예언자로 남아있었다면 그는 십자가 죽음의 길을 걷지는 않았을 것이다. 그가 유대 주류세력의 저항에 부딪힌 것은 그가 가지고 온 하나님 나라의 자유와 해방의 복음 때문이었다.

나사렛 예수가 가지고 온 하나님 나라는 근본적으로 반체제적이고 혁명적이다. 바리새인들은 자신들의 율법체제에 도전하는 나사렛 예수를 제거하기로 결정한다. 그들은 하나님 나라 운동을 궤멸시키기 위해 정치적 연합전선을 구축한다. 그들은 먼저 세례요한파를 끌어들인다. 바리새파와 세례요한파는 원래 하시딤 운동에서 파생된 분파들로 뿌리가 같다.

바리새파가 그 후 손을 잡은 세력은 헤롯당이다. 헤롯당은 로마제국의 패권에 복종하는 지방 자치 권력이었다. 나사렛 예수의 하나님 나라 운동이 갈릴리 지역 전체를 불사르고 있을 때 헤롯당에게 그것은 중대한 정치적 문제였다. 그들에게 나사렛 예수의 하나님 나라 운동은 빨리 사라져야 할 골칫거리였다. 지배자들에게는 수많은 군중이 모이고 함께 움직이는 것은 언제나 체제를 위협하는 위험한 것이다. 그들은 나사렛 예수의 하나님 나라 운동을 속히 잠재워야 한다는 점에서 바리새파와 이해관계가 일치했다. 바리새파와 헤롯당은 이념적으로는 적대적 관계였지만 나사렛 예수의 하나님 나라 운동에 대해서는 정치적 연합전선을 구축하는 데 합의한다.

하나님 나라 해방구

마가복음 3:7-12

7절

Καὶ ὁ Ἰησοῦς μετὰ τῶν μαθητῶν αὐτοῦ ἀνεχώρησεν πρὸς τὴν θάλα
σσαν, καὶ πολὺ πλῆθος ἀπὸ τῆς Γαλιλαίας [ἠκολούθησεν], καὶ ἀπὸ
τῆς Ἰουδαίας

그리고 예수는 자기의 제자들과 함께 바다를 향하여 물러났다. 그리고
많은 무리가 갈릴리에서, 그리고 유대에서

8절

καὶ ἀπὸ Ἱεροσολύμων καὶ ἀπὸ τῆς Ἰδουμαίας καὶ πέραν τοῦ Ἰορδά
νου καὶ περὶ Τύρον καὶ Σιδῶνα πλῆθος πολὺ ἀκούοντες ὅσα ἐποίει
ἦλθον πρὸς αὐτόν.

그리고 예루살렘에서 그리고 이두매와 요단 건너편과 두로와 시돈 주변
으로부터 많은 무리가 그가 행하고 있던 일들을 듣고 그를 향하여 왔다.

9절

Καὶ εἶπεν τοῖς μαθηταῖς αὐτοῦ ἵνα πλοιάριον προσκαρτερῇ αὐτῷ
διὰ τὸν ὄχλον ἵνα μὴ θλίβωσιν αὐτόν·

그리고 그는 자기의 제자들에게 군중 때문에 사람들이 그를 덮치지 못하도록 자기에게 작은 배를 대기하도록 말했다.

10절

πολλοὺς γὰρ ἐθεράπευσεν, ὥστε ἐπιπίπτειν αὐτῷ ἵνα αὐτοῦ ἅψωνται ὅσοι εἶχον μάστιγας.

왜냐하면 그가 많은 사람을 고쳐주어서 질고를 가지고 있던 사람들마다 그를 만지려고 그에게 달려들었기 때문이다.

11절

καὶ τὰ πνεύματα τὰ ἀκάθαρτα, ὅταν αὐτὸν ἐθεώρουν, προσέπιπτον αὐτῷ καὶ ἔκραζον λέγοντες ὅτι σὺ εἶ ὁ υἱὸς τοῦ θεοῦ.

그리고 더러운 영들은 그를 바라보고 있을 때 그에게 엎드려 고함치며 "당신은 하나님의 아들입니다"라고 말하고 있었다.

12절

καὶ πολλὰ ἐπετίμα αὐτοῖς ἵνα μὴ αὐτὸν φανερὸν ποιήσωσιν.

그리고 그는 그들이 그를 드러내지 못하도록 그들을 많이 꾸짖었다.

해설

    나사렛 예수가 가지고 온 하나님 나라는 자유와 종말론적 희망을 선포한다. 그 자유와 희망의 소식은 병 고침과 귀신 축출과 죄사함과 함께 온다. 그러자 갈릴리 온 지역과 유대, 예루살렘, 에돔, 요단강 동쪽, 심지어 두로와 시돈 주변에서까지 나사렛 예수에게로 사람들이 구름떼처럼 몰려온다.

    이로써 나사렛 예수의 하나님 나라 운동은 거대한 사회적 세력을 형성하게 된다. 그리고 기존 질서를 유지하려는 모든 세력을 결집시키는 반작용을 불러온다.

    나사렛 예수는 중풍 병자를 치유하는 과정에서 자신을 죄사함의 권세를 가지고 있는 하나님으로 선포한다. 이것으로 나사렛 예수와 바리새인들은 서로 공존할 수 없는 관계임이 드러난다. 나사렛 예수의 죄사함의 선포는 바리새인들의 율법지배를 끝장내는 자유와 해방의 선언이다.

    바리새인들은 세례요한파와 손잡는다. 그들은 세례요한파와 함께 금식함으로 나사렛 예수의 하나님 나라 잔치에 재를 뿌린다. 나사렛 예수는 바리새인들과의 안식일 논쟁에서 자신을 이 세상에 영원한 안식을 주러 온 안식일의 주인이라고 선포한다. 바리새인들은 헤롯 당원들과 손을 잡고 나사렛 예수를 제거하기 위한 정치적 방법을 모색한다.

    나사렛 예수의 하나님 나라 운동은 이러한 적대적 환경 속에서 거대한 민중의 호응을 받으며 정치적 세력으로 성장한다. 그러는 가운데 나사렛 예수를 만나는 귀신들은 나사렛 예수의 실체를 알고 떠들어대는데, 그것은 하나님 나라 운동을 방해하려는 것이다.

2,000년 전 갈릴리에서는 하나님 나라와 세상 나라가 전쟁의 혈투를 벌이고 있었다.

사도임명 (1)
마가복음 3:13-19

13절

Καὶ ἀναβαίνει εἰς τὸ ὄρος καὶ προσκαλεῖται οὓς ἤθελεν αὐτός, καὶ ἀπῆλθον πρὸς αὐτόν.

그리고 그는 산으로 올라가고 있다. 그리고 그가 원하는 사람들을 부르고 있다. 그리고 그들은 그를 향하여 떠났다.

14절

Καὶ ἐποίησεν δώδεκα [οὓς καὶ ἀποστόλους ὠνόμασεν] ἵνα ὦσιν μετ᾽ αὐτοῦ καὶ ἵνα ἀποστέλλῃ αὐτοὺς κηρύσσειν

그리고 그는 열둘을 만들고 [그들을 사도들이라고 불렀는데] 그것은 그들이 그와 함께 있으며 또한 그가 그들을 보내어 선포하고

15절

καὶ ἔχειν ἐξουσίαν ἐκβάλλειν τὰ δαιμόνια·

귀신들을 쫓아내는 권세를 갖게 하려는 것이었다.

16절

[Καὶ ἐποίησεν τοὺς δώδεκα,] καὶ ἐπέθηκεν ὄνομα τῷ Σίμωνι Πέτρον,

[그리고 열둘을 만들었다] 그리고 시몬에게 베드로라는 이름을 덧붙였고,

17절

καὶ Ἰάκωβον τὸν τοῦ Ζεβεδαίου καὶ Ἰωάννην τὸν ἀδελφὸν τοῦ Ἰακώβου καὶ ἐπέθηκεν αὐτοῖς ὄνομα [τα] Βοανηργές, ὅ ἐστιν υἱοὶ βροντῆς·

그리고 세베대의 아들인 야고보와 야고보의 형제인 요한이다. 그리고 그는 그들에게 보아네르게스 라는 이름을 붙여 주었는데, 그것은 천둥의 아들들이다.

18절

κκαὶ Ἀνδρέαν καὶ Φίλιππον καὶ Βαρθολομαῖον καὶ Μαθθαῖον καὶ Θωμᾶν καὶ Ἰάκωβον τὸν τοῦ Ἁλφαίου καὶ Θαδδαῖον καὶ Σίμωνα τὸν Καναναῖον

그리고 안드레와 빌립과 바돌로매와 마태와 도마와 알패오의 아들 야고보와 다대오와 가나나인 시몬과

19절

καὶ Ἰούδαν Ἰσκαριώθ, ὃς καὶ παρέδωκεν αὐτόν.

그리고 가룟 유다인데, 그는 바로 예수를 넘겨준 자다.

해설

갈릴리에서의 하나님 나라 운동은 목수 출신의 지도자와 네 명의 어부 출신의 젊은이들이 시작한 운동이었다. 이 대담한 운동이 승리의 행진을 하는 과정에서 제자들이 늘어나게 된다. 나사렛 예수는 이들 중 12명을 선발하여 사도로 임명한다.

사도는 제자들 중에서도 구별된 자들이다. 그가 사도들을 세운 목적은 그들이 그와 함께 있으며, 또한 그가 그들을 보내기 위함이다. 그러므로 나사렛 예수와 사도들의 관계는 존재론적이다. 그들의 사명은 하나님 나라를 선포하고 귀신을 쫓아내는 것이다. 이 권세는 그들의 것이 아니라 나사렛 예수에게서 받은 것이다.

나사렛 예수는 그들에게 별명을 붙여 주었는데, 이것은 그의 통찰력과 함께 그가 유머 감각이 뛰어난 대단히 사교적이며 친근한 인간성의 소유자였음을 보여주는 매우 특이한 본문이다.

사도들은 그리스도의 보내심을 받은 자들인데, 그들이 나가서 선포하는 복음의 내용은 하나님 나라의 종말론적 희망과 자유의 소식이다. 이 자유와 희망의 소식은 귀신 축출과 질병의 치유와 죄사함의 선포와 함께 퍼져나간다.

사도임명 (2)

　나사렛 예수의 사도임명식에는 몇 가지 주목할 만한 특징이 있다. 첫째, 사도임명식이 거행되는 장소가 산이다. 이것은 그 예식의 거룩성을 표현한다.

　둘째, 사도임명식을 거행하는 나사렛 예수의 행동이 현재형으로 묘사되고 있다. 이것은 마치 그 예식이 진행되고 있는 장면을 직접 비디오로 촬영하는 것처럼 생동감 있게 보여준다.

　셋째, 나사렛 예수가 직접 열두 명의 사도의 이름을 직접 호명한다. (προκαλεῖται, 앞으로 직접 불러낸다, 중간태) 이것은 부르심의 주체인 그리스도의 권위를 나타낸다.

　넷째, 호명을 받은 자들은 나사렛 예수 앞으로 나간다. (απηλθον προς αυτον, 그를 향하여 떠났다) 이것은 평범하고 일반적인 제자의 무리에서 분리되어 구별되었다는 뜻이다.

　다섯째, 나사렛 예수는 그들에게 별명을 붙여 준다. 이것은 목사안수식이나 사제임명식의 축사처럼 인간적이면서 친근한 분위기를 생생하게 보여준다.

　여섯째, 나사렛 예수와 사도들의 관계는 존재론적이다. 그들은 항상 그리스도와 함께 있어야 하고 자기 마음대로 할 수 없다. 그들은 그리스도와 존재론적으로 연합되어 있고, 그에게서 권세를 받고, 그에게서 파송을 받는다. 그들의 모든 행동은 그리스도의 명예와 관련되어 있다.

일곱째, 사도들의 사명은 하나님 나라를 선포하고 귀신을 쫓아내는 것이다. 그들이 가지고 나가는 메시지의 내용은 종말론적 자유와 희망의 소식이다.

여덟째, 사도들의 출신은 어부, 세리, 혁명당원 등 다양하다. 그중에서 어부 출신들이 제일 많다. 이것은 다양한 사람들을 통해 하나님 나라를 세워가는 나사렛 예수의 리더쉽의 위대성을 보여준다.

아홉째, 베드로의 우월적 지위와 함께 서열이 정해져 있다. 베드로의 이름은 맨 앞에 혼자 구별되어 있고, 그다음에 야고보와 요한 형제의 이름이 다른 제자들과 구별되어 있고, 나머지 제자들은 한꺼번에 나열되어 있으나, 그것도 적혀있는 순서가 그들의 서열이라고 할 수 있다. 그리고 배신자 가룟 유다의 이름은 분리되어 기록되어 있는데, 그의 역할이 충격적이고 기이하기 때문이다.

열째, 사도선택권과 임명권은 나사렛 예수의 절대주권적 의지에 달려있다. 사도임명식을 통해 사도들은 그리스도와 함께 거룩한 천상의 세계로 올라간다.

바리새파의 파상공격

마가복음 3:20-30

20절

Καὶ ἔρχεται εἰς οἶκον· καὶ συνέρχεται πάλιν [ὁ] ὄχλος, ὥστε μὴ δύνασθαι αὐτοὺς μηδὲ ἄρτον φαγεῖν.

그리고 그는 집으로 간다. 그리고 다시 군중이 몰려와서 그들은 빵조차 먹을 수 없게 된다.

21절

καὶ ἀκούσαντες οἱ παρ᾽ αὐτοῦ ἐξῆλθον κρατῆσαι αὐτόν· ἔλεγον γὰρ ὅτι ἐξέστη.

그리고 그의 친척들은 그를 붙잡으러 나왔다. 왜냐하면 사람들이 그가 미쳤다고 말하고 있었기 때문이다.

22절

Καὶ οἱ γραμματεῖς οἱ ἀπὸ Ἱεροσολύμων καταβάντες ἔλεγον ὅτι Βεελζεβοὺλ ἔχει καὶ ὅτι ἐν τῷ ἄρχοντι τῶν δαιμονίων ἐκβάλλει τὰ δαιμόνια.

그리고 예루살렘에서 내려온 서기관들은 그가 바알세불을 가지고 있고 그는 귀신들의 두목의 힘으로 귀신들을 쫓아내고 있다고 말하고 있었다.

23절

Καὶ προσκαλεσάμενος αὐτοὺς ἐν παραβολαῖς ἔλεγεν αὐτοῖς· πῶς δύναται σατανᾶς σατανᾶν ἐκβάλλειν;

그러자 그는 그들을 불러 비유들로 그들에게 말하고 있었다. "어떻게 사탄이 사탄을 쫓아낼 수 있느냐?

24절

καὶ ἐὰν βασιλεία ἐφ᾽ ἑαυτὴν μερισθῇ, οὐ δύναται σταθῆναι ἡ βασιλεία ἐκείνη·

그리고 만약 나라가 스스로 분열되면, 저 나라는 설 수 없다.

25절

καὶ ἐὰν οἰκία ἐφ᾽ ἑαυτὴν μερισθῇ, οὐ δυνήσεται ἡ οἰκία ἐκείνη σταθῆναι.

그리고 만약 집이 스스로 분열되면, 저 집은 설 수 없다.

26절

καὶ εἰ ὁ σατανᾶς ἀνέστη ἐφ᾽ ἑαυτὸν καὶ ἐμερίσθη, οὐ δύναται στῆναι ἀλλὰ τέλος ἔχει.

그리고 만약 사탄이 자기 자신에 대적하여 일어나면, 그는 설 수 없고 그는 종말을 갖는다.

27절

ἀλλ᾽ οὐ δύναται οὐδεὶς εἰς τὴν οἰκίαν τοῦ ἰσχυροῦ εἰσελθὼν τὰ σκεύη αὐτοῦ διαρπάσαι, ἐὰν μὴ πρῶτον τὸν ἰσχυρὸν δήσῃ, καὶ τότε τὴν οἰκίαν αὐτοῦ διαρπάσει.

대신에 그 누구도 더 힘센 자의 집에 들어가 그의 가구들을 약탈할 수 없다. 만약 먼저 그 더 힘센 자를 묶지 않으면. 그리고 그때 그의 집을 약탈할 것이다.

28절

Ἀμὴν λέγω ὑμῖν ὅτι πάντα ἀφεθήσεται τοῖς υἱοῖς τῶν ἀνθρώπων τὰ ἁμαρτήματα καὶ αἱ βλασφημίαι ὅσα ἐὰν βλασφημήσωσιν·

진실로 너희들에게 말하건대 사람들의 아들들이 어떤 비방을 할지라도 모든 죄들과 비방들은 그들에게 용서될 것이다.

29절

ὃς δ᾽ ἂν βλασφημήσῃ εἰς τὸ πνεῦμα τὸ ἅγιον, οὐκ ἔχει ἄφεσιν εἰς τὸν αἰῶνα, ἀλλ᾽ ἔνοχός ἐστιν αἰωνίου ἁμαρτήματος.

그러나 만약 성령을 향하여 비방하는 사람이 있다면, 그는 영원히 용서를 갖지 못하고 대신에 영원한 죄에 처해진다."

30절

ὅτι ἔλεγον· πνεῦμα ἀκάθαρτον ἔχει.

왜냐하면 그들이 "그는 더러운 영을 가지고 있다"라고 말하고 있었기 때문이다.

해설

나사렛 예수는 이 세상에 하나님 나라를 가지고 온 종말론적 반체제 혁명가다. 나사렛 예수의 하나님 나라는 세상에 뿌리를 내리고 있던 기득권 세력의 저항을 받는다. 그 저항세력에는 귀신들, 바리새인들, 세례요한파, 헤롯당, 고위 신학자들이 있다. 그리고 나중에는 사두개인들과 장로들, 젤롯당까지도 합세한다.

나사렛 예수의 하나님 나라는 갈릴리에서부터 저항세력들에 의해 파상공격을 받는다. 그 선봉에 서 있는 것이 바리새파다. 나사렛 출신 무명의 목수는 벳새다 출신의 몇 명의 어부들을 데리고 다니면서 온 갈릴리 지역을 하나님 나라 잔칫집으로 만든다. 그러자 율법주의자들은 이 운동에 저항한다. 그 선봉에 서 있던 바리새인들은 나사렛 예수가 미쳤다는 소문을 사방에 퍼뜨린다. 그리하여 예수의 친척들까지 세뇌되어 예수를 붙잡으러 나오게 된다.

하나님 나라 운동이 걷잡을 수 없이 세력을 키워나가자 다급해진 바리새인들은 예루살렘에 있는 고위 신학자들을 초청해서 그들로 하여금 나사렛 예수의 이단성을 검토하도록 한다. 예루살렘에서 내려온 신학자들이 내린 판정은 예수 안에는 귀신들의 두목이 있다는 것이었다. 나사렛 예수는 신학자들에 의해 공식적으로 이단판정을 받은 것이다. 이제 나사렛 예수의 죽음은 시간문제다.

마가복음은 나사렛 예수의 하나님 나라 운동과 그에 저항하는 반역세력들 사이에 벌어지는 권력투쟁 이야기다. 그러므로 그 이야기는 정치신학적 관점에서만 이해될 수 있다. 나사렛 예수는 적들의 파상공격에 대해 그때마다 바로바로 반격한다. 그의 반격은 논리적이다. 그의 논쟁기술은 상대방을 자기모순에 빠뜨려서 바보로 만든다. 그러면 그럴수록 적들은 나사렛 예수에 대한 증오와 적개심으로 불탄다.

그러나 그 근저에는 나사렛 예수에 대한 열등의식과 시기 질투가 깔려있다. 그들은 정상적인 방법으로는 나사렛 예수를 제거할 수 없다는 것을 알고 있다. 그들은 계략을 쓰기 시작하는데, 그것은 악마적 지혜다.

어머니와 동생들

마가복음 3:31-35

31절

Καὶ ἔρχεται ἡ μήτηρ αὐτοῦ καὶ οἱ ἀδελφοὶ αὐτοῦ καὶ ἔξω στήκοντες ἀπέστειλαν πρὸς αὐτὸν καλοῦντες αὐτόν.

그리고 그의 어머니와 그의 형제들이 온다. 그리고 그들은 밖에 서서 그를 부르기 위해 그를 향하여 (사람을) 보냈다.

32절

καὶ ἐκάθητο περὶ αὐτὸν ὄχλος, καὶ λέγουσιν αὐτῷ· ἰδοὺ ἡ μήτηρ σου καὶ οἱ ἀδελφοί σου [καὶ αἱ ἀδελφαί σου] ἔξω ζητοῦσίν σε.

그리고 그의 주위에는 군중이 앉아있었다. 그리고 사람들이 그에게 말한 다. "보세요, 당신의 어머니와 당신의 형제들[과 당신의 자매들]이 밖에서 당신을 찾고 있어요."

33절

καὶ ἀποκριθεὶς αὐτοῖς λέγει· τίς ἐστιν ἡ μήτηρ μου καὶ οἱ ἀδελφοί [μου];

그러자 그가 대답하며 그들에게 말한다. "누가 나의 어머니와 [나의] 형제들이냐?"

34절

καὶ περιβλεψάμενος τοὺς περὶ αὐτὸν κύκλῳ καθημένους λέγει·
ἴδε ἡ μήτηρ μου καὶ οἱ ἀδελφοί μου.

그리고 그는 자기 주변에 빙 둘러 앉아있는 사람들을 둘러보고서 말한다.
"보라, 나의 어머니와 나의 형제들이다.

35절

ὃς [γὰρ] ἂν ποιήσῃ τὸ θέλημα τοῦ θεοῦ, οὗτος ἀδελφός μου καὶ
ἀδελφὴ καὶ μήτηρ ἐστίν.

[왜냐하면] 하나님의 뜻을 행하는 이 사람이 나의 형제와 어머니와 자매
이기 때문이다."

해설

    본문에서 나사렛 예수의 어머니와 동생들은 하나님 나라 운동의 훼방꾼들로 나타난다. 그들은 나사렛 예수의 말씀을 듣는 청중들 밖에 있다. 그들은 나사렛 예수의 하나님 나라 운동의 밖에 서 있다. 게다가 설교하고 있는 나사렛 예수를 불러내는 무례한 짓을 하고 있다.

    나사렛 예수의 어머니와 형제들은 동네나 회당에서 끊임없이 바리새인들의 공격에 시달려야 했다. 그들은 예수를 이단, 정신병자, 사기꾼으로 몰았다. 예수의 어머니와 동생들이 예수의 선교 현장에까지 찾아와 방해할 정도면 바리새인들에게 얼마나 시달렸는지 짐작할 수 있다.

    마가복음은 예수의 어머니 마리아에 대한 존경심이나 그녀의 비범성에 대한 찬양이 전혀 없다. 오히려 자식들을 데리고 와서 하나님 나라 운동을 방해하는 무식하고 평범한 여자로 그리고 있다. 아마도 이것이 역사적 사실에 부합할 것이다.

씨를 뿌리는 사람

마가복음 4:1-9

1절

Και παλιν ηρξατο διδασκειν πάρα την θάλασσαν. και συναγεται
προς αυτόν όχλος πλειστος, ώστε αυτόν εις πλοίον εμβαντα καθησθαι
εν τη θαλασση, και πας ό όχλος προς την θάλασσαν επί της γης ήσαν.

그리고 그는 다시 바닷가에서 가르치기 시작했다. 그리고 최대의 군중이
그를 향하여서 모인다. 그리하여 그는 배 안으로 들어가 바다에 앉아있게
되었다. 그리고 모든 군중은 바다를 향하여 육지에 있었다.

2절

και εδιδασκεν αυτούς εν παραβολαις πολλά και ελεγεν αυτοις εν
τη διδαχη αυτού.

그리고 그는 그들에게 비유로 많은 것들을 가르치고 있었다. 그리고 그들
에게 자기의 교훈 속에서 말하고 있었다.

3절

Ακούετε, Ιδού εξηλθεν ό σπειρων σπειραι.

"들으라. 보라, 씨 뿌리는 사람이 씨를 뿌리러 나갔다.

4절

και εγένετο εν τω σπειρειν ό μεν έπεσεν πάρα την όδον, και ηλθεν
τα πετεινα και κατεφαγεν αυτό.

그리고 씨를 뿌릴 때 어떤 것은 길가에 떨어졌다. 그러자 새들이 와서
그것을 삼켜버렸다.

5절

και άλλο έπεσεν επί τα πετρωδες όπου ουκ ειχεν γην παλλην, και
ευθύς εξανετειλεν δια το μη έχειν βάθος γης.

그리고 다른 것은 흙이 많지 않은 돌밭에 떨어졌다. 그러자 그것은 땅의
깊이를 갖지 못했기 때문에 즉시 돋아나왔다.

6절

και ότε ανετειλεν ό ήλιος εκαυματισθη και δια το μη έχειν 'ριζαν
εξηρανθη.

그리고 해가 떠올랐을 때 그것은 태워졌고 뿌리를 갖지 않았기 때문에
말라버렸다.

7절

και αλλο έπεσεν εις τας ακανθας, και ανέβησαν αί ακανθαι και συνεπ
νιξαν αυτό, και καρπον ουκ εδωκεν.

그리고 다른 것은 가시나무들 속에 떨어졌다. 그리고 가시나무들이 올라
와 그것을 질식시켰다. 그래서 그것은 열매를 주지 못했다.

8절

και άλλα έπεσεν εις την γην καλήν και εδιδου καπον αναβαινοντα και αυξανόμενα και εφερεν έν τριάκοντα και έν έξηκοντα και έν έκατον.

그리고 다른 것은 좋은 땅에 떨어졌다. 그리고 올라와 자라서 열매를 주고 있었다. 그리고 하나는 30배 그리고 하나는 60배 그리고 하나는 100배를 가져오고 있었다.

9절

και ελεγεν, Ός έχει ώτα ακουειν ακουετω.

그리고 그는 말하고 있었다. 듣는 귀들을 가지고 있는 사람은 들어라."

해설

　이 비유는 나사렛 예수의 자기 증거다. 씨를 뿌리는 사람도 씨앗도 예수 자신을 가리킨다. 예수가 세상에 온 것은 하나님 나라의 씨앗을 뿌리기 위함인데, 하나님 나라를 품고 있는 그 씨앗은 예수 자신이다. 예수의 자기 증거의 권세와 자격은 그의 신성에 근거하고 있다. 길가나 돌밭이나 가시나무나 좋은 밭은 예수와 관계를 맺는 인간의 내적 상태다.

　하나님 나라는 인간의 마음의 상태에 따라서 각각 다른 결과를 가져온다. 여기서 들으라는 말은 깊이 새겨들으라는 뜻이다. 그것은 회개하라는 의미를 품고 있다.

　예수의 말씀을 듣고 있는 사람은 각자 자신의 영혼의 상태를 점검해야 한다. 길바닥 같은지, 돌짝밭 같은지, 가시덤불 같은지를 돌아보고 회개하여 옥토로 바꾸어야 한다.

계시의 경계선
마가복음 4:10-12

10절

Καὶ ὅτε ἐγένετο κατὰ μόνας, ἠρώτων αὐτὸν οἱ περὶ αὐτὸν σὺν τοῖς δώδεκα τὰς παραβολάς.

그리고 그가 혼자 있을 때, 그의 주변에 있던 사람들이 열둘과 함께 그에게 비유들에 대해 질문하고 있었다.

11절

καὶ ἔλεγεν αὐτοῖς· ὑμῖν τὸ μυστήριον δέδοται τῆς βασιλείας τοῦ θεοῦ· ἐκείνοις δὲ τοῖς ἔξω ἐν παραβολαῖς τὰ πάντα γίνεται,

그러자 예수가 그들에게 말하고 있었다. "너희들에게는 하나님 나라의 비밀이 주어졌다. 그러나 밖에 있는 저 사람들에게는 모든 것들이 비유들로 된다.

12절

ἵνα βλέποντες βλέπωσιν καὶ μὴ ἴδωσιν,
καὶ ἀκούοντες ἀκούωσιν καὶ μὴ συνιῶσιν,
μήποτε ἐπιστρέψωσιν καὶ ἀφεθῇ αὐτοῖς.

그것은 그들이 보기는 보되 알아보지 못하고,

듣기는 듣되 깨닫지 못하여,

돌아서서 그들에게 용서되지 못하게 하려는 것이다."

해설

　나사렛 예수는 일부러 군중들에게 하나님 나라의 비밀을 비유 속에 감추어 둔다는 충격적인 말을 하는데, 그 의도는 더욱더 충격적이다. 그 의도는 그들이 나사렛 예수의 실체를 알아보지 못하고 나사렛 예수의 말을 이해하지 못하게 해서, 그들이 주님께 돌아오지도 못하고 용서받지도 못하게 하려는 것이다. 여기에는 경계선이 확실히 그어져 있다. 계시의 경계선 안에 있는 사람들이 있고, 또한 경계선 밖에 있는 사람들이 있다.

　경계선 안에 있는 사람들은 제자들이고, 밖에 있는 사람들은 군중들이다. 경계선 안에 있는 사람들은 하나님 나라의 비밀을 알고, 경계선 밖에 있는 사람들은 하나님 나라의 비밀을 모른다.

　여기서 하나님 나라의 비밀은 나사렛 예수 그 자신이다. 계시의 경계선 안쪽과 바깥쪽의 운명을 결정하는 것은 나사렛 예수의 의지와 선택이다.

예수의 자기계시

마가복음 4:13-20

13절

Καὶ λέγει αὐτοῖς· οὐκ οἴδατε τὴν παραβολὴν ταύτην, καὶ πῶς πάσας τὰς παραβολὰς γνώσεσθε;

그리고 그는 그들에게 말한다. "너희들은 이 비유를 알지 못하면서 어떻게 모든 비유들을 알겠느냐?

14절

ὁ σπείρων τὸν λόγον σπείρει.

씨뿌리는 사람은 말씀을 뿌리고 있다.

15절

οὗτοι δέ εἰσιν οἱ παρὰ τὴν ὁδόν· ὅπου σπείρεται ὁ λόγος καὶ ὅταν ἀκούσωσιν, εὐθὺς ἔρχεται ὁ σατανᾶς καὶ αἴρει τὸν λόγον τὸν ἐσπαρμένον εἰς αὐτούς.

길가에 뿌려진 것들은 이 사람들이다. 거기에 말씀이 뿌려진다. 그리고 그들이 들었을 때 즉시 사탄이 와서 그들에게 뿌려진 말씀을 빼앗는다.

16절

καὶ οὗτοί εἰσιν οἱ ἐπὶ τὰ πετρώδη σπειρόμενοι, οἳ ὅταν ἀκούσωσιν τὸν λόγον εὐθὺς μετὰ χαρᾶς λαμβάνουσιν αὐτόν,

그리고 돌밭에 뿌려지는 것들은 이 사람들이다. 그들은 말씀을 들었을 때 즉시 기쁨으로 그것을 받는다.

17절

καὶ οὐκ ἔχουσιν ῥίζαν ἐν ἑαυτοῖς ἀλλὰ πρόσκαιροί εἰσιν, εἶτα γενομένης θλίψεως ἢ διωγμοῦ διὰ τὸν λόγον εὐθὺς σκανδαλίζονται.

그리고 그들은 자신들 안에 뿌리를 가지고 있지 못하고 다만 일시적이다. 그러다가 말씀 때문에 고난이나 핍박이 생기면 즉시 걸려 넘어진다.

18절

καὶ ἄλλοι εἰσὶν οἱ εἰς τὰς ἀκάνθας σπειρόμενοι· οὗτοί εἰσιν οἱ τὸν λόγον ἀκούσαντες,

그리고 가시나무들 속에 뿌려지는 것들은 다른 사람들이다. 그들은 말씀을 들은 사람들이다.

19절

καὶ αἱ μέριμναι τοῦ αἰῶνος καὶ ἡ ἀπάτη τοῦ πλούτου καὶ αἱ περὶ τὰ λοιπὰ ἐπιθυμίαι εἰσπορευόμεναι συμπνίγουσιν τὸν λόγον καὶ ἄκαρπος γίνεται.

그러나 시대의 걱정들과 부의 속임수와 나머지 것들에 대한 욕심들이 들어와 말씀을 질식시켜서 열매 없게 된다.

20절

καὶ ἐκεῖνοί εἰσιν οἱ ἐπὶ τὴν γῆν τὴν καλὴν σπαρέντες, οἵτινες ἀκούουσιν τὸν λόγον καὶ παραδέχονται καὶ καρποφοροῦσιν ἓν τριάκο ντα καὶ ἓν ἑξήκοντα καὶ ἓν ἑκατόν.

그리고 좋은 땅에 뿌려진 것들은 저 사람들이다. 그들은 말씀을 듣고 받아들여서 하나는 30배 하나는 60배 하나는 100배의 열매를 맺는다."

해설

　말씀은 하나님 나라를 품고 있는 씨앗인데, 나사렛 예수는 이 세상에 말씀을 뿌리러 온 말씀 그 자체다. 하나님의 말씀인 씨앗이 열매를 맺으려면 완악한 마음을 버리고 고난과 유혹을 이겨내야 하는데, 그것은 인격적 주체로서의 인간의 몫이다.

　이 세상에는 사탄이 활동하고 있는데, 그의 목적은 사람들이 말씀을 듣고 말씀을 믿어 구원받는 것을 방해하는 것이다.

세상의 등불

마가복음 4:21

21절

Καὶ ἔλεγεν αὐτοῖς· μήτι ἔρχεται ὁ λύχνος ἵνα ὑπὸ τὸν μόδιον τεθῇ ἢ ὑπὸ τὴν κλίνην; οὐχ ἵνα ἐπὶ τὴν λυχνίαν τεθῇ;

그리고 그는 그들에게 말하고 있었다. "등불이 곡식을 되는 그릇이나 침대 밑에 놓이기 위해 오느냐? 등잔대 위에 놓이기 위함이 아니냐?"

해설

    이 말씀은 세상의 등불로 오신 하나님의 아들 예수 그리스도의 자기증거의 말씀이다. 세상의 등불이신 예수 그리스도가 세상을 환하게 밝히려면 반드시 그를 환영하여 모시는 등잔대가 필요한데, 그 등잔대는 개인의 믿음도 될 수 있고, 교회도 될 수 있고, 국가도 될 수 있다.

    [등불이 온다]라는 표현 속에는 그 등불이 어떤 인격체임이 암시되어 있다(ἔρχεται ὁ λύχνος, 에르케타이 호 뤼크노스, 등불이 온다). 등불이 등불의 기능으로 작동하기 위해서는 등불을 등잔대 위에 올려놓는 자의 조력이 필요하다. 이것은 세상의 등불이신 그리스도를 보내시는 하나님의 동역자로서 인간의 역할의 중요성을 언급하고 있는 것이다.

하나님의 비밀

마가복음 4:22-23

22절

οὐ γάρ ἐστιν κρυπτὸν ἐὰν μὴ ἵνα φανερωθῇ, οὐδὲ ἐγένετο ἀπόκρυ
φον ἀλλ᾽ ἵνα ἔλθῃ εἰς φανερόν.

"왜냐하면 그것은 오직 밝혀지기 위해서 감추어져 있고, 또한 드러나기
위해서 숨겨져 있는 것이다.

23절

εἴ τις ἔχει ὦτα ἀκούειν ἀκουέτω.

만약 누가 듣는 귀들을 가지고 있으면 들으라."

해설

　이 말씀도 예수 그리스도의 자기증거의 말씀이다.

　하나님의 아들 예수 그리스도는 하나님께서 만세 전부터 감추어 두셨던 비밀인데, 그것은 하나님의 때가 되면 사람들에게 밝히 드러내 보여주시기 위함이다.

은혜의 세계관

마가복음 4:24-25

24절

Καὶ ἔλεγεν αὐτοῖς· βλέπετε τί ἀκούετε. ἐν ᾧ μέτρῳ μετρεῖτε μετρηθ
ήσεται ὑμῖν καὶ προστεθήσεται ὑμῖν.

그리고 그는 그들에게 말하고 있었다. "너희들이 무엇을 듣고 있는지
조심하라. 너희들이 재는 그 잣대로 너희들에게 측정될 것이고 너희들에
게 더 얹어질 것이다.

25절

ὃς γὰρ ἔχει, δοθήσεται αὐτῷ· καὶ ὃς οὐκ ἔχει, καὶ ὃ ἔχει ἀρθήσεται
ἀπ᾽ αὐτοῦ.

왜냐하면 갖고 있는 사람은, 그에게는 주어질 것이다. 그리고 없는 사람
은, 그가 가지고 있는 것도 그에게서 빼앗겨질 것이기 때문이다."

해설

하나님은 우리가 남을 판단하는 그 기준대로 우리를 판단하시고, 더 엄격하게 그 기준을 적용하신다. 그것은 우리가 받은 하나님의 은혜를 이웃에게 베풀지 않았기 때문이다. 그는 받은바 하나님의 은혜마저도 빼앗길 것이다. 은혜를 은혜로 알지 못하면 받은 은혜도 빼앗긴다.

아우토마테
(αὐτόματη)

마가복음 4:26-29

26절

Καὶ ἔλεγεν· οὕτως ἐστὶν ἡ βασιλεία τοῦ θεοῦ ὡς ἄνθρωπος βάλῃ τὸν σπόρον ἐπὶ τῆς γῆς

그리고 그는 말하고 있었다. "하나님의 나라는 땅에 씨를 뿌리는 사람과 같다.

27절

καὶ καθεύδῃ καὶ ἐγείρηται νύκτα καὶ ἡμέραν, καὶ ὁ σπόρος βλαστᾷ καὶ μηκύνηται ὡς οὐκ οἶδεν αὐτός.

그리고 그는 밤낮으로 자고 일어난다. 그리고 그 씨는 그가 모르는 사이에 싹이 트고 자란다.

28절

αὐτομάτη ἡ γῆ καρποφορεῖ, πρῶτον χόρτον εἶτα στάχυν εἶτα πλήρη [ς] σῖτον ἐν τῷ στάχυϊ.

땅은 스스로 열매를 맺는다. 처음에는 풀(잎사귀)을, 다음에는 이삭을,

다음에는 그 이삭 속에 꽉 찬 알곡을.

29절

ὅταν δὲ παραδοῖ ὁ καρπός, εὐθὺς ἀποστέλλει τὸ δρέπανον, ὅτι παρέστηκεν ὁ θερισμός.

그런데 열매가 (스스로를) 넘겨줄 때, 그는 즉시 낫을 보낸다. 추수가 이미 다가왔기 때문이다."

해설

말씀이 사람의 마음에 뿌려지면 그다음부터는 사람의 마음이 스스로(αυτόματη, 아우토마테) 열매를 맺는다. 아우토마테(스스로, 저절로)는 오토매틱(automatic)의 어원이다. 이 단어는 신약성경에서 이 본문과 사도행전 12:10에서만 나오는데, 사도행전 이야기는 주님의 천사가 감옥에 갇혀있는 베드로를 데리고 나올 때 감옥 문이 저절로 스르르 열렸다는 것이다. 이미 2,000년 전에 성경에는 자동문이 등장하고 있는데, 이것은 천국의 단면을 보여주는 것이다.

오늘 본문 말씀은 인간의 마음에는 어떤 메커니즘이 작동한다는 것이다. 사람이 무엇을 듣고, 무엇을 받아들이고, 무엇을 믿느냐에 따라 그 열매가 달라진다. 사람의 마음은 그 속에 뿌려진 씨를 받아들여서 싹을 틔우고 뿌리를 내리고 잎사귀를 내고 이삭을 만들고 알곡을 채워가는데, 이것이 자동적인 메커니즘으로 작동한다는 것이다.

그러면 여기서 중요한 것은 마음이 무엇을 받아들이고 무엇을 품느냐의 문제다. 사람의 마음은 천국을 품을 수도, 지옥을 품을 수도 있다. 인간의 마음은 영의 세계를 담는 그릇이다. 이것은 자동적으로 열리는 문만큼이나 무섭고 소름 끼치는 이야기다.

우리가 예수를 믿는다는 것은 천국의 씨앗인 하나님의 종말론적 희망의 미래를 품는 것이다. 사람의 마음은 언제나 무엇인가를 품고 열매를 맺으려고 준비된 영적 메커니즘이다.

여기에는 우리가 무엇을 듣고 무엇을 믿어야 하는가 조심해야 한다는 교훈이 숨어있다.

겨자씨 비유

마가복음 4:30-32

30절

Καὶ ἔλεγεν· πῶς ὁμοιώσωμεν τὴν βασιλείαν τοῦ θεοῦ ἢ ἐν τίνι αὐτὴν παραβολῇ θῶμεν;

그리고 그는 말하고 있었다. "우리가 하나님의 나라를 어떻게 비유할 것이며 혹은 어떤 비유로 그것을 제시할 것인가?

31절

ὡς κόκκῳ σινάπεως, ὃς ὅταν σπαρῇ ἐπὶ τῆς γῆς, μικρότερον ὂν πάντων τῶν σπερμάτων τῶν ἐπὶ τῆς γῆς,

(그것은) 겨자의 낟알과 같으니, 그것은 땅에 뿌려질 때 땅에 있는 모든 씨들보다 더 작지만,

32절

καὶ ὅταν σπαρῇ, ἀναβαίνει καὶ γίνεται μεῖζον πάντων τῶν λαχάνων καὶ ποιεῖ κλάδους μεγάλους, ὥστε δύνασθαι ὑπὸ τὴν σκιὰν αὐτοῦ τὰ πετεινὰ τοῦ οὐρανοῦ κατασκηνοῦν.

그러나 그것이 뿌려졌을 때, 그것은 올라와 모든 채소들보다 더 크게

되고 큰 가지들을 만든다. 그리하여 하늘의 새들이 그 그늘 아래 둥지를
틀 수 있게 된다."

해설

이 비유 속의 겨자씨는 나사렛 예수 자신이다. 그는 계속해서 자기 자신에 대해 증거하고 있다. 그는 신이기 때문에 다른 이야기를 하거나 다른 것을 증거할 필요가 없다. 그는 지금 자기 자신의 죽음에 대해 말하고 있다.

나사렛 예수는 이 세상에 가장 작은 자로 와서 자기 자신을 영원한 생명의 씨앗으로 세상에 뿌린 구원의 주님이다. 나사렛 예수는 죄와 죽음과 절망 속에 있는 인류에게 하나님의 종말론적 희망의 미래를 약속하고 있는 천국의 씨앗이다.

그의 피로 세운 교회는 수많은 영혼들의 구원의 피난처요 안식처이며 보금자리다.

사물, 의미, 계시

(문학, 철학, 신학)

마가복음 4:33-34

33절

Καὶ τοιαύταις παραβολαῖς πολλαῖς ἐλάλει αὐτοῖς τὸν λόγον καθὼς ἠδύναντο ἀκούειν·

그리고 그는 그들이 (알아)들을 수 있는 대로 이러한 많은 비유로 그들에게 말씀을 이야기하고 있었다.

34절

χωρὶς δὲ παραβολῆς οὐκ ἐλάλει αὐτοῖς, κατ᾽ ἰδίαν δὲ τοῖς ἰδίοις μαθηταῖς ἐπέλυεν πάντα.

그런데 그는 비유가 아니면 그들에게 이야기하지 않고 있었다. 그러나 그는 자신의 제자들에게는 따로 모든 것을 자세히 설명하고 있었다.

해설

    나사렛 예수는 군중들에게 여러 가지 사물들을 소재로 비유를 통해 문학적 표현방법으로 하나님 나라를 이야기한다. 그러나 군중들은 그 사물이 지시하는 바 의미의 세계를 이해하지 못하고, 익숙하고 재미있는 이야기 정도로 받아들인다.

    반면 나사렛 예수는 자신의 제자들에게는 은밀히 그 비유의 철학적 의미를 가르쳐준다. 그런데 제자들은 그 철학적 의미가 가리키고 있는바 계시의 신학적 차원은 이해하지 못한다. 그들은 나사렛 예수가 십자가에 달려 죽고 부활한 후에도 깨닫지 못한다.

    그들은 진리의 성령께서 오셔서 그 계시의 눈을 열어주실 때 비로소 그 비유가 나사렛 예수 자신을 지시하고 있음을 깨닫게 된다.

폭풍을 잠재우는 예수

마가복음 4:35-41

35절

Καὶ λέγει αὐτοῖς ἐν ἐκείνῃ τῇ ἡμέρᾳ ὀψίας γενομένης· διέλθωμεν εἰς τὸ πέραν.

그리고 저 날에 저녁이 되었을 때 그는 그들에게 말한다. "반대편으로 건너가자."

36절

καὶ ἀφέντες τὸν ὄχλον παραλαμβάνουσιν αὐτὸν ὡς ἦν ἐν τῷ πλοίῳ, καὶ ἄλλα πλοῖα ἦν μετ᾽ αὐτοῦ.

그리고 그들은 군중을 버려두고 그가 배 안에 있는 채로 그를 모신다. 그리고 다른 배들이 그 배와 함께 있었다.

37절

καὶ γίνεται λαῖλαψ μεγάλη ἀνέμου καὶ τὰ κύματα ἐπέβαλλεν εἰς τὸ πλοῖον, ὥστε ἤδη γεμίζεσθαι τὸ πλοῖον.

그리고 큰 폭풍이 일어나 파도들이 배 안으로 덮쳐서 그리하여 벌써 배가 (물로) 가득 채워졌다.

38절

καὶ αὐτὸς ἦν ἐν τῇ πρύμνῃ ἐπὶ τὸ προσκεφάλαιον καθεύδων. καὶ ἐγείρουσιν αὐτὸν καὶ λέγουσιν αὐτῷ· διδάσκαλε, οὐ μέλει σοι ὅτι ἀπολλύμεθα;

그리고 그 자신은 배 뒤에서 베개를 베고 잠들어 있었다. 그러자 그들은 그를 깨우며 말한다. "우리가 죽게 된 것이 당신에게는 관심이 없습니까?"

39절

καὶ διεγερθεὶς ἐπετίμησεν τῷ ἀνέμῳ καὶ εἶπεν τῇ θαλάσσῃ· σιώπα, πεφίμωσο. καὶ ἐκόπασεν ὁ ἄνεμος καὶ ἐγένετο γαλήνη μεγάλη.

그러자 그가 깨어 일어나 바람을 꾸짖고 바다에게 말했다. "고요하라, 잠잠하라." 그러자 바람이 잔잔해지고 큰 고요함이 있었다.

40절

καὶ εἶπεν αὐτοῖς· τί δειλοί ἐστε; οὔπω ἔχετε πίστιν;

그리고 그들에게 말했다. "왜 겁먹고 있느냐? 아직도 믿음이 없느냐?"

41절

καὶ ἐφοβήθησαν φόβον μέγαν καὶ ἔλεγον πρὸς ἀλλήλους· τίς ἄρα οὗτός ἐστιν ὅτι καὶ ὁ ἄνεμος καὶ ἡ θάλασσα ὑπακούει αὐτῷ;

그러자 그들은 크게 두려워하며 서로에게 말하고 있었다. "도대체 이분 이 누구이기에 바람과 바다도 그에게 복종하는가?"

해설

　나사렛 예수는 군중들에게 끌려다니거나 이용당하지 않는다. 그는 군중들을 내버려 두고 제자들과 함께 건너편으로 간다. 그의 관심은 제자들에게 있다. 그러나 제자들은 아직 나사렛 예수가 누구인지 알지 못한다.

　그들은 나사렛 예수가 폭풍과 파도 위에 계시는 초월적 전능자임을 알지 못한다. 나사렛 예수는 일어나 말씀으로 폭풍과 파도를 잠재움으로써 제자들에게 자신의 신성을 계시한다.

　그러나 제자들은 여전히 깨닫지 못하고 두려움 속에 예수의 정체에 대해 혼란에 빠진다. 나사렛 예수는 깨닫지 못하는 제자들에게 더욱더 계시의 강도를 높여 나간다.

예수와 군대귀신

마가복음 5:1-20

1절

Καὶ ἦλθον εἰς τὸ πέραν τῆς θαλάσσης εἰς τὴν χώραν τῶν Γερασηνῶν.

그리고 그들은 바다 건너편 거라사인들의 땅으로 갔다.

2절

καὶ ἐξελθόντος αὐτοῦ ἐκ τοῦ πλοίου, εὐθὺς ὑπήντησεν αὐτῷ ἐκ τῶν μνημείων ἄνθρωπος ἐν πνεύματι ἀκαθάρτῳ,

그리고 그가 배에서 나왔을 때 즉시 더러운 영에 사로잡힌 사람이 무덤들 속에서 그에게 마중 나왔는데,

3절

ὃς τὴν κατοίκησιν εἶχεν ἐν τοῖς μνήμασιν, καὶ οὐδὲ ἁλύσει οὐκέτι οὐδεὶς ἐδύνατο αὐτὸν δῆσαι

그는 무덤들 속에 거처를 가지고 있었고, 그 누구도 그를 더 이상 사슬로 결박할 수 없었으니

4절

διὰ τὸ αὐτὸν πολλάκις πέδαις καὶ ἁλύσεσιν δεδέσθαι, καὶ διεσπάσθαι
ὑπ᾽ αὐτοῦ τὰς ἁλύσεις καὶ τὰς πέδας συντετρῖφθαι, καὶ οὐδεὶς ἴσχυεν
αὐτὸν δαμάσαι·

이는 그가 여러 번 족쇄와 사슬들로 결박당했었지만, 그 사슬들은 그에
의해 부서지고 족쇄들은 산산이 깨졌기 때문이다. 그래서 그 누구도 그를
제어할 수 없었다.

5절

καὶ διὰ παντὸς νυκτὸς καὶ ἡμέρας ἐν τοῖς μνήμασιν καὶ ἐν τοῖς
ὄρεσιν ἦν κράζων καὶ κατακόπτων ἑαυτὸν λίθοις.

그리고 그는 밤낮으로 무덤들과 산속에서 고함을 지르며 자기 자신을
돌멩이들로 짓이기고 있었다.

6절

καὶ ἰδὼν τὸν Ἰησοῦν ἀπὸ μακρόθεν ἔδραμεν καὶ προσεκύνησεν
αὐτῷ,

그런데 멀리서 예수를 보고 달려와 그에게 경배하고

7절

καὶ κράξας φωνῇ μεγάλῃ λέγει Τί ἐμοὶ καὶ σοί, Ἰησοῦ Υἱὲ τοῦ
Θεοῦ τοῦ Ὑψίστου; ὁρκίζω σε τὸν Θεόν, μή με βασανίσῃς.

큰 소리로 외치며 말한다. "지극히 높으신 하나님의 아들 예수여, 나와
당신에게 무슨 일입니까? 하나님을 걸고 당신께 간구하오니, 제발 나를

벌주지 마세요."

8절

ἔλεγεν γὰρ αὐτῷ Ἔξελθε τὸ πνεῦμα τὸ ἀκάθαρτον ἐκ τοῦ ἀνθρώπου.

왜냐하면 (예수께서) 그에게 "더러운 영은 그 사람에게서 나오라"라고 말하고 있었기 때문이다.

9절

καὶ ἐπηρώτα αὐτόν Τί ὄνομά σοι; καὶ λέγει αὐτῷ Λεγιὼν ὄνομά μοι, ὅτι πολλοί ἐσμεν.

그리고 예수께서 그에게 "너에게 이름이 무엇이냐?"라고 물었다. 그러자 그가 예수에게 말한다. "나에게 이름은 군단, 우리들은 많기 때문이지요."

10절

καὶ παρεκάλει αὐτὸν πολλὰ ἵνα μὴ αὐτὰ ἀποστείλῃ ἔξω τῆς χώρας.

그리고 그는 예수에게 그것들을 그 땅 밖으로 보내지 말라고 여러 번 간청한다.

11절

ἦν δὲ ἐκεῖ πρὸς τῷ ὄρει ἀγέλη χοίρων μεγάλη βοσκομένη·

그런데 거기에 산 쪽에 커다란 돼지 떼가 방목되고 있었다.

12절

καὶ παρεκάλεσαν αὐτὸν λέγοντες Πέμψον ἡμᾶς εἰς τοὺς χοίρους, ἵνα εἰς αὐτοὺς εἰσέλθωμεν.

그리고 귀신들은 그에게 간청하며 말했다. "우리들이 돼지들 속으로 들어가도록 우리들을 돼지들에게 보내주세요."

13절

καὶ ἐπέτρεψεν αὐτοῖς. καὶ ἐξελθόντα τὰ πνεύματα τὰ ἀκάθαρτα εἰσῆλθον εἰς τοὺς χοίρους, καὶ ὥρμησεν ἡ ἀγέλη κατὰ τοῦ κρημνοῦ εἰς τὴν θάλασσαν, ὡς δισχίλιοι, καὶ ἐπνίγοντο ἐν τῇ θαλάσσῃ.

그리고 그가 그들에게 허락했다. 그러자 더러운 영들이 나와서 돼지들 속으로 들어갔다. 그리고 돼지 떼가 바다를 향하여 비탈길을 따라 돌진했는데, 거의 2,000마리였다. 그리고 그것들은 바닷속에서 질식당하고 있었다.

14절

Καὶ οἱ βόσκοντες αὐτοὺς ἔφυγον καὶ ἀπήγγειλαν εἰς τὴν πόλιν καὶ εἰς τοὺς ἀγρούς· καὶ ἦλθον ἰδεῖν τί ἐστιν τὸ γεγονός.

그리고 그것들을 방목하던 자들은 도망쳐서 도시들과 시골들에 알렸다. 그러자 사람들이 일어난 일이 무엇인지 보려고 나왔다.

15절

καὶ ἔρχονται πρὸς τὸν Ἰησοῦν, καὶ θεωροῦσιν τὸν δαιμονιζόμενον καθήμενον ἱματισμένον καὶ σωφρονοῦντα, τὸν ἐσχηκότα τὸν λεγιῶνα, καὶ ἐφοβήθησαν.

그리고 그들은 예수에게 와서 귀신 들렸던 자 곧 군단을 가지고 있었던 자가 옷을 입고 제정신으로 앉아있는 것을 본다. 그리고 무서워했다.

16절

καὶ διηγήσαντο αὐτοῖς οἱ ἰδόντες πῶς ἐγένετο τῷ δαιμονιζομένῳ καὶ περὶ τῶν χοίρων.

그리고 목격한 사람들은 그들에게 귀신 들렸던 사람에게 어떤 일이 일어났는지 그리고 돼지들에 대해 자세히 이야기했다.

17절

καὶ ἤρξαντο παρακαλεῖν αὐτὸν ἀπελθεῖν ἀπὸ τῶν ὁρίων αὐτῶν.

그러자 사람들은 그에게 자기들의 지역에서 떠나가 줄 것을 요구하기 시작했다.

18절

καὶ ἐμβαίνοντος αὐτοῦ εἰς τὸ πλοῖον παρεκάλει αὐτὸν ὁ δαιμονισθ εἰς ἵνα μετ᾽ αὐτοῦ ἦ.

그리고 그가 배에 오를 때에 귀신 들렸던 사람이 그와 함께 있게 해 달라고 그에게 요구했다.

19절

καὶ οὐκ ἀφῆκεν αὐτόν, ἀλλὰ λέγει αὐτῷ Ὕπαγε εἰς τὸν οἶκόν σου πρὸς τοὺς σούς, καὶ ἀπάγγειλον αὐτοῖς ὅσα ὁ Κύριός σοι πεποίηκεν καὶ ἠλέησέν σε.

그러나 그는 그에게 허락하지 않고, 대신 그에게 말한다. "너의 집으로 너의 가족들에게로 가서 주님께서 너에게 행하시고 너에게 긍휼을 베푸신 모든 것들을 알려라."

20절

καὶ ἀπῆλθεν καὶ ἤρξατο κηρύσσειν ἐν τῇ Δεκαπόλει ὅσα ἐποίησεν αὐτῷ ὁ Ἰησοῦς, καὶ πάντες ἐθαύμαζον.

그리고 그는 떠나서 예수께서 그에게 행하신 모든 것을 데카폴리스에서 선포하기 시작했다. 그러자 모든 사람들이 깜짝 놀라고 있었다.

해설

    귀신들은 사람들이나 짐승들 속에 들락거리면서 삶을 파괴하는 악한 영들이다. 사람들은 그것들의 실체를 알지도 못하고 제어하지도 못한다. 귀신들은 나사렛 예수가 나타나자 스스로 찾아와 경배하며 두려워한다.

    귀신들은 나사렛 예수가 지극히 높으신 하나님의 아들이심을 알고 있다. 그것들은 나사렛 예수에게 아직 때가 되지도 않았는데 어떻게 된 것이냐며 하나님께 맹세하며 제발 벌주지 말아 달라고 간청한다. 그리고 그것들은 돼지 떼 속으로 들어가게 해달라고 요구한다.

    나사렛 예수의 허락을 받은 귀신들은 2,000마리나 되는 돼지들 속으로 들어가 바닷속에 빠져 죽게 함으로써 자신의 위력을 과시한다. 거라사 사람들은 경제적 손실을 두려워하여 자기들을 구원하러 오신 예수를 쫓아낸다. 그들은 하나님 나라보다 돈을 더 사랑한 어리석은 사람들이다.

    과학적 세계관으로 무장한 이성 만능주의 시대를 살고 있는 사람들은 귀신의 존재와 영적 세계를 부인한다. 그러나 그것은 악한 영들이 마음껏 활개 칠 수 있는 공간을 열어주는 무지일 뿐이다.

    오늘날 많은 사람이 알콜중독, 도박중독, 섹스중독, 마약중독 등으로 인격이 파괴되고 있는 배후에는 더러운 영들이 활동하고 있다. 그 더러운 영들로부터 사람을 구원하는 길은 예수의 이름밖에 없다. 왜냐하면 귀신들은 나사렛 예수 이름 외에는 아무것도 무서워하지 않기 때문이다.

이 본문은 종말론적 심판의 날에 일어날 일을 미리 보여준 계시적 사건이다. 마가복음의 모든 이야기는 나사렛 예수의 실체가 무엇인가를 증거하는 데 목적이 있다. 그는 지극히 높으신 하나님의 아들이시요, 초월적 전능자이며, 종말론적 심판자다.

야이로의 신앙고백

마가복음 5:21-24

21절

Καὶ διαπεράσαντος τοῦ Ἰησοῦ ἐν τῷ πλοίῳ πάλιν εἰς τὸ πέραν συνήχ θη ὄχλος πολὺς ἐπ᾽ αὐτόν, καὶ ἦν παρὰ τὴν θάλασσαν.

그리고 예수께서 [배 안에서] 다시 반대편으로 건너갔을 때 많은 군중이 그에게 모여들었다. 그리고 그는 바닷가에 있었다.

22절

καὶ ἔρχεται εἷς τῶν ἀρχισυναγώγων, ὀνόματι Ἰάειρος, καὶ ἰδὼν αὐτὸν πίπτει πρὸς τοὺς πόδας αὐτοῦ,

그리고 회당장들 중의 하나인 야이로라는 (사람이) 온다. 그리고 그를 보고 그의 발들을 향하여 엎드린다.

23절

καὶ παρακαλεῖ αὐτὸν πολλὰ λέγων ὅτι Τὸ θυγάτριόν μου ἐσχάτως ἔχει, ἵνα ἐλθὼν ἐπιθῇς τὰς χεῖρας αὐτῇ, ἵνα σωθῇ καὶ ζήσῃ.

그리고 그에게 간절히 청하며 말한다. "나의 어린 딸이 최후의 시간을 맞이하고 있습니다. 당신께서 와서 그 아이에게 손들을 얹어 그 아이가 구원받아 살게 해 주세요."

24절

καὶ ἀπῆλθεν μετ᾽ αὐτοῦ.

καὶ ἠκολούθει αὐτῷ ὄχλος πολύς, καὶ συνέθλιβον αὐτόν.

그러자 예수께서 그와 함께 떠났다.

그리고 많은 군중이 그를 따르고 있었다. 그리고 그를 압박하고 있었다.

해설

　유대교 회당장 야이로는 바리새인들의 계속되는 비난과 공격에도 불구하고 나사렛 예수 앞에 나와 엎드려 대담한 신앙고백을 한다. 그는 많은 군중 앞에서 나사렛 예수를 구원의 주님이시요 생명의 주님으로 고백한다.

　그의 신앙고백은 나사렛 예수를 영화롭게 한다. 그것은 유대교 회당에서 축출될 수 있는 매우 위험한 행동이다. 그는 유대인 사회에서 쫓겨나고 매장되는 사회적 죽음을 각오하고 나사렛 예수를 찾아온 것이다.

　나사렛 예수는 그의 믿음에 감동을 받고 그를 따라간다. 야이로의 믿음은 나사렛 예수와 함께 죽음의 길을 가는 것인데, 나사렛 예수와 함께 죽는 자는 그와 함께 그의 부활의 영광에도 참여할 것이다.

혈루병 여인의 믿음

마가복음 5:25-34

25절

Καὶ γυνὴ οὖσα ἐν ῥύσει αἵματος δώδεκα ἔτη,

그리고 12년 동안 혈루병 속에 있는 여자가

26절

καὶ πολλὰ παθοῦσα ὑπὸ πολλῶν ἰατρῶν καὶ δαπανήσασα τὰ παρ᾽ αὐτῆς πάντα, καὶ μηδὲν ὠφεληθεῖσα ἀλλὰ μᾶλλον εἰς τὸ χεῖρον ἐλθοῦσα,

많은 의사들에 의하여 많은 고생을 했지만, 자기에게 있는 모든 것을 탕진하고도 아무런 유익을 얻지 못하고 오히려 더욱더 나쁜 쪽으로 가고 있다가

27절

ἀκούσασα τὰ περὶ τοῦ Ἰησοῦ, ἐλθοῦσα ἐν τῷ ὄχλῳ ὄπισθεν ἥψατο τοῦ ἱματίου αὐτοῦ·

예수에 대한 소문을 듣고 군중 속에 다가와 뒤에서 그의 겉옷을 만졌다.

28절

ἔλεγεν γὰρ ὅτι Ἐὰν ἅψωμαι κἂν τῶν ἱματίων αὐτοῦ σωθήσομαι.

왜냐하면 여자는 "내가 그의 겉옷들을 만지기만 해도 나는 구원받을 것이다"라고 말하고 있었기 때문이다.

29절

καὶ εὐθὺς ἐξηράνθη ἡ πηγὴ τοῦ αἵματος αὐτῆς, καὶ ἔγνω τῷ σώματι ὅτι ἴαται ἀπὸ τῆς μάστιγος.

그리고 즉시 그녀의 피의 근원이 말랐고 여자는 자기가 질고로부터 고침 받은 것을 몸으로 알았다.

30절

καὶ εὐθὺς ὁ Ἰησοῦς ἐπιγνοὺς ἐν ἑαυτῷ τὴν ἐξ αὐτοῦ δύναμιν ἐξελθοῦσαν, ἐπιστραφεὶς ἐν τῷ ὄχλῳ ἔλεγεν Τίς μου ἥψατο τῶν ἱματίων;

그리고 예수는 즉시 자기에게서 능력이 나간 것을 자신 안에서 인식하고 군중 속에서 돌아서서 말하고 있었다. "누가 나의 옷을 만졌느냐?"

31절

καὶ ἔλεγον αὐτῷ οἱ μαθηταὶ αὐτοῦ Βλέπεις τὸν ὄχλον συνθλίβοντά σε, καὶ λέγεις Τίς μου ἥψατο;

그러자 그의 제자들이 그에게 말하고 있었다. "당신은 군중이 당신을 압박하고 있는 것을 보면서도, 누가 나를 만졌느냐 말씀하십니까?"

32절

καὶ περιεβλέπετο ἰδεῖν τὴν τοῦτο ποιήσασαν.

그러나 예수는 이 일을 행한 여자를 보기 위해 주변을 둘러보았다.

33절

ἡ δὲ γυνὴ φοβηθεῖσα καὶ τρέμουσα, εἰδυῖα ὃ γέγονεν αὐτῇ, ἦλθεν
καὶ προσέπεσεν αὐτῷ καὶ εἶπεν αὐτῷ πᾶσαν τὴν ἀλήθειαν.

그러자 그 여자는 자기에게 일어난 일을 알고 있었기 때문에 무서워 떨며,
와서 그를 향하여 엎드려 절하며 모든 진실을 그에게 말했다.

34절

ὁ δὲ εἶπεν αὐτῇ Θυγάτηρ, ἡ πίστις σου σέσωκέν σε· ὕπαγε εἰς
εἰρήνην, καὶ ἴσθι ὑγιὴς ἀπὸ τῆς μάστιγός σου.

그러자 그가 그녀에게 말했다. "딸아, 너의 믿음이 너를 구원했다. 평화
속으로 가라. 그리고 너의 질고로부터 (벗어나) 건강해라."

해설

이 본문은 나사렛 예수의 몸의 비밀을 말하고 있다. 나사렛 예수의 몸속에는 거룩한 능력이 충만해 있는데, 혈루병 여인은 믿음을 통해서 그 능력을 빼내어 병 고침을 받는다. 여자의 몸은 나사렛 예수의 영광의 본체와 믿음으로 연결되어 있다.

믿음이 구원의 능력이 되는 것은 그것이 우리의 몸과 그리스도의 영광의 본체를 연결하기 때문이다. 구원은 오직 부활한 나사렛 예수의 몸속에만 있다.

생명의 주님

마가복음 5:35-43

35절

Ἔτι αὐτοῦ λαλοῦντος ἔρχονται ἀπὸ τοῦ ἀρχισυναγώγου λέγοντες
ὅτι Ἡ θυγάτηρ σου ἀπέθανεν· τί ἔτι σκύλλεις τὸν διδάσκαλον;

아직 그가 이야기하고 있을 때 회당장의 집에서 사람들이 와서 말한다.
"당신의 딸은 죽었습니다. 그런데 당신은 왜 아직도 선생님을 괴롭힙니까?"

36절

ὁ δὲ Ἰησοῦς παρακούσας τὸν λόγον λαλούμενον λέγει τῷ ἀρχισυναγώγῳ Μὴ φοβοῦ, μόνον πίστευε.

그러나 예수는 이야기되고 있는 말을 무시하고 회당장에게 말한다. "무서워하지 말라. 오직 믿기만 해라."

37절

καὶ οὐκ ἀφῆκεν οὐδένα μετ᾽ αὐτοῦ συνακολουθῆσαι εἰ μὴ τὸν
Πέτρον καὶ Ἰάκωβον καὶ Ἰωάνην τὸν ἀδελφὸν Ἰακώβου.

그리고 그는 베드로와 야고보와 야고보의 형제인 요한 외에는 아무도 그와 동행하는 것을 허락하지 않았다.

38절

καὶ ἔρχονται εἰς τὸν οἶκον τοῦ ἀρχισυναγώγου, καὶ θεωρεῖ θόρυβον, καὶ κλαίοντας καὶ ἀλαλάζοντας πολλά,

그리고 그들은 회당장의 집으로 간다. 그리고 그는 소란함과 울며 몹시 시끄럽게 떠드는 사람들을 본다.

39절

καὶ εἰσελθὼν λέγει αὐτοῖς Τί θορυβεῖσθε καὶ κλαίετε; τὸ παιδίον οὐκ ἀπέθανεν ἀλλὰ καθεύδει.

그리고 그는 들어가 그들에게 말한다. "왜 소란을 떨며 울고 있느냐? 아이는 죽은 것이 아니고 잠들어 있다."

40절

καὶ κατεγέλων αὐτοῦ. αὐτὸς δὲ ἐκβαλὼν πάντας παραλαμβάνει τὸν πατέρα τοῦ παιδίου καὶ τὴν μητέρα καὶ τοὺς μετ᾽ αὐτοῦ, καὶ εἰσπο ρεύεται ὅπου ἦν τὸ παιδίον.

그러자 사람들은 그를 비웃었다. 그러자 그는 모든 사람을 내쫓고 아이의 아버지와 어머니와 그리고 자기와 함께 한 자들을 데리고 아이가 있는 곳으로 들어간다.

41절

καὶ κρατήσας τῆς χειρὸς τοῦ παιδίου λέγει αὐτῇ Ταλιθὰ κούμ, ὅ ἐστιν μεθερμηνευόμενον Τὸ κοράσιον, σοὶ λέγω, ἔγειρε.

그리고 그는 아이의 손을 잡고 여자아이에게 말한다. "탈리다 쿰", 이것은 "소녀야 내가 너에게 말하니 일어나라"라고 번역된다.

42절

καὶ εὐθὺς ἀνέστη τὸ κοράσιον καὶ περιεπάτει· ἦν γὰρ ἐτῶν δώδεκα. καὶ ἐξέστησαν εὐθὺς ἐκστάσει μεγάλῃ.

그러자 즉시 여자아이가 일어나 걸어 다니고 있었다. 왜냐하면 여자아이는 열두 살이었기 때문이다. 그리고 [즉시] 사람들은 큰 황홀경으로 무아지경에 빠졌다.

43절

καὶ διεστείλατο αὐτοῖς πολλὰ ἵνα μηδεὶς γνοῖ τοῦτο, καὶ εἶπεν δοθῆναι αὐτῇ φαγεῖν.

그리고 그는 그들에게 아무도 이 일을 알지 못하게 하라고 엄하게 명령했다. 그리고 여자아이에게 먹을 것이 주어지도록 하라고 말했다.

해설

    생명의 주님이신 나사렛 예수가 야이로의 집에 도착했을 때 그곳은 죽음의 세력이 지배하고 있었다. 죽음의 세력은 나사렛 예수를 비웃으며 저항한다.

    나사렛 예수는 자기를 비웃는 자들을 모두 밖으로 쫓아버린다. 나사렛 예수는 믿음의 사람들만 데리고 들어간다. 나사렛 예수는 죽은 소녀의 손을 잡고 말한다.

    "탈리다 쿰."

그러자 소녀는 죽음의 세계에서 생명의 세계로 넘어온다. 이로써 나사렛 예수는 산 자의 세계와 죽은 자의 세계를 지배하는 생명의 주로 자신을 계시한다.

    나사렛 예수 앞에 죽음의 세계는 벌거벗은 채 드러나 있다. 나사렛 예수 앞에 죽음의 세계는 숨을 곳이 없다. 세상 끝날 죽음은 나사렛 예수에게 먹살 잡혀서 지옥불에 던져질 것이다.

헛똑똑이들

마가복음 6:1-6

1절

Καὶ ἐξῆλθεν ἐκεῖθεν, καὶ ἔρχεται εἰς τὴν πατρίδα αὐτοῦ, καὶ ἀκολο
υθοῦσιν αὐτῷ οἱ μαθηταὶ αὐτοῦ.

그리고 그는 거기서 나왔다. 그리고 자기의 고향으로 간다. 그리고 그의
제자들이 그를 따른다.

2절

καὶ γενομένου σαββάτου ἤρξατο διδάσκειν ἐν τῇ συναγωγῇ· καὶ
οἱ πολλοὶ ἀκούοντες ἐξεπλήσσοντο λέγοντες Πόθεν τούτῳ ταῦτα, καὶ
τίς ἡ σοφία ἡ δοθεῖσα τούτῳ; καὶ αἱ δυνάμεις τοιαῦται διὰ τῶν χειρῶν
αὐτοῦ γινόμεναι;

그리고 그는 안식일이 되자 회당에서 가르치기 시작했다. 그러자 많은
사람들이 듣고 충격을 받고 말했다. "이 사람에게 이것들이 어디서 온
것이며, 그리고 그에게 주어진 지혜와 그의 손들을 통하여 이루어지는
이러한 능력들은 무엇이냐?

3절

οὐχ οὗτός ἐστιν ὁ τέκτων, ὁ υἱὸς τῆς Μαρίας καὶ ἀδελφὸς Ἰακώβου καὶ Ἰωσῆτος καὶ Ἰούδα καὶ Σίμωνος; καὶ οὐκ εἰσὶν αἱ ἀδελφαὶ αὐτοῦ ὧδε πρὸς ἡμᾶς; καὶ ἐσκανδαλίζοντο ἐν αὐτῷ.

이 사람은 마리아의 아들이고 야고보와 요셉의 형제인 목수가 아니냐? 그리고 그의 자매들은 여기에 우리들과 함께 있지 아니하냐?" 그리고 그들은 그로 인해 걸려 넘어지고 있었다.

4절

καὶ ἔλεγεν αὐτοῖς ὁ Ἰησοῦς ὅτι Οὐκ ἔστιν προφήτης ἄτιμος εἰ μὴ ἐν τῇ πατρίδι αὐτοῦ καὶ ἐν τοῖς συγγενεῦσιν αὐτοῦ καὶ ἐν τῇ οἰκίᾳ αὐτοῦ.

그러자 그는 그들에게 말하고 있었다. "자기의 고향과 자기의 친척들과 자기의 집 외에는 존경받지 못하는 예언자가 없다."

5절

καὶ οὐκ ἐδύνατο ἐκεῖ ποιῆσαι οὐδεμίαν δύναμιν, εἰ μὴ ὀλίγοις ἀρρώστοις ἐπιθεὶς τὰς χεῖρας ἐθεράπευσεν.

그리고 거기서는 몇몇 병든 사람들에게 손들을 얹어 고친 것 외에는 아무런 능력도 행할 수 없었다.

6절(상)

καὶ ἐθαύμασεν διὰ τὴν ἀπιστίαν αὐτῶν.

그리고 그는 그들의 불신앙 때문에 놀라고 있었다.

해설

나사렛 사람들은 예수에 대해 많은 것을 알고 있다. 그들은 예수가 목수이며, 마리아의 아들이며, 야고보와 요셉의 형제이며, 그의 자매들이 그 동네에 살고 있다는 것을 알고 있다. 그러나 그들의 지식은 그들을 구원에 이르게 하는 믿음을 주지 못한다. 그것은 나사렛 예수에 대한 피상적인 정보에 불과하기 때문이다.

오늘날 사람들은 정보의 홍수 속에 살고 있으면서 자기들이 엄청 똑똑하다고 생각한다. 그러나 인간에게 진정 필요한 것은 어떤 사물에 대한 정보가 아니라 하나님의 아들을 아는 계시적 지식이다. 오히려 쓸데없는 것을 많이 아는 사람일수록 구원의 진리에서는 멀어진다. 하나님의 구원은 목수라는 평범한 직업 속에, 어머니와 형제자매라는 평범한 인간관계 속에 숨어있었다.

나사렛 사람들은 그러한 평범성 속에 숨어 계시는 하나님의 구원을 발견하지 못한다. 하나님이 그렇게 가까이 낮고 익숙한 곳에 계실 리가 없다고 확신했기 때문이다.

우리들은 낮고 평범하고 익숙한 것들 속에 가까이 와 계시는 하나님을 볼 수 있는 눈을 가져야 한다.

예수와 12사도

마가복음 6:6-13

6절(하)

Καὶ περιῆγεν τὰς κώμας κύκλῳ διδάσκων.

그리고 그는 주변의 마을들을 두루 다니면서 가르치고 있었다.

7절

Καὶ προσκαλεῖται τοὺς δώδεκα, καὶ ἤρξατο αὐτοὺς ἀποστέλλειν δύο δύο, καὶ ἐδίδου αὐτοῖς ἐξουσίαν τῶν πνευμάτων τῶν ἀκαθάρτων,

그리고 그는 열둘을 친히 불러 그들을 둘씩 보내기 시작했다. 그리고 그들에게 더러운 영들을 제압하는 권세를 주고 있었다.

8절

καὶ παρήγγειλεν αὐτοῖς ἵνα μηδὲν αἴρωσιν εἰς ὁδὸν εἰ μὴ ῥάβδον μόνον, μὴ ἄρτον, μὴ πήραν, μὴ εἰς τὴν ζώνην χαλκόν,

그리고 그는 그들에게 길을 위해 지팡이 외에는 아무것도, 빵도, 배낭도, 허리에 돈도 가지지 말라고 명령하고 있었다.

9절

ἀλλὰ ὑποδεδεμένους σανδάλια, καὶ μὴ ἐνδύσησθε δύο χιτῶνας.

다만 묶여있는 샌들만 신고, 두 벌 속옷도 입지 말라고 했다.

10절

καὶ ἔλεγεν αὐτοῖς Ὅπου ἐὰν εἰσέλθητε εἰς οἰκίαν, ἐκεῖ μένετε ἕως ἂν ἐξέλθητε ἐκεῖθεν.

그리고 그는 그들에게 말하고 있었다. "만약 너희들이 어떤 집에 들어가면, 거기에서 나올 때까지 거기에 머물러라.

11절

καὶ ὃς ἂν τόπος μὴ δέξηται ὑμᾶς μηδὲ ἀκούσωσιν ὑμῶν, ἐκπορευόμενοι ἐκεῖθεν ἐκτινάξατε τὸν χοῦν τὸν ὑποκάτω τῶν ποδῶν ὑμῶν εἰς μαρτύριον αὐτοῖς.

그리고 어떤 곳이 너희들을 환영하지도 않고 너희들의 말을 듣지도 않으면, 거기에서 나와서 그들에게 증거로 너희들의 발아래 있는 흙을 떨어버려라."

12절

Καὶ ἐξελθόντες ἐκήρυξαν ἵνα μετανοῶσιν,

그리고 그들은 나가서 회개하라고 선포했다.

13절

καὶ δαιμόνια πολλὰ ἐξέβαλλον, καὶ ἤλειφον ἐλαίῳ πολλοὺς ἀρρώσ τους καὶ ἐθεράπευον.

그리고 그들은 많은 귀신을 쫓아내고 있었다. 그리고 그들은 많은 병든 자들에게 올리브기름을 발라서 치료하고 있었다.

해설

    나사렛 예수는 열두 명의 제자들을 세상 속으로 보낸다. 나사렛 예수가 보냄을 받은 자(Απόστολος, 아포스톨로스, 선교사)인 것처럼 열두 제자들도 보냄을 받은 자들(αποστολοι, 아포스톨로이, 선교사들)이다. 나사렛 예수가 전적으로 아버지의 지혜와 능력을 의지하고 세상에 온 것처럼, 사도들도 전적으로 그리스도의 지혜와 능력만을 의지하며 세상으로 나간다.

    나사렛 예수가 회개를 선포한 것처럼, 사도들도 회개를 선포한다. 나사렛 예수가 귀신들을 쫓아내고 병을 고친 것처럼, 사도들도 나가서 귀신들을 쫓아내고 병을 고친다. 나사렛 예수가 하나님 나라의 담지자였던 것처럼, 사도들도 하나님 나라의 담지자들이다. 나사렛 예수가 아버지의 영광을 위하여 자기의 목숨을 바친 것처럼, 사도들도 그리스도의 영광을 위하여 자기들의 목숨을 바쳐야 한다. 나사렛 예수가 십자가 죽음의 고난을 통해 아버지의 영광으로 들어간 것처럼, 사도들도 고난을 통해 그리스도의 영광으로 들어간다.

어처구니없는 죽음

마가복음 6:14-29

14절

Καὶ ἤκουσεν ὁ βασιλεὺς Ἡρῴδης, φανερὸν γὰρ ἐγένετο τὸ ὄνομα αὐτοῦ, καὶ ἔλεγον ὅτι Ἰωάνης ὁ Βαπτίζων ἐγήγερται ἐκ νεκρῶν, καὶ διὰ τοῦτο ἐνεργοῦσιν αἱ δυνάμεις ἐν αὐτῷ.

그리고 헤롯 왕이 들었다. 이는 그의 이름이 밝히 드러났기 때문이고, 사람들이 "세례자 요한이 죽은 자들 가운데서 일으켜졌고 그래서 능력들이 그 안에서 활동하고 있다"라고 말하고 있었기 때문이다.

15절

ἄλλοι δὲ ἔλεγον ὅτι Ἡλείας ἐστίν· ἄλλοι δὲ ἔλεγον ὅτι προφήτης ὡς εἷς τῶν προφητῶν.

그런데 다른 사람들은 "그는 엘리야다"라고 말하고 있었다. 그런데 다른 사람들은 "그는 예언자들 중 하나와 같은 예언자다"라고 말하고 있었다.

16절

ἀκούσας δὲ ὁ Ἡρῴδης ἔλεγεν Ὃν ἐγὼ ἀπεκεφάλισα Ἰωάνην, οὗτος ἠγέρθη.

그러나 헤롯은 듣고 "내가 요한을 목 베어 죽였는데, 그가 일어난 것이다"
라고 말하고 있었다.

17절

Αὐτὸς γὰρ ὁ Ἡρῴδης ἀποστείλας ἐκράτησεν τὸν Ἰωάνην καὶ ἔδησεν
αὐτὸν ἐν φυλακῇ διὰ Ἡρῳδιάδα τὴν γυναῖκα Φιλίππου τοῦ ἀδελφοῦ
αὐτοῦ, ὅτι αὐτὴν ἐγάμησεν·

왜냐하면 헤롯 자신이 자기의 동생 빌립의 아내 헤로디아 때문에 사람들
을 보내 요한을 잡아 감옥에 묶어 놓았는데, 이는 헤롯이 그 여자와 결혼했
기 때문이다.

18절

ἔλεγεν γὰρ ὁ Ἰωάνης τῷ Ἡρῴδῃ ὅτι Οὐκ ἔξεστίν σοι ἔχειν τὴν
γυναῖκα τοῦ ἀδελφοῦ σου.

왜냐하면 요한이 헤롯에게 "당신의 형제의 아내를 갖는 것은 당신에게
합당하지 않다"라고 말하고 있었기 때문이다.

19절

ἡ δὲ Ἡρῳδιὰς ἐνεῖχεν αὐτῷ καὶ ἤθελεν αὐτὸν ἀποκτεῖναι, καὶ
οὐκ ἠδύνατο·

그런데 헤로디아는 요한에게 앙심을 품고 있으면서 그를 죽이려고 했으
나 그럴 수 없었다.

20절

ὁ γὰρ Ἡρῴδης ἐφοβεῖτο τὸν Ἰωάνην, εἰδὼς αὐτὸν ἄνδρα δίκαιον καὶ ἅγιον, καὶ συνετήρει αὐτόν, καὶ ἀκούσας αὐτοῦ πολλὰ ἠπόρει, καὶ ἡδέως αὐτοῦ ἤκουεν.

왜냐하면 헤롯이 요한을 의롭고 거룩한 사람으로 알고 그를 두려워하고 있었고, 그를 보호하고 있었기 때문이다. 그리고 그는 그의 말을 듣고 많이 당혹해하고 있었지만, 그의 말을 기쁘게 듣고 있었다.

21절

Καὶ γενομένης ἡμέρας εὐκαίρου ὅτε Ἡρῴδης τοῖς γενεσίοις αὐτοῦ δεῖπνον ἐποίησεν τοῖς μεγιστᾶσιν αὐτοῦ καὶ τοῖς χιλιάρχοις καὶ τοῖς πρώτοις τῆς Γαλιλαίας,

그리고 좋은 기회의 날이 왔는데 헤롯이 자기의 생일에 자기의 대신들과 천부장들과 갈릴리의 유지들에게 잔치를 베풀었을 때

22절

καὶ εἰσελθούσης τῆς θυγατρὸς αὐτῆς τῆς Ἡρῳδιάδος καὶ ὀρχησαμ ένης, ἤρεσεν τῷ Ἡρῴδῃ καὶ τοῖς συνανακειμένοις. ὁ δὲ βασιλεὺς εἶπεν τῷ κορασίῳ Αἴτησόν με ὃ ἐὰν θέλῃς, καὶ δώσω σοι·

그리고 헤로디아 자신의 딸이 들어와 춤을 추어 헤롯과 그와 동석한 사람들을 기쁘게 했다. 왕은 여자아이에게 말했다. "네가 원하는 것이 있으면 나에게 요구해라. 그러면 내가 너에게 주겠다."

23절

καὶ ὤμοσεν αὐτῇ Ὅτι ἐάν με αἰτήσῃς δώσω σοι ἕως ἡμίσους τῆς βασιλείας μου.

그리고 그는 여자아이에게 여러 번 맹세했다. "만약 네가 나에게 무엇이 든지 구하면 내가 너에게 내 왕국의 절반까지도 주겠다."

24절

καὶ ἐξελθοῦσα εἶπεν τῇ μητρὶ αὐτῆς Τί αἰτήσωμαι; ἡ δὲ εἶπεν Τὴν κεφαλὴν Ἰωάνου τοῦ Βαπτίζοντος.

그러자 여자아이가 나가서 자기의 어머니에게 말했다. "내가 무엇을 구 할까요?" 그러자 그 여자가 말했다. "세례자 요한의 머리를."

25절

καὶ εἰσελθοῦσα εὐθὺς μετὰ σπουδῆς πρὸς τὸν βασιλέα ᾐτήσατο λέγουσα Θέλω ἵνα ἐξαυτῆς δῷς μοι ἐπὶ πίνακι τὴν κεφαλὴν Ἰωάνου τοῦ Βαπτιστοῦ.

그러자 여자아이는 즉시 서둘러 안으로 들어가 왕을 향하여 요청하며 말했다. "나는 즉시 세례요한의 머리를 쟁반 위에다 나에게 주시기를 원해요."

25절

καὶ περίλυπος γενόμενος ὁ βασιλεὺς διὰ τοὺς ὅρκους καὶ τοὺς ἀνακ ειμένους οὐκ ἠθέλησεν ἀθετῆσαι αὐτήν.

그러나 왕은 심히 슬펐지만, 맹세들과 앉아있는 사람들 때문에 여자아이를 거절하기를 원치 않았다.

27절

καὶ εὐθὺς ἀποστείλας ὁ βασιλεὺς σπεκουλάτορα ἐπέταξεν ἐνέγκαι
τὴν κεφαλὴν αὐτοῦ. καὶ ἀπελθὼν ἀπεκεφάλισεν αὐτὸν ἐν τῇ φυλακῇ,

그리고 왕은 즉시 사형집행관을 보내며 그의 머리를 가져오라고 지시했
다. 그리고 그는 가서 감옥에서 요한을 참수했다.

28절

καὶ ἤνεγκεν τὴν κεφαλὴν αὐτοῦ ἐπὶ πίνακι καὶ ἔδωκεν αὐτὴν τῷ
κορασίῳ, καὶ τὸ κοράσιον ἔδωκεν αὐτὴν τῇ μητρὶ αὐτῆς.

그리고 그는 그의 머리를 쟁반 위에 운반해서 여자아이에게 주었다. 그리
고 여자아이는 그것을 자기의 어머니에게 주었다.

29절

καὶ ἀκούσαντες οἱ μαθηταὶ αὐτοῦ ἦλθαν καὶ ἦραν τὸ πτῶμα αὐτοῦ
καὶ ἔθηκαν αὐτὸ ἐν μνημείῳ.

그리고 그의 제자들이 듣고 가서 그의 시체를 수습하여 무덤에 안치했다.

해설

그리스도의 길을 예비하기 위해 삶 전체를 바쳤던 위대한 예언자는 한 여인의 앙심과 어리석은 왕의 허풍 때문에 어처구니없는 죽음을 당한다. 이 거룩하고 의로운 자의 비참한 죽음은 장차 나사렛 예수의 십자가 죽음을 예고하고 있다.

그리스도의 선배인 세례요한은 의로운 죽음을 통해 그리스도의 의로운 죽음의 길을 예비하고 있다. 세례요한이 감옥에서 흘린 피는 세상의 음란함과 사악함을 고발하고 있다.

영광의 본체

마가복음 6:30-44

30절

Καὶ συνάγονται οἱ ἀπόστολοι πρὸς τὸν Ἰησοῦν, καὶ ἀπήγγειλαν αὐτῷ πάντα ὅσα ἐποίησαν καὶ ὅσα ἐδίδαξαν.

그리고 사도들이 예수를 향하여 소집된다. 그리고 자기들이 행한 모든 것들과 가르친 것들을 그에게 보고했다.

31절

καὶ λέγει αὐτοῖς Δεῦτε ὑμεῖς αὐτοὶ κατ᾽ ἰδίαν εἰς ἔρημον τόπον καὶ ἀναπαύσασθε ὀλίγον. ἦσαν γὰρ οἱ ἐρχόμενοι καὶ οἱ ὑπάγοντες πολλοί, καὶ οὐδὲ φαγεῖν εὐκαίρουν.

그리고 그는 그들에게 말한다. "오라. 너희들만 따로 한적한 곳으로 가서 좀 푹 쉬어라." 왜냐하면 오고 가는 사람들이 많이 있어서 그들은 음식을 먹을 적당한 시간조차 없었기 때문이다.

32절

καὶ ἀπῆλθον ἐν τῷ πλοίῳ εἰς ἔρημον τόπον κατ᾽ ἰδίαν.

그래서 그들은 배를 타고 따로 한적한 장소로 떠났다.

33절

καὶ εἶδον αὐτοὺς ὑπάγοντας καὶ ἐπέγνωσαν πολλοί, καὶ πεζῇ ἀπὸ πασῶν τῶν πόλεων συνέδραμον ἐκεῖ καὶ προῆλθον αὐτούς.

그리고 사람들이 그들이 가는 것을 보았다. 그리고 많은 사람이 알고 모든 도시에서 도보로 함께 달려가 그들을 앞질러 갔다.

34절

Καὶ ἐξελθὼν εἶδεν πολὺν ὄχλον, καὶ ἐσπλαγχνίσθη ἐπ᾽ αὐτοὺς ὅτι ἦσαν ὡς πρόβατα μὴ ἔχοντα ποιμένα, καὶ ἤρξατο διδάσκειν αὐτοὺς πολλά.

그리고 그가 나왔을 때 많은 군중을 보고서 그들에 대해 측은히 여겼다. 왜냐하면 그들은 목자 없는 양 떼와 같았기 때문이다. 그리고 그는 그들에게 많은 것을 가르치기 시작했다.

35절

Καὶ ἤδη ὥρας πολλῆς γενομένης προσελθόντες αὐτῷ οἱ μαθηταὶ αὐτοῦ ἔλεγον ὅτι Ἔρημός ἐστιν ὁ τόπος, καὶ ἤδη ὥρα πολλή·

그리고 벌써 시간이 많이 되자 그의 제자들이 그에게 나아와 말하고 있었다. "장소는 외지고 시간은 이미 많이 지났습니다.

36절

ἀπόλυσον αὐτούς, ἵνα ἀπελθόντες εἰς τοὺς κύκλῳ ἀγροὺς καὶ κώμας ἀγοράσωσιν ἑαυτοῖς τί φάγωσιν.

그들을 해산하세요. 그래서 주변에 있는 시골이나 마을들로 가서 자기들을 위해 먹을 것을 사도록 하세요."

37절

ὁ δὲ ἀποκριθεὶς εἶπεν αὐτοῖς Δότε αὐτοῖς ὑμεῖς φαγεῖν. καὶ λέγου
σιν αὐτῷ Ἀπελθόντες ἀγοράσωμεν δηναρίων διακοσίων ἄρτους, καὶ
δώσομεν αὐτοῖς φαγεῖν;

그러자 그가 그들에게 대답하며 말했다. "너희들이 그들에게 먹을 것을
주어라." 그러자 그들이 그에게 말한다. "우리들이 가서 200 데나리온의
빵을 사서 그들에게 먹도록 주라는 겁니까?"

38절

ὁ δὲ λέγει αὐτοῖς Πόσους ἔχετε ἄρτους; ὑπάγετε ἴδετε. καὶ γνόντες
λέγουσιν Πέντε, καὶ δύο ἰχθύας.

그러자 그가 그들에게 말한다. "너희들은 빵을 얼마큼 가지고 있느냐?
가서 알아보라." 그러자 그들이 알아보고 말한다. "다섯 개. 그리고 물고
기 두 마리."

39절

καὶ ἐπέταξεν αὐτοῖς ἀνακλιθῆναι πάντας συμπόσια συμπόσια ἐπὶ
τῷ χλωρῷ χόρτῳ.

그러자 그가 그들에게 사람들을 연한 풀 위에 무리를 지어 앉히라고 지시
했다.

40절

καὶ ἀνέπεσαν πρασιαὶ πρασιαὶ κατὰ ἑκατὸν καὶ κατὰ πεντήκοντα.

그리고 그들은 100명씩 50명씩 무리를 지어 앉았다.

41절

καὶ λαβὼν τοὺς πέντε ἄρτους καὶ τοὺς δύο ἰχθύας ἀναβλέψας εἰς τὸν οὐρανὸν εὐλόγησεν καὶ κατέκλασεν τοὺς ἄρτους καὶ ἐδίδου τοῖς μαθηταῖς ἵνα παρατιθῶσιν αὐτοῖς, καὶ τοὺς δύο ἰχθύας ἐμέρισεν πᾶσιν.

그리고 그는 다섯 개의 빵과 물고기 두 마리를 들고 하늘을 쳐다보며 축복하고 빵을 찢어서 [자기의] 제자들에게 주어서 군중들에게 제공하게 했다. 그리고 물고기 두 마리를 모든 사람에게 나누어 주었다.

42절

καὶ ἔφαγον πάντες καὶ ἐχορτάσθησαν·

그리고 모든 사람이 먹고 만족했다.

43절

καὶ ἦραν κλάσματα δώδεκα κοφίνων πληρώματα καὶ ἀπὸ τῶν ἰχθύων.

그리고 그들은 열두 바구니에 가득 찬 부스러기들을 거두었다. 그리고 물고기도 역시.

44절

καὶ ἦσαν οἱ φαγόντες τοὺς ἄρτους πεντακισχίλιοι ἄνδρες.

그리고 빵을 먹은 사람들은 5,000명이었다.

해설

이 사건은 나사렛 예수의 몸은 거룩한 에너지로 가득 찬 영광의 본체이심을 계시한다. 나사렛 예수의 몸에서 창조의 에너지가 계속 흘러나와 빵과 물고기 속으로 들어가 계속 물질을 생성하고 있다. 이로써 나사렛 예수는 물질의 창조자이심이 계시되었다.

우리는 나사렛 예수 안에서 하나님께서 세상을 향해 주시는 구원의 싸인(σημειον, 세메이온, 표적)을 볼 수 있어야 한다.

군중은 물질을 추구하며, 눈을 즐겁게 하고 마음을 황홀하게 하는 기적을 원한다. 그러나 제자들은 그리스도와의 인격적 사랑의 연합을 사모한다. 욕망은 물질의 해체와 함께 사라지지만, 사랑은 우리를 그리스도의 영광의 본체와 연합시킨다. 영광의 본체이신 그리스도의 몸은 장차 우리가 참여하게 될 종말론적 희망의 약속이다.

만물 위에 계시는 분

마가복음 6:45-52

45절

Καὶ εὐθὺς ἠνάγκασεν τοὺς μαθητὰς αὐτοῦ ἐμβῆναι εἰς τὸ πλοῖον καὶ προάγειν εἰς τὸ πέραν πρὸς Βηθσαϊδάν, ἕως αὐτὸς ἀπολύει τὸν ὄχλον.

그리고 그는 자신이 군중을 해산할 때까지 제자들에게 즉시 배에 올라 건너편으로 먼저 가라고 강요했다.

46절

καὶ ἀποταξάμενος αὐτοῖς ἀπῆλθεν εἰς τὸ ὄρος προσεύξασθαι.

그리고 그들에게 작별인사를 하고 기도하기 위해 산으로 떠났다.

47절

καὶ ὀψίας γενομένης ἦν τὸ πλοῖον ἐν μέσῳ τῆς θαλάσσης, καὶ αὐτὸς μόνος ἐπὶ τῆς γῆς.

그리고 저녁이 되었을 때 배는 바다 한가운데 있었고, 그 자신은 혼자 육지에 있었다.

48절

καὶ ἰδὼν αὐτοὺς βασανιζομένους ἐν τῷ ἐλαύνειν, ἦν γὰρ ὁ ἄνεμος
ἐναντίος αὐτοῖς, περὶ τετάρτην φυλακὴν τῆς νυκτὸς ἔρχεται πρὸς
αὐτοὺς περιπατῶν ἐπὶ τῆς θαλάσσης· καὶ ἤθελεν παρελθεῖν αὐτούς.

그리고 그는 제자들이 노를 저어감에 힘들어하는 것을 보았는데, 이는
바람이 그들에게 반대편으로 불고 있었기 때문이다. 그리고 그는 밤 사경
쯤에 바다 위를 걸어서 그들을 향하여 온다. 그리고 그는 그들을 지나쳐
가려고 했다.

49절

οἱ δὲ ἰδόντες αὐτὸν ἐπὶ τῆς θαλάσσης περιπατοῦντα ἔδοξαν ὅτι
φάντασμά ἐστιν, καὶ ἀνέκραξαν·

그런데 그들은 그가 바다 위를 걸어 다니는 것을 보고서 유령이라고 생각
하고 고함을 질렀다.

50절

πάντες γὰρ αὐτὸν εἶδαν καὶ ἐταράχθησαν. ὁ δὲ εὐθὺς ἐλάλησεν
μετ᾽ αὐτῶν, καὶ λέγει αὐτοῖς Θαρσεῖτε, ἐγώ εἰμι, μὴ φοβεῖσθε.

왜냐하면 모두가 그를 보고 혼란에 빠졌기 때문이다. 그런데 그는 즉시
그들과 더불어 이야기했다. 그리고 그들에게 말한다. "담대하라, 나다,
무서워하지 말라."

51절

καὶ ἀνέβη πρὸς αὐτοὺς εἰς τὸ πλοῖον, καὶ ἐκόπασεν ὁ ἄνεμος·

καὶ λίαν ἐκ περισσοῦ ἐν ἑαυτοῖς ἐξίσταντο·

그리고 그는 그들을 향하여 배에 올라갔다. 그리고 바람이 잔잔해졌다.

그리고 그들은 속으로 심히 놀라고 있었다.

52절

οὐ γὰρ συνῆκαν ἐπὶ τοῖς ἄρτοις, ἀλλ᾽ ἦν αὐτῶν ἡ καρδία πεπωρωμένη.

왜냐하면 그들은 빵들에서 깨닫지 못하고, 대신에 그들의 마음이 둔해졌

기 때문이다.

해설

나사렛 예수는 바다 위를 걸어 다님으로써 자신을 만물 위에서 만물을 지배하는 초월적 존재자로 계시한다. 바닷물은 그를 섬기며 복종한다.

나사렛 예수는 왜 역풍을 맞으며 고통당하고 있는 제자들을 지나쳐 가려고 했을까? 그것은 장차 주님이 없는 부재상태를 예고하고 있다. 주님의 부재상태에서 제자들은 보혜사 성령의 도우심을 요청해야 한다.

영원한 성전

마가복음 6:53-56

53절

Καὶ διαπεράσαντες ἐπὶ τὴν γῆν ἦλθον εἰς Γεννησαρὲτ καὶ προσωρ
μίσθησαν.

그리고 그들은 반대편으로 건너가 겐네사렛 땅으로 가서 배를 댔다.

54절

καὶ ἐξελθόντων αὐτῶν ἐκ τοῦ πλοίου εὐθὺς ἐπιγνόντες αὐτὸν

그리고 그들이 배에서 나왔을 때 즉시 사람들이 그를 알아보고

55절

περιέδραμον ὅλην τὴν χώραν ἐκείνην καὶ ἤρξαντο ἐπὶ τοῖς κραβάτ
τοις τοὺς κακῶς ἔχοντας περιφέρειν, ὅπου ἤκουον ὅτι ἐστίν.

저 온 땅을 두루 뛰어다니며 심한 질병을 앓고 있는 사람들을 그가 있다고
들은 곳으로 들것 위에 운반하기 시작했다.

56절

καὶ ὅπου ἂν εἰσεπορεύετο εἰς κώμας ἢ εἰς πόλεις ἢ εἰς ἀγροὺς, ἐν ταῖς ἀγοραῖς ἐτίθεσαν τοὺς ἀσθενοῦντας, καὶ παρεκάλουν αὐτὸν ἵνα κἂν τοῦ κρασπέδου τοῦ ἱματίου αὐτοῦ ἅψωνται· καὶ ὅσοι ἂν ἥψαντο αὐτοῦ ἐσῴζοντο.

그리고 그가 마을들이나 도시들이나 시골들에 들어가는 곳에 사람들이 병든 사람들을 시장 바닥에 놓아두고 그들이 그의 겉옷 자락이라도 만지게 해 달라고 간청하고 있었다. 그리고 그를 만지는 자마다 구원받고 있었다.

해설

    나사렛 예수의 몸 안에 들어있는 거룩한 능력은 그의 겉옷 자락을 통해 그를 만지는 자의 손을 따라 그 사람의 몸속으로 들어가 모든 질병을 치료한다. 나사렛 예수의 몸과 병든 자의 몸은 믿음으로 연합되는데, 그 믿음은 나사렛 예수의 전능성을 믿는 것이다.

    이것은 나사렛 예수의 몸은 거기에서부터 생명의 물이 흘러나오는 영원한 성전이라는 것을 계시하는 말씀이다.

더러운 손 논쟁

마가복음 7:1-13

1절

Καὶ συνάγονται πρὸς αὐτὸν οἱ Φαρισαῖοι καί τινες τῶν γραμματέων ἐλθόντες ἀπὸ Ἱεροσολύμων.

그리고 바리새인들과 예루살렘에서 온 서기관들 중의 어떤 사람들이 그를 향하여 모인다.

2절

καὶ ἰδόντες τινὰς τῶν μαθητῶν αὐτοῦ ὅτι κοιναῖς χερσίν, τοῦτ' ἔστιν ἀνίπτοις, ἐσθίουσιν τοὺς ἄρτους.

그리고 그의 제자들 중의 어떤 사람들이 더러운 손으로, 곧 씻지 않은 손들로 빵들을 먹는 것을 보고서

3절

οἱ γὰρ Φαρισαῖοι καὶ πάντες οἱ Ἰουδαῖοι ἐὰν μὴ πυγμῇ νίψωνται τὰς χεῖρας οὐκ ἐσθίουσιν, κρατοῦντες τὴν παράδοσιν τῶν πρεσβυτέρων,

왜냐하면 바리새인들과 모든 유대인은 장로들의 전통을 지키기 위해서 주먹을 쥐고 손을 씻지 않으면 먹지 않기 때문이다.

4절

καὶ ἀπ' ἀγορᾶς ἐὰν μὴ ῥαντίσωνται / βαπτίσωνται οὐκ ἐσθίουσιν, καὶ ἄλλα πολλά ἐστιν ἃ παρέλαβον κρατεῖν, βαπτισμοὺς ποτηρίων καὶ ξεστῶν καὶ χαλκίων [καὶ κλινῶν]

그리고 시장에서 (돌아와서) 씻지 않으면 먹지 않는다. 그리고 잔들과 주전자들과 구리그릇들과 [침대들]을 씻는 것 등, 넘겨받은바 지켜야 할 다른 것들도 많다.

5절

καὶ ἐπερωτῶσιν αὐτὸν οἱ Φαρισαῖοι καὶ οἱ γραμματεῖς Διὰ τί οὐ περιπατοῦσιν οἱ μαθηταί σου κατὰ τὴν παράδοσιν τῶν πρεσβυτέρων, ἀλλὰ κοιναῖς χερσὶν ἐσθίουσιν τὸν ἄρτον;

그리고 바리새인들과 서기관들이 예수에게 묻는다. "어찌하여 당신의 제자들은 장로들의 전통을 따라 행하지 않고 더러운 손들로 빵을 먹느냐?"

6절

ὁ δὲ εἶπεν αὐτοῖς Καλῶς ἐπροφήτευσεν Ἡσαίας περὶ ὑμῶν τῶν ὑποκριτῶν, ὡς γέγραπται ὅτι Οὗτος ὁ λαὸς τοῖς χείλεσίν με τιμᾷ, ἡ δὲ καρδία αὐτῶν πόρρω ἀπέχει ἀπ' ἐμοῦ·

그러자 그가 그들에게 말했다. "이사야가 너희 위선자들에 대해서 잘 예언했다. 기록되기를, 이 백성은 입술들로는 나를 존경한다. 그러나 그들의 마음은 나에게서 멀리 떠나있다.

7절

μάτην δὲ σέβονταί με, διδάσκοντες διδασκαλίας ἐντάλματα ἀνθρώπων·

그런데 그들은 사람들의 계명들을 교훈들로 가르치면서 나를 헛되이 예배하고 있다.

8절

ἀφέντες τὴν ἐντολὴν τοῦ θεοῦ κρατεῖτε τὴν παράδοσιν τῶν ἀνθρώπων.

너희들은 하나님의 계명을 버리고 사람들의 전통을 붙잡고 있다."

9절

καὶ ἔλεγεν αὐτοῖς Καλῶς ἀθετεῖτε τὴν ἐντολὴν τοῦ θεοῦ, ἵνα τὴν παράδοσιν ὑμῶν στήσητε·

그리고 그는 그들에게 말하고 있었다. "너희들은 너희들의 전통을 세우기 위해서 하나님의 계명을 잘 무시하고 있다.

10절

Μωυσῆς γὰρ εἶπεν Τίμα τὸν πατέρα σου καὶ τὴν μητέρα σου, καί Ὁ κακολογῶν πατέρα ἢ μητέρα θανάτῳ τελευτάτω·

왜냐하면 모세가 말했기 때문이다. 너의 아버지와 너의 어머니를 존경해라. 그리고 아버지와 어머니를 험담하는 자는 죽음으로 끝나게 하라.

11절

ὑμεῖς δὲ λέγετε Ἐὰν εἴπῃ ἄνθρωπος τῷ πατρὶ ἢ τῇ μητρί Κορβᾶν, ὅ ἐστιν Δῶρον, ὃ ἐὰν ἐξ ἐμοῦ ὠφεληθῇς,

그런데 너희들은 말한다. 만약 사람이 아버지나 어머니에게, 당신이 나에게서 유익을 얻을 것은, 코르반, 곧 예물(하나님께 드릴 예물이다), 이라고 말하면,

12절

οὐκέτι ἀφίετε αὐτὸν οὐδὲν ποιῆσαι τῷ πατρὶ ἢ τῇ μητρί,

너희들은 더 이상 그가 아버지나 어머니에게 아무것도 행하지 않도록 내버려 두고 있다.

13절

ἀκυροῦντες τὸν λόγον τοῦ θεοῦ τῇ παραδόσει ὑμῶν ᾗ παρεδώκατε· καὶ παρόμοια τοιαῦτα πολλὰ ποιεῖτε.

너희들이 넘겨받은 전통을 위하여 하나님의 말씀을 무시하고 있다. 그리고 이것들과 비슷한 많은 것들을 행하고 있다."

해설

　나사렛 예수를 계속 추적하고 있는 바리새인들은 예루살렘에 있는 고위 신학자들을 불러내서 공세를 펼친다. 이들이 갈릴리에 내려와 나사렛 예수와 논쟁을 벌이고 있는 것 자체가 심상치 않은 일이다. 그들은 나사렛 예수를 이단으로 정죄할 신학적 근거를 잡기 위해 내려온 것이다.

　그들은 나사렛 예수의 제자들이 씻지 않은 손으로 음식을 먹고 있는 것을 보고 시비를 건다. 그것은 유대인들의 전통과 습관에 어긋난다는 것이다. 나사렛 예수는 종교적 헌신을 핑계로 부모님을 공경하라는 하나님의 말씀을 저버리는 저들의 위선을 고발하면서 저들의 공격을 방어하며 자신의 제자들을 보호하고 있다.

　나사렛 예수는 제자들과 따로 있을 때는 엄하게 책망하지만, 외부의 공격이 들어오면 철저히 자신의 제자들을 감싸고 지켜준다.

　바리새인들은 무서워서 감히 수사자는 건드리지 못하고 새끼 사자들을 공격하고 있다. 나사렛 예수의 제자들은 아직은 새끼 사자들처럼 약하지만 장차 그들도 그들의 스승처럼 위엄있는 수사자들이 될 것인데, 나사렛 예수의 영이신 성령께서 그 일을 행하실 것이다.

사람을 더럽히는 것

마가복음 7:14-23

14절

Καὶ προσκαλεσάμενος πάλιν τὸν ὄχλον ἔλεγεν αὐτοῖς Ἀκούσατέ μου πάντες καὶ σύνετε.

그리고 그는 다시 군중을 부른 다음 그들에게 말하고 있었다. "모두 나의 말을 듣고 깨달으라.

15절

οὐδὲν ἔστιν ἔξωθεν τοῦ ἀνθρώπου εἰσπορευόμενον εἰς αὐτὸν ὃ δύναται κοινῶσαι αὐτόν· ἀλλὰ τὰ ἐκ τοῦ ἀνθρώπου ἐκπορευόμενά ἐστιν τὰ κοινοῦντα τὸν ἄνθρωπον.

사람의 밖에서 그 속으로 들어가는 어떤 것도 그를 더럽힐 수 없다. 대신에 사람에게서 나오는 것들이 그 사람을 더럽히는 것들이다."

17절

Καὶ ὅτε εἰσῆλθεν εἰς οἶκον ἀπὸ τοῦ ὄχλου, ἐπηρώτων αὐτὸν οἱ μαθηταὶ αὐτοῦ τὴν παραβολήν.

그리고 그가 군중을 떠나 집으로 들어갔을 때 그의 제자들이 그에게 비유를 질문했다.

18절

καὶ λέγει αὐτοῖς Οὕτως καὶ ὑμεῖς ἀσύνετοί ἐστε; οὐ νοεῖτε ὅτι πᾶν τὸ ἔξωθεν εἰσπορευόμενον εἰς τὸν ἄνθρωπον οὐ δύναται αὐτὸν κοινῶσαι,

그리고 그는 그들에게 말한다. "너희들도 이처럼 이해력이 없느냐? 밖에서 사람 속으로 들어가는 모든 것은 그를 더럽힐 수 없다는 것을 깨닫지 못하느냐.

19절

ὅτι οὐκ εἰσπορεύεται αὐτοῦ εἰς τὴν καρδίαν ἀλλ' εἰς τὴν κοιλίαν, καὶ εἰς τὸν ἀφεδρῶνα ἐκπορεύεται καθαρίζων πάντα τὰ βρώματα.

왜냐하면 그것은 그의 마음속으로 들어가지 않고 대신에 뱃속으로 들어가서 변기 속으로 나감으로써 모든 음식을 깨끗하게 한다."

20절

ἔλεγεν δὲ ὅτι Τὸ ἐκ τοῦ ἀνθρώπου ἐκπορευόμενον ἐκεῖνο κοινοῖ τὸν ἄνθρωπον·

그런데 그는 말하고 있었다. "사람에게서 나오는 것, 저것이 사람을 더럽힌다.

21절

ἔσωθεν γὰρ ἐκ τῆς καρδίας τῶν ἀνθρώπων οἱ διαλογισμοὶ οἱ κακοὶ ἐκπορεύονται, πορνεῖαι, κλοπαί, φόνοι,

왜냐하면 안에서 사람들의 마음들로부터 악독한 생각들이 나오기 때문이다. 음행들, 도둑질들, 살인들,

22절

μοιχεῖαι, πλεονεξίαι, πονηρίαι, δόλος, ἀσέλγεια, ὀφθαλμὸς πονηρός, βλασφημία, ὑπερηφανία, ἀφροσύνη·

간통들, 탐욕들, 악행들, 속임수, 무절제, 악한 눈, 신성모독, 교만, 어리석음.

23절

πάντα ταῦτα τὰ πονηρὰ ἔσωθεν ἐκπορεύεται καὶ κοινοῖ τὸν ἄνθρωπον.

이 모든 악한 것들은 속에서 나와서 사람을 더럽힌다."

해설

    사람의 마음속에는 생각들이 살고 있다. 악한 생각들은 영혼의 집에 살고 있다가 말과 행동의 옷을 입고 밖으로 나간다. 말과 행동의 옷을 입고 외출한 악한 생각들은 온 세상을 더럽힌다. 동시에 세상 속에 살고 있는 모든 사람들도 더럽힌다.

    모든 사람의 영혼의 집들은 악한 생각들에 의해 점령당해 있다. 사람의 몸이 살아있는 동안에는 계속해서 악한 생각들이 생겨나고 입을 통해 흘러넘친다.

    사람의 몸은 구제불능의 죄의 몸이다. 구제불능의 죄의 몸을 위해서는 대속물이 필요하다.

    인간은 스스로를 구원할 수 없다. 세상도 스스로를 구원할 수 없다. 나사렛 예수는 죄의 몸을 위한 대속물이요, 세상의 구원자다.

페니키아 여자

마가복음 7:24-30

24절

Ἐκεῖθεν δὲ ἀναστὰς ἀπῆλθεν εἰς τὰ ὅρια Τύρου. Καὶ εἰσελθὼν εἰς οἰκίαν οὐδένα ἤθελεν γνῶναι, καὶ οὐκ ἠδυνάσθη λαθεῖν·

그런데 그는 거기에서 일어나 두로 지역으로 떠났다. 그리고 그가 집에 들어갔을 때 그는 아무도 알지 않기를 원했다. 그러나 그는 숨겨질 수 없었다.

25절

ἀλλ᾽ εὐθὺς ἀκούσασα γυνὴ περὶ αὐτοῦ, ἧς εἶχεν τὸ θυγάτριον αὐτῆ ς πνεῦμα ἀκάθαρτον, ἐλθοῦσα προσέπεσεν πρὸς τοὺς πόδας αὐτοῦ·

대신에 즉시 어떤 여자가 그에 대한 소문을 들었다. 그 여자의 어린 딸은 더러운 영을 가지고 있었는데, 그 여자가 와서 그의 발들을 향하여 엎드렸다.

26절

ἡ δὲ γυνὴ ἦν Ἑλληνίς, Συροφοινίκισσα τῷ γένει· καὶ ἠρώτα αὐτὸν ἵνα τὸ δαιμόνιον ἐκβάλῃ ἐκ τῆς θυγατρὸς αὐτῆς.

그런데 그 여자는 헬라여자였고, 출생은 쉬로페니키아였다. 그리고 그녀는 예수에게 자기의 딸에게서 귀신을 쫓아내 달라고 요구했다.

27절

καὶ ἔλεγεν αὐτῇ Ἄφες πρῶτον χορτασθῆναι τὰ τέκνα· οὐ γάρ ἐστιν καλόν λαβεῖν τὸν ἄρτον τῶν τέκνων καὶ τοῖς κυναρίοις βαλεῖν.

그러자 그가 그 여자에게 말하고 있었다. "먼저 자녀들이 배불리 먹도록 허락하라. 왜냐하면 자녀들의 빵을 빼앗아서 강아지들에게 던지는 것은 아름답지 않기 때문이다."

28절

ἡ δὲ ἀπεκρίθη καὶ λέγει αὐτῷ Ναί, Κύριε· καὶ τὰ κυνάρια ὑποκάτω τῆς τραπέζης ἐσθίουσιν ἀπὸ τῶν ψιχίων τῶν παιδίων.

그러자 여자가 그에게 대답하며 말한다. "주님, 강아지들도 식탁 밑에서 아이들의 부스러기들로부터 먹습니다."

29절

καὶ εἶπεν αὐτῇ Διὰ τοῦτον τὸν λόγον ὕπαγε, ἐξελήλυθεν ἐκ τῆς θυγατρός σου τὸ δαιμόνιον.

그러자 그가 여자에게 말했다. "이 말 때문에 가라. 너의 딸에게서 귀신이 이미 나갔다."

30절

καὶ ἀπελθοῦσα εἰς τὸν οἶκον αὐτῆς εὗρεν τὸ παιδίον βεβλημένον ἐπὶ τὴν κλίνην καὶ τὸ δαιμόνιον ἐξεληλυθός.

그리고 여자는 자기의 집으로 떠났을 때 아이가 침대에 던져진 것과 귀신이 이미 나간 것을 발견했다.

해설

페니키아는 시리아 지역에 속해 있는 바알 숭배의 본고장이다. 페니키아는 한때 북아프리카에 카르타고를 건설하고 로마와 지중해 패권을 놓고 대결을 벌인 강력한 세력이었다. 그때 로마와의 대결을 페니키아 전쟁이라고 부른다. 코끼리부대를 이끌고 알프스산맥을 넘어서 이탈리아 반도를 유린했던 한니발 장군이 바로 페니키아 사람이다. 페니키아는 군사적으로는 로마와 앙숙이었지만, 영적으로는 유대인들의 원수였다.

나사렛 예수의 소문을 듣고 찾아온 페니키아 여자 역시 바알 숭배자였다. 그러나 귀신에 사로잡혀 끌려다니는 자신의 어린 딸과 함께 살아가고 있던 그녀는 견딜 수 없는 정신적 육체적 고통에 시달리던 중에 나사렛 예수에 대한 소문을 듣고 그를 찾아온다.

페니키아 여자는 나사렛 예수에게 자기 딸에게서 귀신을 쫓아내 달라고 뻔뻔스럽게 구원을 요청한다. 그러자 나사렛 예수는 페니키아 여자를 개 취급하며 여자의 믿음의 진실성을 시험한다. 페니키아 여자는 자기 민족이 영적으로 개라는 것을 인정하고 나사렛 예수의 자비를 구한다. 그러자 나사렛 예수는 페니키아 여자가 온전히 이스라엘의 하나님께 돌아선 것을 확인하고 그녀의 딸을 구원한다.

하나님 나라는 나사렛 예수를 향하여 온전히 돌아서는 믿음을 통하여 구원의 능력으로 페니키아 여자에게 현존하고 있다. 하나님 나라의 구원은 이제 이스라엘 민족의 민족주의 장벽을 넘어서 이방인들을 향하여 나아가고 있다.

에파타

마가복음 7:31-37

31절

Καὶ πάλιν ἐξελθὼν ἐκ τῶν ὁρίων Τύρου ἦλθεν διὰ Σιδῶνος εἰς τὴν θάλασσαν τῆς Γαλιλαίας ἀνὰ μέσον τῶν ὁρίων Δεκαπόλεως.

그리고 그는 다시 두로 지역에서 나와서 시돈을 거쳐 갈릴리 바다로 데카폴리스 지역 한가운데로 갔다.

32절

Καὶ φέρουσιν αὐτῷ κωφὸν καὶ μογιλάλον, καὶ παρακαλοῦσιν αὐτὸν ἵνα ἐπιθῇ αὐτῷ τὴν χεῖρα.

그리고 사람들이 그에게 귀먹고 말 더듬는 사람을 데리고 온다. 그리고 그 사람에게 손을 얹어 달라고 그에게 요청한다.

33절

καὶ ἀπολαβόμενος αὐτὸν ἀπὸ τοῦ ὄχλου κατ᾽ ἰδίαν ἔβαλεν τοὺς δακτύλους αὐτοῦ εἰς τὰ ὦτα αὐτοῦ καὶ πτύσας ἥψατο τῆς γλώσσης αὐτοῦ,

그리고 그는 그를 군중으로부터 따로 데리고 가서 그의 귓속으로 자기의 손가락을 넣었다. 그리고 침을 뱉어 그의 혀를 만졌다.

34절

καὶ ἀναβλέψας εἰς τὸν οὐρανὸν ἐστέναξεν, καὶ λέγει αὐτῷ Ἐφφαθά, ὅ ἐστιν Διανοίχθητι.

그리고 그는 하늘을 향하여 올려다보면서 탄식했다. 그리고 그에게 말한다. "에파타" 이것은 "열려라"라는 뜻이다.

35절

καὶ [εὐθέως] ἠνοίγησαν αὐτοῦ αἱ ἀκοαί, καὶ ἐλύθη ὁ δεσμὸς τῆς γλώσσης αὐτοῦ, καὶ ἐλάλει ὀρθῶς·

그리고 [즉시] 그의 귀가 열렸다. 그리고 그의 혀의 결박이 풀렸다. 그리고 그는 똑바로 이야기하고 있었다.

36절

καὶ διεστείλατο αὐτοῖς ἵνα μηδενὶ λέγωσιν· ὅσον δὲ αὐτοῖς διεστέλλετο, αὐτοὶ μᾶλλον περισσότερον ἐκήρυσσον.

그리고 그는 그들에게 아무에게도 말하지 말라고 엄히 명령했다. 그러나 그가 그들에게 엄히 명령할 때마다 사람들은 더욱더 많이 전파했다.

37절

καὶ ὑπερπερισσῶς ἐξεπλήσσοντο λέγοντες Καλῶς πάντα πεποίηκεν, καὶ τοὺς κωφοὺς ποιεῖ ἀκούειν καὶ ἀλάλους λαλεῖν.

그리고 사람들은 심히 충격을 받고 말하고 있었다. "그는 모든 것을 잘했

다. 그래서 그는 청각장애인들을 듣게 하고 언어장애인들을 이야기하게
만들고 있다."

해설

이 본문은 유대인으로 오신 나사렛 예수의 유대 민족에 대한 사랑과 친밀성을 보여주고 있다. 청각장애인을 따로 데리고 다른 장소로 가서 귓속에 손가락을 넣고 침을 뱉어서 혓바닥을 직접 만져서 치료하는 것은 유대 민족의 구별된 위치와 육체적 친밀성에 대한 표현이며 자기 민족에 대한 특별한 사랑의 표현이다.

그러나 나사렛 예수는 하늘을 우러러 탄식한다. 그것은 그들의 육신의 귀는 열려서 나사렛 예수의 기적에 대한 소문은 잘 들으나, 그를 통해 하나님의 말씀과 음성을 듣는 귀는 닫혀있기 때문이다.

고침을 받은 장애인도 나사렛 예수에게 감사와 찬양을 드리거나 경배하며 그를 감동시키는 신앙고백이 없다. 이것은 육신의 귀는 열려 있으나 영적인 귀는 닫혀있는 이스라엘 민족의 영적 현실을 고발하는 말씀이다.

제자들의 영적 무지

마가복음 8:1-10

1절

Ἐν ἐκείναις ταῖς ἡμέραις πάλιν πολλοῦ ὄχλου ὄντος καὶ μὴ ἐχόντων τί φάγωσιν, προσκαλεσάμενος τοὺς μαθητὰς λέγει αὐτοῖς

저 날들에 다시 많은 군중이 있고 그들은 먹을 것을 가지고 있지 않으므로 그는 제자들을 불러 그들에게 말한다.

2절

Σπλαγχνίζομαι ἐπὶ τὸν ὄχλον ὅτι ἤδη ἡμέραι τρεῖς προσμένουσίν μοι καὶ οὐκ ἔχουσιν τί φάγωσιν·

"나는 군중에 대해 측은한 마음이 생긴다. 왜냐하면 그들은 벌써 3일이나 나와 함께 머무르고 있지만 그들은 먹을 것이 없기 때문이다.

3절

καὶ ἐὰν ἀπολύσω αὐτοὺς νήστεις εἰς οἶκον αὐτῶν, ἐκλυθήσονται ἐν τῇ ὁδῷ· καί τινες αὐτῶν ἀπὸ μακρόθεν εἰσίν

그리고 만약 내가 그들을 굶주린 채로 집으로 보내면 그들은 길에서 지칠 것이다. 그리고 그들 중 어떤 사람들은 멀리서 왔다."

4절

καὶ ἀπεκρίθησαν αὐτῷ οἱ μαθηταὶ αὐτοῦ ὅτι Πόθεν τούτους δυνήσε
ταί τις ὧδε χορτάσαι ἄρτων ἐπ᾽ ἐρημίας;

그러자 그의 제자들이 그에게 반박했다. "여기 광야에서 누가 어떻게
이 사람들을 배불리 먹일 수 있다는 겁니까?"

5절

καὶ ἠρώτα αὐτούς Πόσους ἔχετε ἄρτους; οἱ δὲ εἶπαν Ἑπτά.

그러자 그가 그들에게 물었다. "너희들은 빵을 얼마큼 갖고 있느냐?" 그러
자 그들이 말한다. "일곱 개요."

6절

καὶ παραγγέλλει τῷ ὄχλῳ ἀναπεσεῖν ἐπὶ τῆς γῆς· καὶ λαβὼν τοὺς
ἑπτὰ ἄρτους εὐχαριστήσας ἔκλασεν καὶ ἐδίδου τοῖς μαθηταῖς αὐτοῦ
ἵνα παρατιθῶσιν, καὶ παρέθηκαν τῷ ὄχλῳ.

그리고 그는 군중에게 땅에 앉으라고 명령했다. 그리고 일곱 개의 빵을
들고 감사한 후 쪼개어 (그것을 군중에게) 제공하라고 자기의 제자들에
게 주고 있었다. 그리고 그들은 군중에게 제공했다.

7절

καὶ εἶχαν ἰχθύδια ὀλίγα· καὶ εὐλογήσας αὐτὰ εἶπεν καὶ ταῦτα παρα
τιθέναι.

그리고 그들은 작은 물고기 몇 마리를 갖고 있었다. 그리고 그는 그것들을
축복한 후 이것들도 제공하라고 말했다.

8절

καὶ ἔφαγον καὶ ἐχορτάσθησαν, καὶ ἦραν περισσεύματα κλασμάτων ἑπτὰ σπυρίδας.

그리고 그들은 먹고 만족했다. 그리고 그들은 일곱 광주리의 남은 조각들을 거두어들였다.

9절

ἦσαν δὲ ὡς τετρακισχίλιοι. καὶ ἀπέλυσεν αὐτούς.

그런데 그들은 4,000명 정도였다. 그리고 그는 그들을 해산했다.

10절

Καὶ εὐθὺς ἐμβὰς εἰς τὸ πλοῖον μετὰ τῶν μαθητῶν αὐτοῦ ἦλθεν εἰς τὰ μέρη Δαλμανουθά.

그리고 그는 즉시 자기의 제자들과 함께 배에 올라 달마누다 지역으로 갔다.

해설

　이 본문은 영적 무지 상태에 있는 유대인들을 고발하는 말씀 바로 뒤에 나오는 이야기다. 저 날들에 (Εν εκειναις ταις ήμεραις) 라는 표현은 그러한 심각한 상황을 묘사하는 말이다.

　이 이야기는 놀랍게도 군중뿐 아니라 나사렛 예수의 제자들까지도 영적 무지상태에 있음을 고발하고 있다. 그들은 그렇게 많은 기적을 눈앞에서 목격하고 주님의 음성을 그분의 바로 곁에서 들었음에도 그분의 실체가 무엇인지 모르고 있다. 오병이어 기적을 통해 나사렛 예수의 몸은 사랑의 에너지로 가득 찬 영광의 본체라는 것이 계시되었음에도 그들은 나사렛 예수에게 "누가 여기 광야에서 어떻게 이 많은 사람을 배불리 먹일 수 있겠습니까"라고 거침없이 말한다.

예수의 깊은 탄식

마가복음 8:11-13

11절

Καὶ ἐξῆλθον οἱ Φαρισαῖοι καὶ ἤρξαντο συνζητεῖν αὐτῷ, ζητοῦντες παρ' αὐτοῦ σημεῖον ἀπὸ τοῦ οὐρανοῦ, πειράζοντες αὐτόν.

그리고 바리새인들이 나와서 그를 시험하기 위해 그에게 하늘로부터 오는 표적을 구하며 그와 논쟁하기 시작했다.

12절

καὶ ἀναστενάξας τῷ πνεύματι αὐτοῦ λέγει Τί ἡ γενεὰ αὕτη ζητεῖ σημεῖον; ἀμὴν λέγω ὑμῖν, εἰ δοθήσεται τῇ γενεᾷ ταύτῃ σημεῖον.

그러자 그는 그의 심령에 깊이 탄식하며 말한다. "어찌하여 이 세대가 표적을 구하느냐; 내가 진실로 너희들에게 말하건대 결코 이 세대에게 표적은 주어지지 않을 것이다."

13절

καὶ ἀφεὶς αὐτοὺς πάλιν ἐμβὰς ἀπῆλθεν εἰς τὸ πέραν.

그리고 그들을 내버려 두고 다시 배를 타고 건너편으로 떠났다.

해설

　바리새인들은 나사렛 예수에게 와서 표적을 요구한다. 이렇게 유대 민중과 유대교 지도자들, 심지어 나사렛 예수의 제자들까지도 영적인 무지와 어둠 속에서 갈 길을 찾지 못하고 더듬거리고 있다.

　이 일련의 이야기들 바로 앞에는 쉬로페니키아 여인의 믿음과 구원의 사건이 있었다. 우상을 섬기며 어둠 속에 있던 이방인들은 나사렛 예수의 실체를 인식하고 하나님 나라에 들어가고 있는데, 본 백성 이스라엘은 깊은 어둠 속에 잠겨있을 뿐 아니라 적대적 반역행위를 저지르고 있다. 이를 본 나사렛 예수는 심령에 깊은 탄식을 하며 그들을 내버려 두고 반대편으로 가버린다.

제자들의 넌센스

마가복음 8:14-21

14절

Καὶ ἐπελάθοντο λαβεῖν ἄρτους, καὶ εἰ μὴ ἕνα ἄρτον οὐκ εἶχον μεθ᾽ ἑαυτῶν ἐν τῷ πλοίῳ.

그리고 그들은 빵들을 가지고 가는 것을 깜빡 잊어버렸다. 그리고 그들은 배 안에 빵 한 개 외에는 그들 곁에 가지고 있지 않았다.

15절

καὶ διεστέλλετο αὐτοῖς λέγων Ὁρᾶτε, βλέπετε ἀπὸ τῆς ζύμης τῶν Φαρισαίων καὶ τῆς ζύμης Ἡρῴδου.

그리고 그는 그들에게 엄히 경계하며 말했다. "보라, 바리새인들의 누룩과 헤롯의 누룩을 조심해라."

16절

καὶ διελογίζοντο πρὸς ἀλλήλους ὅτι ἄρτους οὐκ ἔχουσιν.

그리고 그들은 서로를 향하여 그들이 빵들을 가지고 있지 않은 것을 토론했다.

17절

καὶ γνοὺς λέγει αὐτοῖς Τί διαλογίζεσθε ὅτι ἄρτους οὐκ ἔχετε; οὔπω νοεῖτε οὐδὲ συνίετε; πεπωρωμένην ἔχετε τὴν καρδίαν ὑμῶν;

그리고 그가 알고 그들에게 말한다. "어찌하여 너희들은 빵들을 가지고 있지 않은 것을 토론하느냐; 아직도 알지 못하고 깨닫지도 못하느냐? 너희들은 너희들의 마음을 무감각한 상태로 가지고 있느냐?

18절

ὀφθαλμοὺς ἔχοντες οὐ βλέπετε, καὶ ὦτα ἔχοντες οὐκ ἀκούετε; καὶ οὐ μνημονεύετε,

너희들은 눈들을 가지고 있으나 보지 못하고 귀들을 가지고 있으나 듣지 못하느냐? 그리고 기억하지 못하느냐?

19절

ὅτε τοὺς πέντε ἄρτους ἔκλασα εἰς τοὺς πεντακισχιλίους, πόσους κοφίνους κλασμάτων πλήρεις ἤρατε; λέγουσιν αὐτῷ Δώδεκα.

내가 빵 다섯 개를 5,000명을 위하여 쪼갰을 때 너희들은 몇 바구니의 채워진 부스러기들을 거두었느냐?" 그들이 그에게 말한다. "열둘이요."

20절

ὅτε τοὺς ἑπτὰ εἰς τοὺς τετρακισχιλίους, πόσων σπυρίδων πληρώματα κλασμάτων ἤρατε; καὶ λέγουσιν Ἑπτά.

"일곱 개를 4,000명을 위할 때, 광주리에 가득 찬 부스러기들을 얼마큼 거두어 들였느냐?" 그러자 그들이 [그에게] 말한다. "일곱이요."

21절

καὶ ἔλεγεν αὐτοῖς Οὔπω συνίετε;

그리고 그가 그들에게 말한다. "아직도 깨닫지 못하느냐?"

해설

나사렛 예수의 제자들은 영광의 본체이신 그들의 스승을 바로 옆에 두고 빵 걱정을 하고 있다. 그들은 바리새인들과 헤롯의 누룩을 조심하라는 나사렛 예수의 말씀을 빵을 만드는 누룩으로 해석할 정도로 아둔하다.

그들은 계시의 비밀을 알기는커녕 철학적 이해력마저도 빈곤한 상태다. 그러나 총명한 자들을 버리고 어린아이들처럼 순진한 자들을 택하셔서 자신의 나라를 상속받게 하시는 것이 하나님의 뜻이다.

이 말씀 속에서 나사렛 예수는 자신의 적이 바리새인들과 헤롯임을 명확히 하고 있다. 바리새인들의 누룩은 종교적 위선과 교만이고, 헤롯의 누룩은 탐욕과 허영심이다.

영적인 소경

마가복음 8:22-26

22절

Καὶ ἔρχονται εἰς Βηθσαϊδάν. Καὶ φέρουσιν αὐτῷ τυφλὸν, καὶ παρα καλοῦσιν αὐτὸν ἵνα αὐτοῦ ἅψηται.

그리고 그들은 벳새다로 간다. 그리고 사람들이 그에게 소경을 데리고 와서 그를 만져달라고 청한다.

23절

καὶ ἐπιλαβόμενος τῆς χειρὸς τοῦ τυφλοῦ ἐξήνεγκεν αὐτὸν ἔξω τῆς κώμης, καὶ πτύσας εἰς τὰ ὄμματα αὐτοῦ, ἐπιθεὶς τὰς χεῖρας αὐτῷ, ἐπηρώτα αὐτόν Εἴ τι βλέπεις;

그리고 그는 소경의 손을 잡고 그를 마을 밖으로 데리고 나갔다. 그리고 그의 눈들을 향하여 침을 뱉고, 그에게 손을 얹고 물었다. "무엇을 너는 보고 있느냐?"

24절

καὶ ἀναβλέψας ἔλεγεν Βλέπω τοὺς ἀνθρώπους, ὅτι ὡς δένδρα ὁρῶ περιπατοῦντας.

그리고 그가 위를 쳐다보며 말하고 있었다.

"나는 사람들을 보고 있는데 나는 나무들 같은 것들이 돌아다니고 있는 것을 봅니다."

25절

εἶτα πάλιν ἐπέθηκεν τὰς χεῖρας ἐπὶ τοὺς ὀφθαλμοὺς αὐτοῦ, καὶ διέβλεψεν καὶ ἀπεκατέστη, καὶ ἐνέβλεπεν τηλαυγῶς ἅπαντα.

그리고 나서 그는 다시 그의 눈들 위에 손을 얹었다. 그리고 그는 확실히 보게 되었고 회복되었다. 그리고 그는 모든 것을 명료하게 유심히 보고 있었다.

26절

καὶ ἀπέστειλεν αὐτὸν εἰς οἶκον αὐτοῦ λέγων Μηδὲ εἰς τὴν κώμην εἰσέλθῃς.

그리고 그는 그를 그의 집으로 보내면서 말했다. "마을로 들어가지 말라."

사람들은 나사렛 예수에게 소경을 데리고 와서 안수해서 고쳐주기를 청한다. 그러자 나사렛 예수는 그를 마을 밖으로 데리고 나가서 직접 소경의 닫힌 눈에다 친히 자신의 침을 뱉고 손을 얹은 다음 "너는 무엇에 보고 있느냐"라고 묻는다. 그러자 소경은 사람들이 나무들처럼 희미하게 돌아다니고 있는 것이 보인다고 대답한다. 예수가 다시 그의 눈에 손을 대자 그는 회복되어 모든 것을 명료하게 보게 된다.

그러나 그의 눈에는 영광의 본체이신 나사렛 예수는 보이지 않는다. 그는 육신의 눈만 열렸을 뿐 영의 눈은 아직도 닫혀있다. 이것은 하나님의 백성 이스라엘이 영적으로 얼마나 심각한 상태에 빠져있는지를 보여주는 계시적 의미를 가진다.

나사렛 예수는 이스라엘 민족에 대한 각별한 사랑과 친밀성을 가지고 모든 마을을 두루 찾아다니면서 깊은 사랑을 베풀었지만, 그들의 눈에는 그들을 찾아온 자신들의 하나님은 보이지 않고 쓸데없는 것들(πάντα, 모든 것들)만 보일 뿐이다.

오늘 우리에게 필요한 한가지는 만물 위에서 만물을 지배하는 영광의 본체이신 나사렛 예수를 보는 눈이다. 나사렛 예수는 구원받은 소경에게 마을로 들어가지 말고 곧장 그의 집으로 가라고 말한다. 그것은 나사렛 예수의 영광의 실체는 보지 못하고 그들의 눈을 황홀하게 하는 기적만 따라다니는 군중들에게 시달리기 싫었기 때문이다.

예수의 질문

마가복음 8:27-30

27절

Καὶ ἐξῆλθεν ὁ Ἰησοῦς καὶ οἱ μαθηταὶ αὐτοῦ εἰς τὰς κώμας Καισαρί
ας τῆς Φιλίππου· καὶ ἐν τῇ ὁδῷ ἐπηρώτα τοὺς μαθητὰς αὐτοῦ λέγων
αὐτοῖς Τίνα με λέγουσιν οἱ ἄνθρωποι εἶναι;

그리고 예수와 그의 제자들은 빌립보의 가이사리아의 마을들로 나갔다.
그리고 그는 길에서 자기의 제자들에게 질문하며 그들에게 말했다. "사
람들은 나를 누구라고 말하고 있느냐?"

28절

οἱ δὲ εἶπαν αὐτῷ λέγοντες ὅτι Ἰωάνην τὸν Βαπτιστήν, καὶ ἄλλοι
Ἡλείαν, ἄλλοι δὲ ὅτι εἷς τῶν προφητῶν.

그러자 그들이 그에게 말했다. "세례 요한, 그리고 다른 사람들은 엘리야,
그런데 다른 사람들은 예언자들 중의 하나(라고 말하고 있습니다)."

29절

καὶ αὐτὸς ἐπηρώτα αὐτούς Ὑμεῖς δὲ τίνα με λέγετε εἶναι; ἀποκριθεὶς
ὁ Πέτρος λέγει αὐτῷ Σὺ εἶ ὁ Χριστός.

그러자 그가 그들에게 물었다. "그러면 너희들은 나를 누구라고 말하고 있느냐?" 베드로가 대답하며 말한다. "당신은 그리스도이십니다."

30절

καὶ ἐπετίμησεν αὐτοῖς ἵνα μηδενὶ λέγωσιν περὶ αὐτοῦ.

그러자 그는 그들에게 누구에게도 자기에 대하여 말하지 말라고 경고했다.

해설

마가복음 8장의 분위기는 전반적으로 어둡다. 유대교 지도자들은 나사렛 예수를 파멸시키기 위해 혈안이고, 유대 민중들은 영적인 소경이요 귀먹은 자들이었고, 나사렛 예수의 제자들 역시 무지와 아둔함 속에 남아있다. 귀신들을 쫓아내고, 수많은 병자들을 고치고, 죽은 자를 살리고, 엄청난 기적을 행했지만, 하나님의 백성 이스라엘은 영적으로 깊은 흑암 속에 있다.

나사렛 예수는 제자들에게 세간의 민중들이 자신을 어떻게 보고 있는지를 물어본다. 그러고 나서 제자들에게 그들의 공통된 견해를 묻는다. 나사렛 예수는 이미 자신에 대한 유대 민중의 평가와 제자들의 생각을 다 알고 있다. 그가 제자들에게 이 질문을 던진 것은 그들의 견해를 확인하기 위해서가 아니라, 그들의 확신에 찬 기대를 깨뜨리기 위함이었다.

제자들의 답변을 통해 유대 민중들은 나사렛 예수를 위대한 예언자로 여기고 있었음을 알 수 있다. 이것은 마가복음 전체를 관통하고 있다. 나사렛 예수의 질문에 베드로는 제자들을 대표해서 답변한다. 그것은 나사렛 예수의 제자단 전체의 입장이었다. 그들은 나사렛 예수를 메시아로 확신하고 있었다. 그들은 온 세계를 통치할 나사렛 예수를 통해 자기들도 큰 권력을 얻게 될 것이라는 기대와 야망을 가지고 있었다.

나사렛 예수가 제자들에게 "너희는 나를 무엇이라고 말하고 있느냐"라고 질문한 것은 그들의 기대와 야망을 깨뜨리고 하나님께서 기름 부어 세우신 왕 메시아는 그들이 생각하고 기대하는 메시아와는 근본적으로 다른 존재임을 알려주기 위한 준비 작업이었다.

이제 드디어 나사렛 예수와 그를 추종하는 제자단 사이에 어마어마한 충돌이 벌어진다. 그리고 그것은 나사렛 예수의 하나님 나라 운동권 조직 전체를 해체시킬 수 있는 위기적 상황으로 발전한다.

그 심각한 상황을 초래한 것은 메시아 논쟁이었다. 이제 나사렛 예수와 그의 제자단 사이에 거대한 메시아 논쟁이 펼쳐진다.

메시아 논쟁

마가복음 8:31-38

31절

Καὶ ἤρξατο διδάσκειν αὐτοὺς ὅτι δεῖ τὸν Υἱὸν τοῦ ἀνθρώπου πολλὰ παθεῖν, καὶ ἀποδοκιμασθῆναι ὑπὸ τῶν πρεσβυτέρων καὶ τῶν ἀρχιερέων καὶ τῶν γραμματέων καὶ ἀποκτανθῆναι καὶ μετὰ τρεῖς ἡμέρας ἀναστῆναι·

그리고 그는 그들에게 사람의 아들이 반드시 많은 고난을 당하고 장로들과 대제사장들과 서기관들에 의해 배척당하고 죽임을 당하고 3일 후에 일어나게 될 것이라고 가르치기 시작했다.

32절

καὶ παρρησίᾳ τὸν λόγον ἐλάλει. καὶ προσλαβόμενος ὁ Πέτρος αὐτὸν ἤρξατο ἐπιτιμᾶν αὐτῷ.

그리고 그는 그 말을 담대하게 이야기하고 있었다. 그러자 베드로가 그를 (한쪽으로) 데리고 가서 꾸짖기 시작했다.

33절

ὁ δὲ ἐπιστραφεὶς καὶ ἰδὼν τοὺς μαθητὰς αὐτοῦ ἐπετίμησεν Πέτρῳ καὶ λέγει Ὕπαγε ὀπίσω μου, Σατανᾶ, ὅτι οὐ φρονεῖς τὰ τοῦ Θεοῦ ἀλλὰ τὰ τῶν ἀνθρώπων.

그러자 그가 돌아서서 자기의 제자들을 보고 베드로를 꾸짖으며 말한다.
"나의 뒤로 가라, 사탄아, 너는 하나님의 일들을 생각하지 않고 대신에
사람들의 일들을 생각하고 있다."

34절

Καὶ προσκαλεσάμενος τὸν ὄχλον σὺν τοῖς μαθηταῖς αὐτοῦ εἶπεν αὐτοῖς Εἴ τις θέλει ὀπίσω μου ἐλθεῖν, ἀπαρνησάσθω ἑαυτὸν καὶ ἀράτω τὸν σταυρὸν αὐτοῦ, καὶ ἀκολουθείτω μοι.

그리고 그는 자기의 제자들과 함께 군중을 불러 그들에게 말했다. "만약
누가 나의 뒤를 따르기를 원하면, 자기자신을 부인하라. 그리고 자기의
십자가를 져라. 그리고 나를 따르라.

35절

ὃς γὰρ ἐὰν θέλῃ τὴν ψυχὴν αὐτοῦ σῶσαι, ἀπολέσει αὐτήν· ὃς δ' ἂν ἀπολέσει τὴν ψυχὴν αὐτοῦ ἕνεκεν ἐμοῦ καὶ τοῦ εὐαγγελίου, σώσει αὐτήν.

왜냐하면 만약 사람이 자기의 목숨을 구하려 하면 그것을 잃을 것이다.
그러나 진정 나와 복음을 위하여 자기의 목숨을 잃는 사람은 그것을
구할 것이다.

36절

τί γὰρ ὠφελεῖ ἄνθρωπον κερδῆσαι τὸν κόσμον ὅλον καὶ ζημιωθῆναι τὴν ψυχὴν αὐτοῦ;

사람이 온 세상을 얻고 자기의 목숨을 손해 보는 것은 무슨 유익이냐?

37절

τί γὰρ δοῖ ἄνθρωπος ἀντάλλαγμα τῆς ψυχῆς αὐτοῦ;

사람이 자기의 목숨의 대속물로 무엇을 주겠느냐?

38절

ὃς γὰρ ἐὰν ἐπαισχυνθῇ με καὶ τοὺς ἐμοὺς λόγους ἐν τῇ γενεᾷ ταύτῃ τῇ μοιχαλίδι καὶ ἁμαρτωλῷ, καὶ ὁ Υἱὸς τοῦ ἀνθρώπου ἐπαισχυνθήσεται αὐτὸν, ὅταν ἔλθῃ ἐν τῇ δόξῃ τοῦ Πατρὸς αὐτοῦ μετὰ τῶν ἀγγέλων τῶν ἁγίων.

만약 사람이 이 음란하고 죄 많은 세대에서 나와 나의 말들을 부끄러워하면, 사람의 아들도 그가 거룩한 천사들과 함께 자기 아버지의 영광 중에 올 때 그를 부끄러워할 것이다."

해설

　마태복음에는 이 본문이 베드로의 위대한 신앙고백 위에 그리스도께서 자기의 교회를 세우겠다는 말씀으로 기록되어 있다. 그러나 마가복음의 메시지는 그게 아니다.

　마가복음의 메시지는 나사렛 예수와 베드로를 우두머리로 하는 제자단 사이의 메시아 논쟁에 초점이 맞추어져 있다. 나사렛 예수는 자신을 메시아로 고백하는 제자단의 입장을 일단 수용한다. 그러나 그다음 그는 자신의 십자가 고난을 통한 부활의 길을 말한다.

　본문은 나사렛 예수가 이 말을 할 때 담대하게 이야기하고 있었다고 증언하고 있다.

και παρρησια τον λόγον ελαλει.
그리고 담대하게 그는 그 말을 이야기하고 있었다(32절).

　나사렛 예수는 왜 담대하게 이야기했을까? 그것은 나사렛 예수의 메시아사상과 제자단의 메시아사상이 충돌하고 있었기 때문이다. 그는 제자단의 격렬한 저항을 예상하고 있었기 때문에 비타협적인 용기와 결단으로 그 말을 단호하게 선언했던 것이다.

　베드로의 격렬한 저항은 그의 개인적 입장이 아니라 제자단 전체의 입장이었다. 나사렛 예수의 말대로 그들은 나사렛 예수를 통해 온 세상을 얻는 영광을 기대하고, 그를 따라나선 사람들이다. 제자들은 나사렛 예수의 메시아 선언서 낭독을 듣고 엄청난 충격과 배신

감을 느꼈을 것이다. 그들은 부활 같은 것은 애당초 믿지도 않고 기대하지도 않았다. 만약 나사렛 예수의 말대로 십자가에 버림받고 죽는 메시아를 알았다면 그들은 나사렛 예수를 따르지도 않았을 것이다.

나사렛 예수는 뒤를 돌아서서 제자들을 보고서 베드로를 꾸짖는데, 그것은 제자단 전체를 향한 것이다. 나사렛 예수는 제자단의 불만을 누그러뜨리기 위해 군중을 부른다. 자신에게 절대적 지지를 보내고 있던 군중들을 통해 나사렛 예수는 제자단의 저항을 제압한다. 그러나 나사렛 예수의 권세에 눌려 일시적으로 굴복을 당했으나 제자단의 불만과 배신감이 사라질 수는 없는 것이다.

여기서 우리는 이러한 관점에서 다음에 나오는 변화산 사건을 이해할 필요가 있다. 그것은 해체의 위기에 처한 제자단에게 새로운 차원의 종말론적이고 초월적인 희망의 미래를 보여주기 위한 것이다. 만약 변화산에서 나사렛 예수가 자신의 영광의 실체를 계시하지 않았다면 그의 제자들은 모두 뿔뿔이 흩어졌을 것이다.

나사렛 예수와 제자들의 관계는 확고부동하고 절대적인 것이 아니었다. 그것은 상호 간의 이해관계로 엮인 가변적이고 상대적 성격을 지닌 정치적 이익집단 비슷한 것이었다. 그러기 때문에 배신자도 나오고, 낙심하고 절망에 빠지기도 하고, 베드로를 내세워서 나사렛 예수를 꾸짖고 반발하기도 했던 것이다. 다만 놀라운 것은 그들이 수많은 갈등과 회의 속에서도 끝까지 나사렛 예수를 버리지 않고 따라다녔다는 점이다.

새로운 세계

마가복음 9:1-13

1절

καὶ ἔλεγεν αὐτοῖς Ἀμὴν λέγω ὑμῖν ὅτι εἰσίν τινες ὧδε τῶν ἑστηκότων οἵτινες οὐ μὴ γεύσωνται θανάτου ἕως ἂν ἴδωσιν τὴν βασιλείαν τοῦ Θεοῦ ἐληλυθυῖαν ἐν δυνάμει.

그리고 그는 말하고 있었다. "내가 진실로 너희들에게 말하건대 여기에 서 있는 사람들 중에는 하나님 나라가 능력으로 온 것을 볼 때까지 죽음을 맛보지 않을 사람들이 있다."

2절

Καὶ μετὰ ἡμέρας ἓξ παραλαμβάνει ὁ Ἰησοῦς τὸν Πέτρον καὶ τὸν Ἰάκωβον καὶ Ἰωάνην, καὶ ἀναφέρει αὐτοὺς εἰς ὄρος ὑψηλὸν κατ᾽ ἰδίαν μόνους. καὶ μετεμορφώθη ἔμπροσθεν αὐτῶν,

그리고 6일 후 예수는 베드로와 야고보와 요한만 따로 데리고 높은 산으로 올라간다. 그리고 그들 앞에서 형체가 바뀌었다.

3절

καὶ τὰ ἱμάτια αὐτοῦ ἐγένετο στίλβοντα λευκὰ λίαν, οἷα γναφεὺς ἐπὶ τῆς γῆς οὐ δύναται οὕτως λευκᾶναι.

그리고 그의 옷들이 매우 희게 빛났는데, 그것은 땅 위에 있는 어떤 세탁업
자도 이처럼 희게 할 수 없는 것이었다.

4절

καὶ ὤφθη αὐτοῖς Ἡλείας σὺν Μωϋσεῖ, καὶ ἦσαν συνλαλοῦντες
τῷ Ἰησοῦ.

그리고 엘리야가 모세와 함께 나타나 예수와 더불어 이야기하고 있었다.

5절

καὶ ἀποκριθεὶς ὁ Πέτρος λέγει τῷ Ἰησοῦ Ῥαββεί, καλόν ἐστιν
ἡμᾶς ὧδε εἶναι, καὶ ποιήσωμεν τρεῖς σκηνάς, σοὶ μίαν καὶ Μωϋσεῖ
μίαν καὶ Ἡλείᾳ μίαν.

그러자 베드로가 대답하며 예수께 말한다. "랍비여, 우리가 여기에 있는
것이 좋겠습니다. 그래서 우리가 초막 세 개를 만들겠습니다. 당신에게
하나 그리고 모세에게 하나 그리고 엘리야에게 하나."

6절

οὐ γὰρ ᾔδει τί ἀποκριθῇ· ἔκφοβοι γὰρ ἐγένοντο.

그는 무엇을 대답하고 있는지 몰랐는데, 이는 그들이 심히 두려워하고
있었기 때문이다.

7절

καὶ ἐγένετο νεφέλη ἐπισκιάζουσα αὐτοῖς, καὶ ἐγένετο φωνὴ ἐκ

τῆς νεφέλης Οὗτός ἐστιν ὁ Υἱός μου ὁ ἀγαπητός, ἀκούετε αὐτοῦ.

그리고 구름이 그들을 덮고, 구름 속에서 음성이 나왔다. "이는 나의 사랑하는 아들이니, 그의 말을 들으라."

8절

καὶ ἐξάπινα περιβλεψάμενοι οὐκέτι οὐδένα εἶδον ἀλλὰ τὸν Ἰησοῦν μόνον μεθ᾽ ἑαυτῶν.

그리고 갑자기 그들이 둘러보았을 때 다만 그들과 함께 오직 예수 외에는 더 이상 아무도 보지 못했다.

9절

Καὶ καταβαινόντων αὐτῶν ἐκ τοῦ ὄρους διεστείλατο αὐτοῖς ἵνα μηδενὶ ἃ εἶδον διηγήσωνται, εἰ μὴ ὅταν ὁ Υἱὸς τοῦ ἀνθρώπου ἐκ νεκρῶν ἀναστῇ.

그리고 그들이 산에서 내려올 때 그는 그들에게 오직 사람의 아들이 죽은 자들 가운데서 일어날 때까지는 그들이 본 것들을 아무에게도 이야기하지 말라고 엄히 명령했다.

10절

καὶ τὸν λόγον ἐκράτησαν πρὸς ἑαυτοὺς συνζητοῦντες τί ἐστιν τὸ ἐκ νεκρῶν ἀναστῆναι.

그리고 그들은 죽은 자들 가운데서 일어난다는 것이 무엇인지를 서로 토론하며 그 말씀을 간직했다.

11절

καὶ ἐπηρώτων αὐτὸν λέγοντες Ὅτι λέγουσιν οἱ γραμματεῖς ὅτι Ἡλείαν δεῖ ἐλθεῖν πρῶτον;

그리고 그들은 그에게 "어찌하여 서기관들은 엘리야가 먼저 와야 한다고 말하는 것입니까"라고 물었다.

12절

ὁ δὲ ἔφη αὐτοῖς Ἡλείας μὲν ἐλθὼν πρῶτον ἀποκαθιστάνει πάντα· καὶ πῶς γέγραπται ἐπὶ τὸν Υἱὸν τοῦ ἀνθρώπου, ἵνα πολλὰ πάθῃ καὶ ἐξουδενηθῇ;

그러자 그가 엄숙하게 말했다. "과연 엘리야가 먼저 와서 모든 것을 회복시킬 것이다. 그런데 어찌하여 사람의 아들에 대해서는 그가 많은 고난을 받고 무시를 당한다고 기록되었느냐?

13절

ἀλλὰ λέγω ὑμῖν ὅτι καὶ Ἡλείας ἐλήλυθεν, καὶ ἐποίησαν αὐτῷ ὅσα ἤθελον, καθὼς γέγραπται ἐπ᾽ αὐτόν.

그러나 내가 너희들에게 말하건대 엘리야는 이미 왔다. 그러나 그들은 (성경에) 기록된 것처럼, 자기들이 원하는 것들을 그에게 행했다."

해설

메시아 논쟁과 변화산 이야기는 마가복음 전체 중 한가운데 배치되어 있다. 이 두 사건은 마가가 전하고자 하는 메시지의 핵심을 담고 있다. 메시아 논쟁의 초점은 십자가 죽음에 맞춰져 있고, 변화산 사건의 초점은 부활에 맞추어져 있다. 마가의 십자가와 부활 신학이 이미 여기에 계시되어 있다. 마가의 이야기는 메시아 논쟁을 통하여 변화산을 향하여 올라가 정상에 도달했다가 다시 땅으로 내려온다.

변화산에서 나사렛 예수의 몸은 영광의 본체로 변화한다.

μετεμορφωθη(메테모르포데, 변형되었다)
= μεταμορφοω(메타모르포오, 변형시키다)의 부정과거 수동태
μεταμορφοω(메타모르포오)
= μετά(메타, ~와 함께, ~뒤에) + μορφή(모르페, 형체)

μορφη(모르페)는 금형이나 목형의 본체 같은 것인데, 여기에다 쇳물이나 석고 같은 것을 부으면 똑같은 모양의 물건이 나온다. 나사렛 예수의 몸이 μεταμορφοω(메타모르포오)했다는 것은 그의 μορφη(모르페, 본체)가 바뀌었다는 뜻이다.

다시 말해서 나사렛 예수의 몸은 사람의 육체를 벗어버리고 그의 본래의 영광의 본체로 돌아갔다는 것이다. 이로써 나사렛 예수의 존재의 실체가 드러났다. 그러자 엘리야가 모세와 함께 나타나 나사렛 예수와 더불어 이야기한다. 이것은 나사렛 예수가 예언자와 율법의

증거를 받고 있음을 드러내는 것이다.

이때 또다시 베드로가 나서서 초막 세 개를 지어드리겠다고 하는데, 여기서 베드로는 한 개인이 아니라 제자단의 대표자 역할을 하고 있다. 초막 셋은 나사렛 예수가 자신의 존재의 실체를 드러냈음에도 불구하고 아직도 제자들은 나사렛 예수를 신으로 인식하지 못하고 엘리야나 모세 같은 선지자 중에 종말론적인 메시아로 생각하고 있다는 증거다.

그때 구름이 그들을 덮고 구름 속에서 음성이 들려오는데, 여기서 구름과 음성은 나사렛 예수를 세상에 보내신 하나님의 영광의 임재를 의미한다. 나사렛 예수는 엘리야와 모세(예언자와 율법)의 증거를 받는 자일 뿐 아니라, 영광의 하나님께서 사랑하시는 영광의 아들로 계시되고 있다.

구름 속에서 들려오는 천둥 같은 음성에 혼비백산하여 정신을 잃고 있던 제자들이 깨어났을 때, 엘리야와 모세는 사라지고 나사렛 예수만 남아있는데, 이것은 오직 나사렛 예수만이 하나님께서 사랑하시는 영광의 아들이며, 예언자들과 율법은 그 영광의 실체를 증거하는 그림자에 불과하다는 것을 의미한다.

나사렛 예수와 제자들은 다시 땅으로 내려온다. 세 명의 제자들은 변화산에서 자신들의 옛 세계관이 깨지고, 나사렛 예수가 말한 부활의 세계가 무엇인지 알게 되었다. 그것은 이 세상과의 연속성 가운데 있는 것이 아니라, 죽음이라는 단절을 통해서만 건너갈 수 있는 하나님의 초월적 세계다.

변화산 이후

마가복음 9:14-29

14절

Καὶ ἐλθόντες πρὸς τοὺς μαθητὰς εἶδον ὄχλον πολὺν περὶ αὐτοὺς καὶ γραμματεῖς συνζητοῦντας πρὸς αὐτούς.

그리고 그들이 제자들에게 왔을 때 그들 주변에 많은 군중과 서기관들이 그들을 향하여 논쟁하고 있는 것을 보았다.

15절

καὶ εὐθὺς πᾶς ὁ ὄχλος ἰδόντες αὐτὸν ἐξεθαμβήθησαν, καὶ προστρέχοντες ἠσπάζοντο αὐτόν.

그리고 즉시 모든 군중이 그를 보고 깜짝 놀라며 달려와 그에게 인사했다.

16절

καὶ ἐπηρώτησεν αὐτούς Τί συνζητεῖτε πρὸς αὐτούς;

그리고 그는 그들에게 물었다. "너희들은 그들과 무엇을 논쟁하고 있느냐?"

17절

καὶ ἀπεκρίθη αὐτῷ εἷς ἐκ τοῦ ὄχλου Διδάσκαλε, ἤνεγκα τὸν υἱόν μου πρὸς σέ, ἔχοντα πνεῦμα ἄλαλον·

그리고 군중 속에서 한 사람이 그에게 대답했다. "선생님, 내가 나의 아들을 당신에게 데려왔는데, 그는 말 못 하는 영을 가지고 있습니다.

18절

καὶ ὅπου ἐὰν αὐτὸν καταλάβῃ, ῥήσσει αὐτόν, καὶ ἀφρίζει καὶ τρίζει τοὺς ὀδόντας καὶ ξηραίνεται· καὶ εἶπα τοῖς μαθηταῖς σου ἵνα αὐτὸ ἐκβάλωσιν, καὶ οὐκ ἴσχυσαν.

그리고 어디서든지 (귀신이) 그를 붙잡으면 그를 갈가리 찢습니다. 그러면 그는 거품을 내고 이들을 갈고 말라갑니다.

그래서 내가 당신의 제자들에게 그것을 쫓아내달라고 말했지만, 그들은 할 수 없었습니다."

19절

ὁ δὲ ἀποκριθεὶς αὐτοῖς λέγει Ὦ γενεὰ ἄπιστος, ἕως πότε πρὸς ὑμᾶς ἔσομαι; ἕως πότε ἀνέξομαι ὑμῶν; φέρετε αὐτὸν πρός με.

그러자 그가 그들에게 대답하며 말한다. "오 믿음 없는 세대여, 언제까지 내가 너희들과 함께 있을 것이냐? 언제까지 내가 너희들을 참을 것이냐? 그를 나에게 데려와라."

20절

καὶ ἤνεγκαν αὐτὸν πρὸς αὐτόν. καὶ ἰδὼν αὐτὸν τὸ πνεῦμα εὐθὺς συνεσπάραξεν αὐτόν, καὶ πεσὼν ἐπὶ τῆς γῆς ἐκυλίετο ἀφρίζων.

그러자 사람들이 그에게 그 아이를 데려왔다. 그리고 그 영은 그를 보자 즉시 그 아이에게 큰 경련을 일으켰다. 그리고 그 아이는 땅에 쓰러져 거품을 흘리며 데굴데굴 구르고 있었다.

21절

καὶ ἐπηρώτησεν τὸν πατέρα αὐτοῦ Πόσος χρόνος ἐστὶν ὡς τοῦτο γέγονεν αὐτῷ; ὁ δὲ εἶπεν Ἐκ παιδιόθεν·

그리고 그는 그 아이의 아버지에게 물었다. "그에게 이런 일이 있은 지 얼마나 되느냐?" 그러자 그가 말했다. "어릴 때부터.

22절

καὶ πολλάκις καὶ εἰς πῦρ αὐτὸν ἔβαλεν καὶ εἰς ὕδατα ἵνα ἀπολέση αὐτόν· ἀλλ᾽ εἴ τι δύνη, βοήθησον ἡμῖν σπλαγχνισθεὶς ἐφ᾽ ἡμᾶς.

그리고 그를 죽이기 위해 여러 번 불 속에도 물속에도 그를 던졌습니다. 그러나 무엇이 가능하다면, 우리를 측은히 여기사 우리를 도와주세요."

23절

ὁ δὲ Ἰησοῦς εἶπεν αὐτῷ Τὸ Εἰ δύνη, πάντα δυνατὰ τῷ πιστεύοντι.

그러자 예수가 그에게 말했다. "가능하다면 이라는 것, 믿는 자에게는 모든 것이 가능하다."

24절

εὐθὺς κράξας ὁ πατὴρ τοῦ παιδίου ἔλεγεν Πιστεύω· βοήθει μου

τῇ ἀπιστίᾳ.

즉시 그 아이의 아버지는 외치며 말하고 있었다. "내가 믿습니다. 나의
불신앙을 도와주세요."

25절

ἰδὼν δὲ ὁ Ἰησοῦς ὅτι ἐπισυντρέχει ὄχλος, ἐπετίμησεν τῷ πνεύματι
τῷ ἀκαθάρτῳ λέγων αὐτῷ Τὸ ἄλαλον καὶ κωφὸν πνεῦμα, ἐγὼ ἐπιτάσσω
σοι, ἔξελθε ἐξ αὐτοῦ καὶ μηκέτι εἰσέλθῃς εἰς αὐτόν.

그런데 예수는 군중이 함께 달려드는 것을 보고 그 더러운 영을 꾸짖으며
그에게 말했다. "말 못 하고 귀먹은 영아, 내가 너에게 명한다. 그에게서
나오라 그리고 더 이상 그에게 들어가지 말라."

26절

καὶ κράξας καὶ πολλὰ σπαράξας ἐξῆλθεν· καὶ ἐγένετο ὡσεὶ νεκρός,
ὥστε τοὺς πολλοὺς λέγειν ὅτι ἀπέθανεν.

그러자 귀신은 고함을 지르며 많은 경련을 일으키고 나갔다. 그리고 그
아이는 마치 죽은 것처럼 되었다. 그리하여 많은 사람이 그 아이는 죽었
다고 말하게 되었다.

27절

ὁ δὲ Ἰησοῦς κρατήσας τῆς χειρὸς αὐτοῦ ἤγειρεν αὐτόν, καὶ ἀνέστη.

그러자 예수는 그 아이의 손을 잡아 일으켰다, 그리고 그 아이는 일어났다.

28절

καὶ εἰσελθόντος αὐτοῦ εἰς οἶκον οἱ μαθηταὶ αὐτοῦ κατ᾽ ἰδίαν ἐπηρώτων αὐτόν Ὅτι ἡμεῖς οὐκ ἠδυνήθημεν ἐκβαλεῖν αὐτό;

그리고 그가 집으로 들어갔을 때 그의 제자들이 그에게 따로 물었다. "우리들은 왜 그것을 쫓아낼 수 없었습니까?"

29절

καὶ εἶπεν αὐτοῖς Τοῦτο τὸ γένος ἐν οὐδενὶ δύναται ἐξελθεῖν εἰ μὴ ἐν προσευχῇ.

그러자 그가 그들에게 말했다. "이런 종류는 기도가 아니면 그 어떤 것으로도 나갈 수 없다."

해설

변화산에서 계시의 절정에 도달한 후에는 나사렛 예수의 기적 이야기들이 빛을 잃는다. 그것은 이제 더 이상 계시로서의 의미가 없어졌기 때문이다. 나사렛 예수와 제자들에게 변화산 이전과 이후는 모든 것이 근본적으로 달라질 수밖에 없다. 변화산 이전의 기적들은 나사렛 예수의 실체가 무엇이냐를 증거하기 위한 도구들이었다. 그러나 변화산에서 드러난 영광의 빛 이후로는 기적은 더 이상 계시로서의 가치를 가질 수 없다. 이제부터 문제는 나사렛 예수가 누구냐가 아니라, 영원한 영광의 아들이 예고하고 있는 그 죽음의 의미가 무엇이냐는 것이다. 실제로 변화산 사건 후에는 나사렛 예수의 기적 이야기가 거의 없고, 신학적 논쟁을 중심으로 이야기가 전개된다.

나사렛 예수가 세 명의 제자와 함께 다시 땅으로 내려왔을 때 거기에는 여전히 기적을 원하는 군중들과 시비 거는 서기관들과 아둔한 제자들이 뒤엉켜 말다툼을 벌이고 있는데, 이것은 나사렛 예수를 엄청 짜증 나게 하는 일이다.

이제 이야기는 나사렛 예수가 이 세상에 온 근본 목적인 십자가 죽음을 향하여 나간다. 그리고 십자가에 달린 영광의 본체 속에서 이 세상은 종말을 고하고, 그의 부활과 함께 하나님의 희망의 미래가 약속된다. 이제 누구든지 그에게 희망을 걸고 그의 이름을 부르는 자는 구원받는다.

두 번째 수난 예고

마가복음 9:30-32

30절

Κἀκεῖθεν ἐξελθόντες παρεπορεύοντο διὰ τῆς Γαλιλαίας, καὶ οὐκ ἤθελεν ἵνα τις γνοῖ·

그리고 그들은 거기에서 나와서 갈릴리를 통과하여 지나가고 있었다. 그리고 그는 누가 아는 것을 원치 않았다.

31절

ἐδίδασκεν γὰρ τοὺς μαθητὰς αὐτοῦ, καὶ ἔλεγεν αὐτοῖς ὅτι Ὁ Υἱὸς τοῦ ἀνθρώπου παραδίδοται εἰς χεῖρας ἀνθρώπων, καὶ ἀποκτενοῦσιν αὐτόν, καὶ ἀποκτανθεὶς μετὰ τρεῖς ἡμέρας ἀναστήσεται.

왜냐하면 그는 자기의 제자들을 가르치면서 그들에게 말하고 있었기 때문이다. "사람의 아들은 사람들의 손들에 넘겨진다. 그리고 그들은 그를 죽인다. 그리고 그는 죽임당하고 3일 후 일어날 것이다."

32절

οἱ δὲ ἠγνόουν τὸ ῥῆμα, καὶ ἐφοβοῦντο αὐτὸν ἐπερωτῆσαι.

그러나 그들은 그 말을 깨닫지 못하고 있었다. 그리고 그에게 묻는 것을 무서워했다.

해설

변화산 사건 이후 나사렛 예수는 본격적으로 죽음의 행진을 시작한다. 그에게 귀신 쫓아내는 일과 병 고치는 일로 군중들에게 시달리는 것은 더 이상 아무런 의미가 없었다. 그는 갈릴리를 통과하면서도 아무도 모르게 몰래 지나가 버린다. 나사렛 예수와 제자들의 무리가 눈에 띄지 않고 이동한다는 것은 거의 불가능한 일이다. 그러므로 군사작전처럼 야간에 움직였을지도 모른다. 그것은 그의 십자가 고난과 죽음이 그만큼 중대한 의미를 갖고 있기 때문이다.

사실 그가 세상에 온 목적이 바로 여기에 있다. 나사렛 예수는 제자들에게 자신의 죽음에 대해 거듭 확인시켜 주면서 예루살렘을 향해 전진한다. 그러나 제자들은 하나님께서 예언자들을 통해 약속하신 하나님의 메시아는 반드시 고난을 통해 자기의 영광으로 들어가야 한다는 진리를 깨닫지 못하고 있다.

사실 그것은 창세 전부터 예비되고 감추어진 우주의 비밀이었다. 그들은 은밀히 진행되고 있는 십자가 죽음의 진지함과 엄숙함 때문에 감히 질문도 하지 못한다. 나사렛 예수가 자신의 고난과 죽음을 예고함에도 불구하고, 아직 이탈자가 생기지 않은 것은 놀라운 일이다.

마가가 전하고 있는 나사렛 예수는 무색무취한 느낌이 든다. 그에게는 마태의 웅장함도 누가의 아기자기함도 없다. 마가는 묵묵히 십자가 대속의 죽음을 향하여 나가는 나사렛 예수에게 초점을 맞추어 담백하고 간결하게 집중력을 가지고 이야기를 전개한다.

이 무색무취함이 오히려 마가복음의 매력이다. 그래서 마가가 전한 나사렛 예수는 긴 여운을 남기게 된다. 사실 마가는 나사렛 예수의 부활에 큰 관심을 두지 않는다. 왜냐하면 이미 변화산에서 나사렛 예수의 실체와 함께 부활의 세계가 계시되었기 때문이다.

마가의 예수는 십자가 죽음을 통해 자기의 영광 속으로 들어간 자이며, 그의 제자들은 장차 그들 자신도 고난을 통해 부활의 세계에서 그와의 영광스러운 만남을 기다리는 종말론적 희망의 실존들이다. 그런 점에서 마가복음의 신학은 혁명적 실존신학이라고 할 수 있다.

작은 자

마가복음 9:33-37

33절

Καὶ ἦλθον εἰς Καφαρναούμ. Καὶ ἐν τῇ οἰκίᾳ γενόμενος ἐπηρώτα αὐτούς Τί ἐν τῇ ὁδῷ διελογίζεσθε;

그리고 그들은 가버나움으로 갔다. 그리고 그가 집에 있을 때 그들에게 물었다. "너희들은 길에서 무엇을 토론하고 있었느냐?"

34절

οἱ δὲ ἐσιώπων· πρὸς ἀλλήλους γὰρ διελέχθησαν ἐν τῇ ὁδῷ τίς μείζων.

그러자 그들은 침묵하고 있었다. 왜냐하면 그들은 길에서 누가 더 크냐를 토론하고 있었기 때문이다.

35절

καὶ καθίσας ἐφώνησεν τοὺς δώδεκα καὶ λέγει αὐτοῖς Εἴ τις θέλει πρῶτος εἶναι, ἔσται πάντων ἔσχατος καὶ πάντων διάκονος.

그러자 그가 앉아서 그들을 불렀다. 그리고 그들에게 말한다. "만약 누가 첫째가 되기를 원하면, 그는 모든 사람의 꼴찌가 되고 모든 사람의 섬기는 자가 되어야 한다."

36절

καὶ λαβὼν παιδίον ἔστησεν αὐτὸ ἐν μέσῳ αὐτῶν, καὶ ἐναγκαλισάμε
νος αὐτὸ εἶπεν αὐτοῖς

그리고 어린이를 데리고 그들 한가운데 세우고 그를 안아주며 그들에게
말했다.

37절

Ὃς ἂν ἓν τῶν τοιούτων παιδίων δέξηται ἐπὶ τῷ ὀνόματί μου, ἐμὲ
δέχεται· καὶ ὃς ἂν ἐμὲ δέχηται, οὐκ ἐμὲ δέχεται ἀλλὰ τὸν ἀποστείλαντά
με.

"진정 이러한 어린이들 중 하나를 나의 이름으로 영접하는 사람은 나를
영접하는 것이다. 그리고 나를 영접하는 사람은 나를 보내신 분을 영접하
는 것이다."

해설

옛날 고대 그리스의 철학자 데모크리토스는 모든 물질은 원자(아톰)로 구성되어 있다고 말했다.

아톰(atom)
= α(아, 부정접두사)+τόμος(토모스, 템노[τεμνω]의 형용사형태)
τεμνω(템노)=자르다
ατομος(아토모스) = 더 이상 잘리지 않는 것

데모크리토스가 모든 물질은 더 이상 분리될 수 없는 원자들로 구성되어 있다고 주장한 지 2,000년의 세월이 흐른 뒤 드디어 인간은 원자의 존재를 확인하고 그 내부를 들여다보게 되었다.

인류역사상 최초로 원자의 내부를 들여다보는 데 성공한 사람은 호주의 물리학자 로버트 레더포드다. 그는 원자 속 대부분의 공간은 비어있으며 그 한가운데 있는 지극히 작은 원자핵을 중심으로 전자들이 운동하고 있다는 사실을 알아냈다. 그런데 양성자들과 중성자들이 불안정하게 뭉쳐있는 이 원자핵 속에 중성자 하나를 들여보내면 원자핵이 분열하여 물질은 내부적으로 붕괴한다. 실험을 통하여 이것을 과학적으로 확인한 사람은 이탈리아의 물리학자 엔리코 페르미다. 이렇게 해서 핵폭탄 시대가 열리게 되었다.

마가복음의 예수는 원자핵을 내부적으로 붕괴시키는 중성자와 같은 존재다. 하나님은 자신의 아들을 이 세상에 지극히 작은 자로 보냈다. 대부분 사람이 그의 존재를 감지하지 못한 것은 그가 너무 작은 자로 세상에 나타났기 때문이다. 그러나 그를 영접하는 사람에게는 인간의 실존이 내부적으로 붕괴하는 혁명적 사건이 일어난다.

하나님 정치는 하나님께서 자신의 아들을 지극히 작은 자로 세상에 보내심으로 시작되었다. 그것은 태초에 있었던 빅뱅과도 같다. 그러나 제자들은 세상에 작은 자로 오신 하나님의 아들을 옆에 두고서 서로 누가 더 크냐를 놓고 싸운다.

나사렛 예수가 제자들 한가운데 세우고 안아준 어린아이는 나사렛 예수 자신을 계시하는 것이다. 하나님의 정치는 인간들의 정치가 끝나는 데서 시작된다.

나사렛 예수 사건은 인간의 실존을 내부적으로 붕괴시키고 하나님의 정치를 여는 종말론적 혁명이다. 하나님의 정치는 예수를 믿는 자들에게는 이미 이 땅에 도래한 역사적 실체다.

사랑의 정치학

마가복음 9:38-41

38절

Ἔφη αὐτῷ ὁ Ἰωάνης Διδάσκαλε, εἴδαμέν τινα ἐν τῷ ὀνόματί σου ἐκβάλλοντα δαιμόνια, καὶ ἐκωλύομεν αὐτόν, ὅτι οὐκ ἠκολούθει ἡμῖν.

요한이 그에게 엄숙히 말했다. "선생님, 우리가 어떤 사람이 당신의 이름으로 귀신들을 쫓아내고 있는 것을 보고 그가 우리를 따르지 않고 있었기 때문에 그를 가로막았습니다."

39절

ὁ δὲ Ἰησοῦς εἶπεν Μὴ κωλύετε αὐτόν· οὐδεὶς γάρ ἐστιν ὃς ποιήσει δύναμιν ἐπὶ τῷ ὀνόματί μου καὶ δυνήσεται ταχὺ κακολογῆσαί με·

그러자 예수가 말했다. "그를 가로막지 말라. 왜냐하면 나의 이름으로 능력을 행하면서 속히 나를 악담할 사람은 아무도 없기 때문이다.

40절

ὃς γὰρ οὐκ ἔστιν καθ' ἡμῶν, ὑπὲρ ἡμῶν ἐστιν.

왜냐하면 우리를 반대하지 않는 사람은 우리를 위하는 사람이기 때문이다.

41절

Ὃς γὰρ ἂν ποτίσῃ ὑμᾶς ποτήριον ὕδατος ἐν ὀνόματι, ὅτι Χριστοῦ ἐστε, ἀμὴν λέγω ὑμῖν ὅτι οὐ μὴ ἀπολέσῃ τὸν μισθὸν αὐτοῦ.

누구든지 너희들이 그리스도의 사람들이라는 이름으로 너희들에게 물을 마시게 하는 사람은, 내가 너희들에게 말하건대 그는 자기의 보상을 결코 잃지 않을 것이다."

해설

　나사렛 예수는 요한과의 대화를 통해서 제자들에게 사랑의 정치학을 가르치고 있다. 요한은 제자단에 속하지 않은 사람이 예수 이름으로 귀신 쫓아내는 것을 보고 그가 나사렛 예수의 이름을 팔아먹지 못하게 가로막는다.

　우리는 이것으로 요한이 대단히 당파성이 강한 인물이었다는 것을 알 수 있다. 그는 우리 편이 아니면 모두 적으로 생각하며 조직에 대한 충성심을 보여주고 있다. 그러나 그것은 유연성이 결여된 위험하고 편협한 사고방식이다. 그런 사고방식은 끊임없이 동지와 적으로 갈라쳐 싸우고 조직 내부의 분열을 일으키며 공동체의 힘을 갉아먹는 자멸의 세계관이다. 나사렛 예수는 동지적 관계가 아니더라도 연대할 수 있는 정치적 지혜가 필요하다고 가르친다.

　사실 나사렛 예수와 그의 제자들도 처음에는 하나의 정치적 이해관계로 묶인 이익집단이었다. 그들은 처음부터 신학적 이념으로 통일된 조직은 아니었다. 나사렛 예수와 제자단 사이에는 메시아의 고난에 대한 심각한 논쟁과 대립이 있었다. 제자들은 그리스도의 고난이라는 신학적 주제를 아직 이해하지 못한 상태였고, 부활에 대한 믿음이나 지식은 아예 없었다.

　나사렛 예수의 제자들은 그를 정치적 메시아로 생각하고 그를 따른 것에 대한 정치적 보상을 기대했다. 만약 나사렛 예수가 처음부터 자신의 고난과 죽음을 말했다면 제자들은 결코 그를 따르지 않았을 것이다. 나사렛 예수와 제자들의 관계는 신학적 입장이 통일된 동지적 관계로 시작한 것이 아니라, 하나님 나라 운동이라는 공통되고 막연한 정치적 목표로 뭉쳐진 불안정하고 모호한 이익집단이었다. 이런 사람들이 계속해서 예수를 따라다니면서 하나님 나라 운동권을 떠나지 않은 것은 나사렛 예수에게는 초월적인 능력과 함께 기이하고 묘한 어떤 신비한 매력이 있었기 때문이었다.

요한복음 마지막 장면을 보면 나사렛 예수는 베드로에게 자신에 대한 아가페(αγάπη) 사랑을 요구한다. 그러나 베드로는 계속해서 나사렛 예수를 향한 필로스(φιλος) 사랑을 고집한다. 그러자 나사렛 예수는 아가페(αγάπη) 사랑의 요구를 버리고 필로스(φιλος) 사랑으로 다운 그레이드 시킨다. 필로스는 친구사이의 사랑이나 좋아하는 감정이다. 남녀 간에 미치도록 사랑하고 상대방을 독점하려고 하는 욕망 역시 필로스 사랑의 일부분이다. 어쩌면 하나님께서는 우리에게 이런 사랑을 원하고 계시는지도 모른다.

그러나 구약의 역사는 실패한 필로스 사랑의 역사다. 하나님은 인간에게 끊임없이 배신당하고 슬퍼한다. 그리고 인간은 하나님에 대한 불성실과 배신으로 끊임없이 죄책감과 절망에 사로잡혀 있다. 그 결과 그들은 자포자기에 빠져 구제불능의 상태가 된다. 왜냐하면 필로스 사랑의 근저에는 율법적 완전성에 대한 요구가 있기 때문이다.

하나님과 인간 모두 이 율법의 완전성의 요구 때문에 서로에게 상처를 입고 괴로워하며 서로에게 다가가지 못하고 있다. 나사렛 예수는 실패한 필로스 사랑 대신에 영원한 아가페 사랑을 가지고 오신 사랑의 아들이다. 나사렛 예수는 친구를 위해 목숨을 바치는 것보다 아름다운 사랑이 없다고 필로스를 극찬한다. 이것은 세상을 향한 무한한 긍정의 신학이다. 그런 점에서 나사렛 예수는 철저한 인본주의

자다.

그러나 필로스는 맹목적인 열정만큼이나 변덕스럽고 이미 실패한 사랑이다. 그것을 상징적으로 보여주는 인물이 다윗과 베드로다. 베드로의 나사렛 예수에 대한 필로스 사랑은 대제사장의 관저 뜰에서 예수를 세 번 부인함으로 박살이 난다. 그것은 필로스 사랑의 비극적 종말이다. 다윗의 필로스 사랑은 밧세바 사건에서 박살난다. 그는 이제 더 이상 필로스 사랑에 머물 수 없었다. 그는 오직 하나님의 영원한 아가페 사랑에만 구원이 있다는 것을 고백하게 되었다. 그럼에도 불구하고 요한복음의 마지막 장면은 아직까지 필로스 사랑에서 아가페 사랑으로 넘어가지 못한 베드로의 한계를 보여주고 있다. 그것은 실패한 유대교 율법주의의 한계 안에 머물러 있는 베드로의 모습을 보여주는 것이다.

오늘 본문에서 나사렛 예수의 정치감각은 부드럽고 포용성이 있다. 반면에 요한의 정치감각은 편협하고 경직되어 있다. 요한의 정치학은 하나님 나라의 권력을 자신들만 독점하고자 하는 필로스($\varphi\iota\lambda o\varsigma$) 정치학이다. 그러나 나사렛 예수의 정치학은 하나님 나라의 권력을 함께 나누는 아가페($\alpha\gamma\acute{\alpha}\pi\eta$) 정치학이다. 우리는 나사렛 예수를 통해 하나님의 아가페 정치학을 배워야 한다.

죄의 지체들

마가복음 9:42-50

42절

Καὶ ὃς ἂν σκανδαλίσῃ ἕνα τῶν μικρῶν τούτων τῶν πιστευόντων, καλόν ἐστιν αὐτῷ μᾶλλον εἰ περίκειται μύλος ὀνικὸς περὶ τὸν τράχηλον αὐτοῦ καὶ βέβληται εἰς τὴν θάλασσαν.

"그리고 [믿는 이 작은 자들 중의 하나를 걸려 넘어지게 하는 사람은, 차라리 그의 목에 나귀가 끄는 맷돌이 감겨서 바닷속에 이미 던져졌다면 그에게 좋다.

43절

Καὶ ἐὰν σκανδαλίσῃ σε ἡ χείρ σου, ἀπόκοψον αὐτήν· καλόν ἐστίν σε κυλλὸν εἰσελθεῖν εἰς τὴν ζωήν, ἢ τὰς δύο χεῖρας ἔχοντα ἀπελθεῖν εἰς τὴν γέενναν, εἰς τὸ πῦρ τὸ ἄσβεστον.

그리고 너의 손이 너를 걸려 넘어지게 하면, 그것을 끊어버려라. 네가 불구자로 생명에 들어가는 것이 두 손을 가지고 지옥, 곧 꺼지지 않는 불 속으로 가는 것보다 좋다.

44절

(없음)

45절

καὶ ἐὰν ὁ πούς σου σκανδαλίζῃ σε, ἀπόκοψον αὐτόν· καλόν ἐστίν σε εἰσελθεῖν εἰς τὴν ζωὴν χωλὸν ἢ τοὺς δύο πόδας ἔχοντα βληθῆναι εἰς τὴν γέενναν.

그리고 만약 너의 발이 너를 걸려 넘어지게 하면 그것을 끊어버려라. 네가 절름발이로 생명에 들어가는 것이 두 발을 가지고 지옥에 던져지는 것보다 좋다.

46절

(없음)

47절

καὶ ἐὰν ὁ ὀφθαλμός σου σκανδαλίζῃ σε, ἔκβαλε αὐτόν· καλόν σέ ἐστιν μονόφθαλμον εἰσελθεῖν εἰς τὴν βασιλείαν τοῦ Θεοῦ, ἢ δύο ὀφθαλμοὺς ἔχοντα βληθῆναι εἰς τὴν γέενναν,

그리고 만약 너의 눈이 너를 걸려 넘어지게 하면, 그것을 빼내어 버려라. 네가 외눈으로 하나님의 나라에 들어가는 것이 두 눈을 가지고 지옥에 던져지는 것보다 좋다.

48절

ὅπου ὁ σκώληξ αὐτῶν οὐ τελευτᾷ καὶ τὸ πῦρ οὐ σβέννυται.

거기서는 그들의 벌레가 죽지 않고 불은 꺼지지 않는다.

49절

πᾶς γὰρ πυρὶ ἁλισθήσεται.

왜냐하면 모든 사람이 불에 소금 치게 될 것이기 때문이다.

50절

καλὸν τὸ ἅλας· ἐὰν δὲ τὸ ἅλας ἄναλον γένηται, ἐν τίνι αὐτὸ ἀρτύσετε; ἔχετε ἐν ἑαυτοῖς ἅλα καὶ εἰρηνεύετε ἐν ἀλλήλοις.

소금은 좋은 것이다. 그러나 만약 소금이 짜지 않으면, 너희들이 무엇으로 그것을 짜게 할 것이냐? 너희들 안에 소금을 가져라. 그리고 서로 화평하라."

해설

    우리가 이웃에게 상처를 주고 실족하게 하는 일들이 어디 한두 번인가? 우리는 모두 연자 맷돌을 목에 걸고 깊은 바닷속에 던져져야 마땅한 죄인들이다. 우리의 지체들은 모두 죄의 세력에게 점령당해 있어서 끊임없이 우리로 하여금 죄를 짓게 만든다. 인간은 스스로의 힘으로는 자신을 구원할 수 없다. 인간에게는 대속물이 필요하다. 육체는 죄를 죄로 인식하지 못한다. 인간의 육체는 자기가 무슨 짓을 저지르는지도 모르면서 죄의 욕구에 의해 끌려다니고 있다.

    죄를 죄로 인식하게 하는 것은 율법이다. 율법이 없으면 죄가 무엇 인지를 모른다. 그러나 율법으로 인한 죄의 인식은 죽음을 가져온다. 그래서 율법 아래 있는 자는 모두 죽은 자들이 된다. 이 세상에 생명을 주기 위해 들어온 율법은 오히려 모든 사람을 죽인다. 그래서 율법은 무시무시한 사망의 권세가 된다. 나사렛 예수는 율법의 정죄 아래 있는 모든 자들을 살리기 위해 오신 생명의 주님이시다.

    교회에 모여있는 성도들 역시 죄의 몸들이다. 교회가 세상과 다른 것은 예수 그리스도의 영이 계신다는 것 하나뿐이다. 그리스도인의 그리스도인됨, 하나님 자녀의 하나님 자녀됨의 근본은 오직 우리 몸의 구속자이신 예수 그리스도에게 있다. 교회 안의 지체들 역시 끊임 없는 죄의 욕구로 싸우고 있는 죄의 몸들이다. 오직 나사렛 예수만이 교회 안 지체들의 죄의 광풍을 잠재우는 평화의 능력이다.

사랑의 훈련

마가복음 10:1-12

1절

Καὶ ἐκεῖθεν ἀναστὰς ἔρχεται εἰς τὰ ὅρια τῆς Ἰουδαίας καὶ πέραν τοῦ Ἰορδάνου, καὶ συνπορεύονται πάλιν ὄχλοι πρὸς αὐτόν, καὶ ὡς εἰώθει πάλιν ἐδίδασκεν αὐτούς.

그리고 그는 거기서 일어나 유대 지역인 요단 건너편으로 간다. 그리고 다시 군중들이 그를 향하여 몰려오자, 그는 관례대로 그들을 가르치고 있었다.

2절

Καὶ προσελθόντες Φαρισαῖοι ἐπηρώτων αὐτὸν εἰ ἔξεστιν ἀνδρὶ γυναῖκα ἀπολῦσαι, πειράζοντες αὐτόν.

그리고 바리새인들이 나아와 그를 시험하기 위해 그에게 아내를 내버리는 것이 남자에게 합당한 것인지 질문했다.

3절

ὁ δὲ ἀποκριθεὶς εἶπεν αὐτοῖς Τί ὑμῖν ἐνετείλατο Μωϋσῆς;

그러자 그가 그들에게 대답하며 말했다. "모세는 너희들에게 무엇을 명하였느냐?"

4절

οἱ δὲ εἶπαν· Ἐπέτρεψεν Μωϋσῆς βιβλίον ἀποστασίου γράψαι καὶ ἀπολῦσαι.

그러자 그들이 말했다. "모세는 이혼장을 써서 내보내라고 허락했다."

5절

ὁ δὲ Ἰησοῦς εἶπεν αὐτοῖς Πρὸς τὴν σκληροκαρδίαν ὑμῶν ἔγραψεν ὑμῖν τὴν ἐντολὴν ταύτην.

그러자 예수께서 그들에게 말했다. "그는 너희들의 완악한 마음 때문에 이 계명을 너희들에게 쓴 것이다.

6절

ἀπὸ δὲ ἀρχῆς κτίσεως ἄρσεν καὶ θῆλυ ἐποίησεν αὐτούς·

그러나 창조의 시작부터 그분은 그들을 남자와 여자로 만드셨다.

7절

ἕνεκεν τούτου καταλείψει ἄνθρωπος τὸν πατέρα αὐτοῦ καὶ τὴν μητέρα,

이 때문에 사람은 아버지와 어머니를 내버리고

8절

καὶ ἔσονται οἱ δύο εἰς σάρκα μίαν· ὥστε οὐκέτι εἰσὶν δύο ἀλλὰ μία σάρξ.

그리고 그 둘은 한 육체로 될 것이다. 그리하여 그들은 더 이상 둘이 아니요 대신에 한 육체다.

9절

ὃ οὖν ὁ Θεὸς συνέζευξεν, ἄνθρωπος μὴ χωριζέτω.

그러므로 하나님께서 함께 멍에를 메워주신 것을 사람이 갈라놓지 말라.”

10절

καὶ εἰς τὴν οἰκίαν πάλιν οἱ μαθηταὶ περὶ τούτου ἐπηρώτων αὐτόν.

그리고 집에서 제자들이 이것에 대하여 그에게 질문했다.

11절

καὶ λέγει αὐτοῖς Ὃς ἂν ἀπολύσῃ τὴν γυναῖκα αὐτοῦ καὶ γαμήσῃ ἄλλην, μοιχᾶται ἐπ᾿ αὐτήν·

그리고 그는 그들에게 말한다. “자기 아내를 내보내고 다른 여자와 결혼하는 사람은 그 여자와 간음하는 것이다.

12절

καὶ ἐὰν αὐτὴ ἀπολύσασα τὸν ἄνδρα αὐτῆς γαμήσῃ ἄλλον, μοιχᾶται.

그리고 자기의 남편을 내버리고 다른 남자와 결혼하면 그 여자는 간음하는 것이다.”

해설

　나사렛 예수는 결혼은 하나님께서 짝지어 주신 것이기에 사람이 건드릴 수 없는 신성한 것이라고 말하고 있다. 여기에 인간 의지의 작용은 무시되고 있다. 결혼은 하나님의 절대주권적 의지의 결정이며 명령이다. 인간에게는 좋다 나쁘다는 판단의 권리가 없다. 하나님이 붙여주신 짝과 무조건 호흡을 맞추며 살아야 한다. 그렇지 않으면 그들은 지옥으로 떨어진다. 왜냐하면 그들은 같은 멍에를 메고 있기 때문이다. 그들은 호흡과 발걸음을 맞추지 않으면 서로 불행해진다. 그들은 사고의 중심을 내가 아니라 상대방의 마음과 뜻에 두어야 하는데, 이것은 하나님의 아가페 사랑을 배우는 과정이다. 그것은 자기중심적인 욕망의 실현이 아니라 이웃에 대한 배려와 섬김의 훈련이다. 그리고 이 섬김의 훈련은 장차 그들이 들어가게 될 영원한 아가페 사랑의 나라의 삶을 준비하는 것이다.

　이 세상은 영원한 실체가 아니다. 우리는 모두 그 나라를 향하여 나아가는 길 위의 존재들이다.

어린이들의 친구

마가복음 10:13-16

13절

Καὶ προσέφερον αὐτῷ παιδία ἵνα αὐτῶν ἅψηται· οἱ δὲ μαθηταὶ ἐπετίμησαν αὐτοῖς.

그리고 사람들이 어린이들을 데리고 와서 예수님께서 그들을 만져주기를 원했다. 그러자 제자들이 그들을 꾸짖었다.

14절

ἰδὼν δὲ ὁ Ἰησοῦς ἠγανάκτησεν καὶ εἶπεν αὐτοῖς Ἄφετε τὰ παιδία ἔρχεσθαι πρός με, μὴ κωλύετε αὐτά· τῶν γὰρ τοιούτων ἐστὶν ἡ βασιλεία τοῦ Θεοῦ.

그런데 예수께서 보시고 분개하며 그들에게 말했다. "어린이들이 나에게 오는 것을 허락하고 막지 말라. 왜냐하면 하나님의 나라는 이런 자들의 것이기 때문이다.

15절

ἀμὴν λέγω ὑμῖν, ὃς ἂν μὴ δέξηται τὴν βασιλείαν τοῦ Θεοῦ ὡς παιδίον, οὐ μὴ εἰσέλθῃ εἰς αὐτήν.

내가 진실로 너희들에게 말하건대, 누구든지 하나님의 나라를 어린이와 같이 영접하지 않는 사람은 결단코 거기에 들어가지 못할 것이다."

16절

καὶ ἐναγκαλισάμενος αὐτὰ κατευλόγει τιθεὶς τὰς χεῖρας ἐπ᾽ αὐτά.

그리고 그는 그들을 껴안으며 뜨겁게 축복하고 그들에게 손을 얹었다.

해설

　나사렛 예수가 어린이들을 사랑하고 열렬히 축복한 것은 그들이 자신의 모습을 많이 닮았기 때문이다. 어린이들이 부모의 은혜와 사랑 가운데 있듯이, 나사렛 예수도 아버지의 은혜와 사랑 가운데 있기 때문이다. 인류의 불행은 하나님의 은혜와 사랑의 품을 떠나 자기의 지혜와 영광을 추구하려는 데서 시작되었다. 우리가 하나님의 사랑의 품으로 돌아갈 수 있는 유일한 길은 온유와 겸손과 순종의 아들이신 예수 그리스도에게 있다.

부자와 천국

마가복음 10:17-31

17절

Καὶ ἐκπορευομένου αὐτοῦ εἰς ὁδὸν προσδραμὼν εἷς καὶ γονυπετ
ήσας αὐτὸν ἐπηρώτα αὐτόν Διδάσκαλε ἀγαθέ, τί ποιήσω ἵνα ζωὴν
αἰώνιον κληρονομήσω;

그리고 그가 길로 나갈 때 한 사람이 달려와 무릎을 꿇고 그에게 질문했다.
"착한 선생님, 내가 영원한 생명을 상속받기 위해서 무엇을 해야 하나요?"

18절

ὁ δὲ Ἰησοῦς εἶπεν αὐτῷ Τί με λέγεις ἀγαθόν; οὐδεὶς ἀγαθὸς εἰ
μὴ εἷς ὁ Θεός.

그러자 예수께서 그에게 말했다. "왜 나를 착하다고 말하느냐? 하나님
한 분 외에는 아무도 착하지 않다.

19절

τὰς ἐντολὰς οἶδας Μὴ φονεύσῃς, Μὴ μοιχεύσῃς, Μὴ κλέψῃς, Μὴ
ψευδομαρτυρήσῃς, Μὴ ἀποστερήσῃς, Τίμα τὸν πατέρα σου καὶ τὴν
μητέρα.

너는 계명들을 알고 있을 것이다. 살인하지 말라, 간음하지 말라, 도둑질
하지 말라, 거짓증거하지 말라, 빼앗지 말라, 너의 아버지와 어머니를
존경하라."

20절

ὁ δὲ ἔφη αὐτῷ Διδάσκαλε, ταῦτα πάντα ἐφυλαξάμην ἐκ νεότητός
μου.

그러자 그가 예수에게 엄숙히 말했다. "선생님, 이 모든 것들을 나는 나의
젊었을 때부터 지켰습니다."

21절

ὁ δὲ Ἰησοῦς ἐμβλέψας αὐτῷ ἠγάπησεν αὐτὸν καὶ εἶπεν αὐτῷ Ἕν
σε ὑστερεῖ· ὕπαγε, ὅσα ἔχεις πώλησον καὶ δὸς τοῖς πτωχοῖς, καὶ ἔξεις
θησαυρὸν ἐν οὐρανῷ, καὶ δεῦρο ἀκολούθει μοι.

그러자 예수께서 그를 자세히 들여다본 후 그를 사랑하며 그에게 말했다.
"하나가 너에게 부족하다. 가서, 네가 가지고 있는 것들을 팔아서 가난한
자들에게 주어라. 그러면 네가 하늘에서 보물을 얻을 것이다. 그리고
와서 나를 따르라."

22절

ὁ δὲ στυγνάσας ἐπὶ τῷ λόγῳ ἀπῆλθεν λυπούμενος, ἦν γὰρ ἔχων
κτήματα πολλά.

그러자 그는 그 말에 얼굴이 어두워지고 슬퍼하며 떠났다. 왜냐하면 그는
많은 재산을 가지고 있었기 때문이다.

23절

Καὶ περιβλεψάμενος ὁ Ἰησοῦς λέγει τοῖς μαθηταῖς αὐτοῦ Πῶς δυσκόλως οἱ τὰ χρήματα ἔχοντες εἰς τὴν βασιλείαν τοῦ Θεοῦ εἰσελεύσονται.

그리고 예수께서 둘러보며 자기의 제자들에게 말한다. "재물을 소유한 자들은 참으로 어렵게 하나님 나라에 들어갈 것이다."

24절

οἱ δὲ μαθηταὶ ἐθαμβοῦντο ἐπὶ τοῖς λόγοις αὐτοῦ. ὁ δὲ Ἰησοῦς πάλιν ἀποκριθεὶς λέγει αὐτοῖς Τέκνα, πῶς δύσκολόν ἐστιν εἰς τὴν βασιλείαν τοῦ Θεοῦ εἰσελθεῖν·

그러자 제자들은 그의 말들에 깜짝 놀라고 있었다. 그러자 예수께서 그들에게 대답하며 말한다. "애들아, 하나님의 나라에 들어가는 것은 참으로 어렵다.

25절

εὐκοπώτερόν ἐστιν κάμηλον διὰ τῆς τρυμαλιᾶς τῆς ῥαφίδος διελθεῖν ἢ πλούσιον εἰς τὴν βασιλείαν τοῦ Θεοῦ εἰσελθεῖν.

낙타가 바늘구멍을 통과하는 것이 부자가 하나님의 나라에 들어가는 것보다 쉽다."

26절

οἱ δὲ περισσῶς ἐξεπλήσσοντο λέγοντες πρὸς ἑαυτούς Καὶ τίς δύναται σωθῆναι;

그러자 제자들은 더욱더 충격을 받고 서로 말했다. "그러면 누가 구원받을 수 있겠는가?"

27절

ἐμβλέψας αὐτοῖς ὁ Ἰησοῦς λέγει Παρὰ ἀνθρώποις ἀδύνατον, ἀλλ᾽ οὐ παρὰ θεῷ· πάντα γὰρ δυνατὰ παρὰ τῷ θεῷ.

예수께서 그들을 자세히 들여다보며 말한다. "사람들에게는 불가능하다. 그러나 하나님께는 그렇지 않다. 왜냐하면 하나님께는 모든 것이 가능하기 때문이다."

28절

Ἤρξατο λέγειν ὁ Πέτρος αὐτῷ Ἰδοὺ ἡμεῖς ἀφήκαμεν πάντα καὶ ἠκολουθήκαμέν σοι.

베드로가 그에게 말하기 시작했다. "보세요, 우리는 모든 것을 버리고 당신을 따랐습니다."

29절

ἔφη ὁ Ἰησοῦς Ἀμὴν λέγω ὑμῖν, οὐδείς ἐστιν ὃς ἀφῆκεν οἰκίαν ἢ ἀδελφοὺς ἢ ἀδελφὰς ἢ μητέρα ἢ πατέρα ἢ τέκνα ἢ ἀγροὺς ἕνεκεν ἐμοῦ καὶ ἕνεκεν τοῦ εὐαγγελίου,

예수께서 엄숙히 말했다. "내가 진실로 너희들에게 말하건대, 나를 위하여 그리고 복음을 위하여 집이나 형제들이나 자매들이나 어머니나 아버지나 자녀들이나 밭들을 버리고

30절

ἐὰν μὴ λάβῃ ἑκατονταπλασίονα νῦν ἐν τῷ καιρῷ τούτῳ οἰκίας καὶ ἀδελφοὺς καὶ ἀδελφὰς καὶ μητέρας καὶ τέκνα καὶ ἀγροὺς μετὰ διωγμῶν, καὶ ἐν τῷ αἰῶνι τῷ ἐρχομένῳ ζωὴν αἰώνιον.

이 시대에 집들과 형제들과 자매들과 어머니들과 자녀들과 밭들을 100 배로 받고, 내세에 영원한 생명을 받지 않을 사람이 하나도 없다. 그러나 박해와 함께 받을 것이다.

31절

πολλοὶ δὲ ἔσονται πρῶτοι ἔσχατοι καὶ οἱ ἔσχατοι πρῶτοι.

그런데 많은 사람이 첫째들이 꼴찌가 되고, 꼴찌들이 첫째가 될 것이다."

해설

어리석은 부자는 영원한 생명이신 나사렛 예수에게 나아와 무릎을 꿇고, 무엇을 해야 영원한 생명을 얻을 수 있느냐는 어리석은 질문을 한다. 나사렛 예수는 그의 속을 다 들여다보고, 그에게 모든 재산을 팔아서 가난한 자들에게 나누어 주고 자기를 따르라고 말한다. 그러자 부자는 기분이 나빠서 얼굴을 찌푸리며 근심하며 나사렛 예수 곁을 떠난다. 부자는 재물 때문에 영원한 생명을 버린다. 그는 영원한 생명의 약속을 자기 재물의 영광을 빛내줄 종교적 장식품 정도로 생각했다. 그것은 영원한 생명을 모독하는 것이다. 이것으로 그의 거짓과 위선이 드러난다. 그 마음의 중심에는 하나님을 향한 사랑이 없다. 그는 하나님과 함께 살 수 없는 사람이다.

반면 나사렛 예수의 제자들은 영생의 말씀 앞에서 단호하게 세상줄을 끊어버리는 믿음의 결단을 통하여 천국을 차지한 지혜로운 자들이다. 나사렛 예수는 그들에게 현세와 내세의 보상을 약속한다. 그것은 그들의 위대한 결단에 대한 보상이다. 그러나 나사렛 예수는 그들에게 반드시 고난의 과정을 통하여 그것을 얻게 될 것이라고 말한다.

세상에서 부요한 자들이 가난해지고 세상에서 지혜로운 자들이 어리석은 자들이 되는 나라, 세상에서 가난한 자들이 부자가 되고 세상에서 어리석은 자들이 지혜로운 자가 되는 나라가 있다.

세 번째 죽음과 부활 예고

마가복음 10:32-34

32절

Ἦσαν δὲ ἐν τῇ ὁδῷ ἀναβαίνοντες εἰς Ἱεροσόλυμα, καὶ ἦν προάγων αὐτοὺς ὁ Ἰησοῦς, καὶ ἐθαμβοῦντο, οἱ δὲ ἀκολουθοῦντες ἐφοβοῦντο. καὶ παραλαβὼν πάλιν τοὺς δώδεκα ἤρξατο αὐτοῖς λέγειν τὰ μέλλοντα αὐτῷ συμβαίνειν,

> 그런데 그들은 예루살렘으로 올라가는 길에 있었다. 그리고 예수는 그들을 앞장서서 가고 있었다. 그리고 그들은 깜짝 놀라고 있었다. 그리고 따르는 사람들은 무서워하고 있었다. 그리고 그는 다시 열둘을 데리고 그들에게 장차 일어날 일들을 말하기 시작했다.

33절

ὅτι Ἰδοὺ ἀναβαίνομεν εἰς Ἱεροσόλυμα, καὶ ὁ Υἱὸς τοῦ ἀνθρώπου παραδοθήσεται τοῖς ἀρχιερεῦσιν καὶ τοῖς γραμματεῦσιν, καὶ κατακρινοῦσιν αὐτὸν θανάτῳ καὶ παραδώσουσιν αὐτὸν τοῖς ἔθνεσιν

> "보라, 우리는 예루살렘으로 올라가고 있다. 그리고 사람의 아들은 대제사장들과 서기관들에게 넘겨질 것이다. 그리고 그들은 그에게 사형선고를 내릴 것이다. 그리고 그들은 그를 이방인들에게 넘길 것이다.

34절

καὶ ἐμπαίξουσιν αὐτῷ καὶ ἐμπτύσουσιν αὐτῷ καὶ μαστιγώσουσιν αὐτὸν καὶ ἀποκτενοῦσιν, καὶ μετὰ τρεῖς ἡμέρας ἀναστήσεται.

그리고 이방인들은 그를 조롱하고 그에게 침을 뱉고 그를 채찍질하고 죽일 것이다. 그리고 그는 3일 후에 다시 일어날 것이다."

해설

나사렛 예수는 제자들을 데리고 예루살렘을 향하여 전진한다. 그를 따르는 무리들은 자기들 앞에서 비장한 표정으로 걸어가는 나사렛 예수의 모습을 보고 놀라움과 두려움에 사로잡힌다. 나사렛 예수의 모습은 운동권 두목을 연상시킨다. 아무도 그에게 일어날 죽음의 종말론적 의미를 깨닫지 못한다. 두려움과 놀람 속에서도, 나사렛 예수가 거듭해서 자신의 죽음을 분명히 예고하고 있음에도, 그의 제자들이 그를 버리고 도망치지 않는 것은 더욱더 기이한 일이다. 그들은 지금 죽음을 향한 행진을 하고 있다. 갈릴리 지역 전체를 휩쓸고 다니던 하나님 나라 운동 세력은 예루살렘으로 밀고 들어가고 있다. 그리고 거기서 결정적인 대결이 펼쳐질 것이다.

그러나 나사렛 예수가 일으킨 하나님 나라 운동은 장차 비참한 정치적 패배를 당할 것이다. 그는 저주와 조롱과 모욕 속에 철저히 버림받은 자로서, 무능력한 패배자로서, 절망 중에 울부짖으며 죽을 것이다. 그리고 그의 추종자들은 뿔뿔이 흩어지고, 절망과 흑암과 죽음의 공포만 그들에게 남겨질 것이다.

그러나 나사렛 예수는 자신의 죽음과 함께 부활을 선언한다. 그는 이 세상에 인간의 몸으로 나타난 신의 아들이다. 그러므로 그의 부활은 장차 그를 죽인 세상에 대한 심판이 될 것이다.

그의 죽음은 갈릴리 나사렛 출신의 종말론적 반체제 혁명 운동가의 비참한 정치적 패배다. 그러나 그의 부활은 태초부터 영존하시는 신의 아들이 종말론적 희망의 미래를 여는 새로운 세계의 출발이 될 것이다.

희대의 인사 청탁

마가복음 10:35-45

35절

Καὶ προσπορεύονται αὐτῷ Ἰάκωβος καὶ Ἰωάνης οἱ υἱοὶ Ζεβεδαίου λέγοντες αὐτῷ Διδάσκαλε, θέλομεν ἵνα ὃ ἐὰν αἰτήσωμέν σε ποιήσῃς ἡμῖν.

그리고 세베대의 아들인 야고보와 요한이 그에게 나와 그에게 말했다. "선생님, 우리는 우리가 당신께 무엇을 구하든지 당신께서 우리에게 해 주시기를 원합니다."

36절

ὁ δὲ εἶπεν αὐτοῖς Τί θέλετε με ποιήσω ὑμῖν;

그러자 그가 그들에게 말했다. "너희들은 내가 너희들에게 무엇을 해 주기를 원하느냐?"

37절

οἱ δὲ εἶπαν αὐτῷ Δὸς ἡμῖν ἵνα εἷς σου ἐκ δεξιῶν καὶ εἷς ἐξ ἀριστερῶν καθίσωμεν ἐν τῇ δόξῃ σου.

그러자 그들이 그에게 말했다. "당신의 영광 중에 우리가 하나는 당신의 오른쪽에 그리고 하나는 왼쪽에 앉도록 우리에게 해 주세요."

38절

ὁ δὲ Ἰησοῦς εἶπεν αὐτοῖς Οὐκ οἴδατε τί αἰτεῖσθε. δύνασθε πιεῖν τὸ ποτήριον ὃ ἐγὼ πίνω, ἢ τὸ βάπτισμα ὃ ἐγὼ βαπτίζομαι βαπτισθῆναι;

그러자 예수께서 그들에게 말했다. "너희들은 너희들이 무엇을 구하는지 모르고 있다. 너희들은 내가 마시는 잔을 마실 수 있으며 내가 받을 세례를 받을 수 있겠느냐?"

39절

οἱ δὲ εἶπαν αὐτῷ Δυνάμεθα. ὁ δὲ Ἰησοῦς εἶπεν αὐτοῖς Τὸ ποτήριον ὃ ἐγὼ πίνω πίεσθε, καὶ τὸ βάπτισμα ὃ ἐγὼ βαπτίζομαι βαπτισθήσεσθε·

그리고 그들이 그에게 말했다. "우리는 할 수 있어요." 그러자 예수께서 그들에게 말했다. "내가 마시는 잔을 너희들이 마실 것이고, 내가 받는 세례를 너희들이 받을 것이다.

40절

τὸ δὲ καθίσαι ἐκ δεξιῶν μου ἢ ἐξ εὐωνύμων οὐκ ἔστιν ἐμὸν δοῦναι, ἀλλ᾽ οἷς ἡτοίμασται.

그러나 나의 오른쪽과 왼쪽에 앉는 것은 내가 주는 것이 아니다. 대신에 예비된 자들에게 (주어질 것이다)."

41절

Καὶ ἀκούσαντες οἱ δέκα ἤρξαντο ἀγανακτεῖν περὶ Ἰακώβου καὶ

Ἰωάνου.

그리고 열 명이 듣고서 야고보와 요한에 대하여 분개하기 시작했다.

42절

καὶ προσκαλεσάμενος αὐτοὺς ὁ Ἰησοῦς λέγει αὐτοῖς Οἴδατε ὅτι οἱ δοκοῦντες ἄρχειν τῶν ἐθνῶν κατακυριεύουσιν αὐτῶν καὶ οἱ μεγάλοι αὐτῶν κατεξουσιάζουσιν αὐτῶν.

그리고 예수께서 그들을 불러 그들에게 말했다. "너희들은 이방인들을 통치한다고 생각하는 자들이 그들을 주관하고 그들의 대인들은 그들에게 권세를 부리는 것을 알고 있다.

43절

οὐχ οὕτως δέ ἐστιν ἐν ὑμῖν· ἀλλ᾽ ὃς ἂν θέλῃ μέγας γενέσθαι ἐν ὑμῖν, ἔσται ὑμῶν διάκονος,

그러나 너희들 속에서는 그래서는 안 된다. 대신에 너희들 중에 큰 자가 되기를 원하는 사람은 너희들을 섬기는 자가 될 것이다.

44절

καὶ ὃς ἂν θέλῃ ἐν ὑμῖν εἶναι πρῶτος, ἔσται πάντων δοῦλος·

그리고 너희들 중에 으뜸이 되고자 하는 사람은 모든 사람들의 종일 것이다.

45절

καὶ γὰρ ὁ Υἱὸς τοῦ ἀνθρώπου οὐκ ἦλθεν διακονηθῆναι ἀλλὰ διακον ῆσαι καὶ δοῦναι τὴν ψυχὴν αὐτοῦ λύτρον ἀντὶ πολλῶν.

왜냐하면 사람의 아들은 섬김을 받으려고 온 것이 아니고 대신에 섬기고, 자기의 목숨을 많은 사람을 위한 대속물로 주기 위해서 왔기 때문이다."

해설

야고보와 요한 형제는 기독교 역사상 밤하늘의 빛나는 별과 같은 위대한 사도들이다. 야고보는 주님의 제자 중 최초의 순교자가 되는 영광을 누렸고, 그의 동생 요한은 베드로와 함께 초대교회의 기둥이 되었다.

그러나 성경은 그들의 수치스러운 과거 이야기를 숨김없이 기록해 놓고 있다. 야고보와 요한 형제는 십자가 죽음을 향하여 걸어가고 있는 스승에게 가서, 주님이 권력을 잡을 때 주님의 양옆에 앉혀달라고 요구한다. 이것은 함께 동고동락하고 있는 동료 제자들에 대한 배신이다, 세상에 이보다 더 비열한 짓은 없을 것이다.

주님의 수제자 베드로는 스승을 위해 자기의 목숨까지 내놓겠다고, 다른 사람은 몰라도 자기는 절대로 주님을 부인하는 일은 없을 것이라고 호언장담한다. 그러나 그는 불과 몇 시간 후에 죽음의 공포 속에 맹세와 저주를 퍼부으며 스승을 부인한다. 세상에 이보다 더 비참한 추락은 없을 것이다.

바울은 기독교 박멸운동의 최전선에서 맹활약하던 악당 중의 악당이다. 그는 스데반의 순교현장을 진두지휘한 살인교사범이다. 그는 주님 앞에 입이 백 개가 있어도 할 말이 없는 사람이다.

그들은 사도라 불릴 자격이 없는 사람들이다. 그들이 사도가 된 것은 전적으로 주님의 은혜다. 그들은 아무리 위대한 업적을 남겼어도 자랑할 것이 없다. 주님께서는 그들을 위대한 사도로 만드시기 전에 먼저 그들을 낮추셨다. 그들의 부끄러운 과거는 교만이라는 괴질을 예방하는 백신이었다.

바디매오 이야기

마가복음 10:46-52

46절

Καὶ ἔρχονται εἰς Ἰερειχώ. Καὶ ἐκπορευομένου αὐτοῦ ἀπὸ Ἰερειχὼ καὶ τῶν μαθητῶν αὐτοῦ καὶ ὄχλου ἱκανοῦ ὁ υἱὸς Τιμαίου Βαρτιμαῖος, τυφλὸς προσαίτης, ἐκάθητο παρὰ τὴν ὁδόν.

그리고 그들은 여리고로 간다. 그리고 그와 그의 제자들과 상당히 많은 군중이 여리고에서 나올 때 티마이오스의 아들 바르티마이오스가 길가에 앉아있었는데, 그는 소경이며 거지였다.

47절

καὶ ἀκούσας ὅτι Ἰησοῦς ὁ Ναζαρηνός ἐστιν ἤρξατο κράζειν καὶ λέγειν Υἱὲ Δαυεὶδ Ἰησοῦ, ἐλέησόν με.

그리고 그는 나사렛 예수라는 소리를 듣고 소리 지르며 말하기 시작했다. "다윗의 자손 예수님, 나를 불쌍히 여겨 주세요."

48절

καὶ ἐπετίμων αὐτῷ πολλοὶ ἵνα σιωπήσῃ· ὁ δὲ πολλῷ μᾶλλον ἔκραζεν Υἱὲ Δαυείδ, ἐλέησόν με.

그러자 많은 사람이 조용히 하라고 그를 꾸짖었다. 그러나 그는 더욱더
소리 지르고 있었다. "다윗의 자손 예수님, 나를 불쌍히 여겨 주세요."

49절

καὶ στὰς ὁ Ἰησοῦς εἶπεν Φωνήσατε αὐτόν. καὶ φωνοῦσιν τὸν τυφλὸν
λέγοντες αὐτῷ Θάρσει, ἔγειρε, φωνεῖ σε.

그러자 예수께서 서서 말했다. "그를 불러라." 그러자 사람들이 소경을
부르며 그에게 말했다. "용기를 내라. 일어나라. 그가 너를 부르신다."

50절

ὁ δὲ ἀποβαλὼν τὸ ἱμάτιον αὐτοῦ ἀναπηδήσας ἦλθεν πρὸς τὸν Ἰησοῦν.

그러자 그는 자기의 겉옷을 벗어 던지고 뛰어 일어나 예수를 향하여 왔다.

51절

καὶ ἀποκριθεὶς αὐτῷ ὁ Ἰησοῦς εἶπεν Τί σοι θέλεις ποιήσω; ὁ δὲ
τυφλὸς εἶπεν αὐτῷ Ῥαββουνεί, ἵνα ἀναβλέψω.

그러자 예수께서 그에게 대답하며 말했다. "너는 내가 너에게 무엇을
해 주기를 원하느냐?" 그러자 소경이 그에게 말했다. "랍부니(랍비여),
내가 눈을 뜨게 해 주세요."

52절

καὶ ὁ Ἰησοῦς εἶπεν αὐτῷ Ὕπαγε, ἡ πίστις σου σέσωκέν σε. καὶ
εὐθὺς ἀνέβλεψεν, καὶ ἠκολούθει αὐτῷ ἐν τῇ ὁδῷ.

그러자 예수께서 그에게 말했다. "가라. 너의 믿음이 너를 구원했다."

그러자 즉시 그가 눈을 뜨고 길에서 그를 따르고 있었다.

바디매오는 존귀한 자의 아들이라는 뜻이다. 그러나 그는 불행하게도 시각장애인으로 거지가 되었다. 그는 어느 날 나사렛 예수라는 소리에 귀가 번쩍했다. 그는 시각장애가 있는 대신에 청각은 예민했기 때문이다. 그동안 소문으로만 들었던 나사렛 예수가 지금 자기 앞을 지나가고 있었다. 그는 나사렛 예수를 향하여 외쳤다. "다윗의 자손 예수님, 나를 불쌍히 여겨 주세요." 이 외치는 소리는 어둠 속에서 들려오는 구원의 요청이었다.

그러나 사람들은 거지 시각장애인에게 조용히 입 다물고 있으라고 윽박질렀다. 그들에게 앞 못 보는 거지는 사람이 아니었기 때문이다. 그들은 암흑 속에서 살아온 시각장애인의 고독과 절망과 슬픔을 이해하지 못했다. 그는 이 세상에 존재하지 않는 사람이나 마찬가지였다. 그는 평소에 그런 대접을 늘 받아왔다. 그러나 그는 인류의 구원자인 나사렛 예수 앞에서까지 무존재의 죽은 자는 아니었다. 그에게 나사렛 예수는 광명한 빛과 희망과 생명이었다. 그 나사렛 예수 앞에서 모든 사람은 평등하다. 그 나사렛 예수 앞에서 그는 멸시받는 거지 소경이 아니라 하나님의 형상을 따라 지음받은 존귀한 존재였다. 그래서 그는 자기에게 얌전히 입다물고 있으라며 윽박지르는 사람들을 무시할 수 있는 용기를 갖게 되었다. 그에게는 오직 나사렛 예수가 있을 뿐이고, 다른 것은 없는 것이나 마찬가지였다. 그는 나사렛 예수의 심장속에 들어가, 나사렛 예수를 향하여 외쳤다. 다윗의 자손 예수님, 나를 불쌍히 여겨 주세요. 그때 나사렛 예수는 그 믿음의 소리를 들었다.

그리고 그는 그 믿음으로 암흑과 절망과 죽음의 세계에서 빛과 희망과 생명의 세계로 건너오게 되었다. 그에게 나사렛 예수는 죽은 자를 살리는 부활의 하나님이다.

거룩한 평화의 왕

마가복음 11:1-11

1절

Καὶ ὅτε ἐγγίζουσιν εἰς Ἱεροσόλυμα εἰς Βηθφαγὴ καὶ Βηθανίαν
πρὸς τὸ ὄρος τῶν Ἐλαιῶν, ἀποστέλλει δύο τῶν μαθητῶν αὐτοῦ

그리고 그들은 예루살렘에 올리브나무들의 산을 향한 벳파게와 베다니
에 가까이 다가왔을 때, 그는 자기의 제자 중에 둘을 보내며,

2절

καὶ λέγει αὐτοῖς Ὑπάγετε εἰς τὴν κώμην τὴν κατέναντι ὑμῶν, καὶ
εὐθὺς εἰσπορευόμενοι εἰς αὐτὴν εὑρήσετε πῶλον δεδεμένον ἐφ’ ὃν
οὐδεὶς οὔπω ἀνθρώπων ἐκάθισεν· λύσατε αὐτὸν καὶ φέρετε.

그들에게 말한다. "너희들 맞은편 마을로 가라. 그러면 그리로 들어가는
즉시 너희들은 그 위에 사람들 중 그 누구도 앉지 않은 나귀 새끼가 묶여있
는 것을 발견할 것이다. 그것을 풀어서 데리고 와라.

3절

καὶ ἐάν τις ὑμῖν εἴπῃ Τί ποιεῖτε τοῦτο; εἴπατε Ὁ Κύριος αὐτοῦ
χρείαν ἔχει, καὶ εὐθὺς αὐτὸν ἀποστέλλει πάλιν ὧδε.

그리고 누가 너희들에게 '당신들 왜 이러는 겁니까?'라고 말하면, '주님께서 그것이 필요하십니다. 그리고 즉시 그것을 여기로 다시 보내실 겁니다'라고 말하라."

4절

καὶ ἀπῆλθον καὶ εὗρον πῶλον δεδεμένον πρὸς θύραν ἔξω ἐπὶ τοῦ ἀμφόδου, καὶ λύουσιν αὐτόν.

그리고 그들은 떠났다. 그리고 밖에 문을 향하여 양쪽으로 터진 길에 묶여있는 나귀 새끼를 발견하고 그것을 풀고 있다.

5절

καί τινες τῶν ἐκεῖ ἑστηκότων ἔλεγον αὐτοῖς Τί ποιεῖτε λύοντες τὸν πῶλον;

그러자 거기에 서 있던 사람들 중에 어떤 사람들이 그들에게 말하고 있었다. "당신들은 나귀를 풀어서 무얼 하려는 거요?"

6절

οἱ δὲ εἶπαν αὐτοῖς καθὼς εἶπεν ὁ Ἰησοῦς· καὶ ἀφῆκαν αὐτούς.

그러자 그들은 예수께서 말한 대로 그들에게 말했다. 그러자 그들은 그들에게 허락했다.

7절

καὶ φέρουσιν τὸν πῶλον πρὸς τὸν Ἰησοῦν, καὶ ἐπιβάλλουσιν αὐτῷ τὰ ἱμάτια αὐτῶν, καὶ ἐκάθισεν ἐπ᾽ αὐτόν.

그리고 그들은 예수를 향하여 나귀 새끼를 데리고 온다. 그리고 그 위에 자기들의 겉옷들을 얹는다, 그리고 그는 그 위에 앉았다.

8절

καὶ πολλοὶ τὰ ἱμάτια αὐτῶν ἔστρωσαν εἰς τὴν ὁδόν, ἄλλοι δὲ στιβάδας, κόψαντες ἐκ τῶν ἀγρῶν.

그리고 많은 사람이 자기들의 겉옷들을 길에 깔았다, 그런데 다른 사람들은 들에서 잎사귀들을 꺾어서 (깔아 놓았다).

9절

καὶ οἱ προάγοντες καὶ οἱ ἀκολουθοῦντες ἔκραζον
Ὡσαννά·
Εὐλογημένος ὁ ἐρχόμενος ἐν ὀνόματι Κυρίου·

그리고 앞서가는 사람들과 뒤따르는 사람들이 외치고 있었다.
"호산나(구원하소서)
주님의 이름으로 오시는 분은 찬양받으실 분이시로다.

10절

Εὐλογημένη ἡ ἐρχομένη βασιλεία τοῦ πατρὸς ἡμῶν Δαυείδ·
Ὡσαννὰ ἐν τοῖς ὑψίστοις.

오고 있는 우리들의 조상 다윗의 나라는 축복받을 나라다.
지극히 높은 곳에서 호산나."

11절

Καὶ εἰσῆλθεν εἰς Ἱεροσόλυμα εἰς τὸ ἱερόν· καὶ περιβλεψάμενος πάντα, ὀψὲ ἤδη οὔσης τῆς ὥρας, ἐξῆλθεν εἰς Βηθανίαν μετὰ τῶν δώδεκα.

그리고 그는 예루살렘에 있는 성전으로 들어갔다. 그리고 모든 것들을 둘러본 후, 시간이 이미 저녁이 되었기 때문에, 열둘과 함께 베다니로 나갔다.

해설

    거룩한 평화의 왕은 자기 백성들의 열렬한 지지를 받으며 자신의 도시에 들어가고 있다. 그러나 도시는 이미 가짜 왕들이 차지하고 있다. 거룩한 평화의 왕은 그들을 몰아내고 자신의 도시를 회복시켜야 한다. 그러나 그는 오히려 가짜 왕들에게 속은 백성들에 의해 버림받고 비참하게 죽는다. 그는 그 도시에서 백성들에게 허황된 꿈을 심어주는 몽상가 취급을 받는다.

    사실 그는 가장 순수한 형태의 비현실주의자다. 그건 세상이 진실의 세계로부터 그만큼 멀리 떨어져 있기 때문이다. 이 세상은 하나님의 사랑의 품을 떠나 길을 잃고 방황하고 있은 지 오래된 떠돌이별이다. 그 떠돌이 별에 사는 사람들에게 자기들을 찾아온 거룩한 평화의 왕은 낯설고 이상한 존재다. 어린 왕자가 사막의 뱀에게 물려 다시 자기가 떠났던 그 별로 돌아가듯이, 이 거룩한 평화의 왕은 자기 백성에게 버림받고 자기의 나라로 돌아간다. 그가 자기의 제자들에게 남겨놓은 것은 그 진실의 나라의 꿈같은 사랑 이야기뿐이다. 오늘 우리는 그 거룩한 평화의 왕이 남겨놓은 꿈같은 사랑 이야기를 따라가는 몽상가들이다.

열매 없는 무화과나무

마가복음 11:12-14

12절

Καὶ τῇ ἐπαύριον ἐξελθόντων αὐτῶν ἀπὸ Βηθανίας ἐπείνασεν.

그리고 다음 날 그들이 베다니에서 나올 때 그는 배가 고팠다.

13절

καὶ ἰδὼν συκῆν ἀπὸ μακρόθεν ἔχουσαν φύλλα ἦλθεν εἰ ἄρα τι εὑρήσει ἐν αὐτῇ, καὶ ἐλθὼν ἐπ᾽ αὐτὴν οὐδὲν εὗρεν εἰ μὴ φύλλα· ὁ γὰρ καιρὸς οὐκ ἦν σύκων.

그리고 그는 멀리서 잎사귀들을 가지고 있는 무화과나무를 보고서, 혹시 그 안에서 무엇을 얻을까 하여 갔다. 그리고 가서 잎사귀들 말고는 그것에서 아무것도 발견하지 못했다. 왜냐하면 무화과 철이 아니었기 때문이다.

14절

καὶ ἀποκριθεὶς εἶπεν αὐτῇ Μηκέτι εἰς τὸν αἰῶνα ἐκ σοῦ μηδεὶς καρπὸν φάγοι. καὶ ἤκουον οἱ μαθηταὶ αὐτοῦ.

그리고 대답하며 그것에게 말했다. "더 이상 너에게서 영원히 아무도 (열매를) 먹지 못할 것이다." 그리고 그의 제자들이 듣고 있었다.

해설

이 본문에는 이해하기 어려운 부분이 몇 가지 있다.

첫째, 나사렛 예수가 이른 아침에 굶주렸다는 것
둘째, 나사렛 예수가 무화과 열매의 때가 아님에도 잎사귀를 들추며 열심히 열매를 찾는 것
셋째, 나사렛 예수가 제철이 아님에도 열매가 없다고 무화과나무를 저주하는 것

이 사건은 나사렛 예수가 예루살렘 성전을 숙청하러 들어가는 길목에서 일어난 일이다. 예루살렘 성전 숙청은 유대교 종교권력에 대한 도전이고, 자신의 죽음을 불러올 사건이다. 이제 그는 유대교의 심장인 예루살렘 성전을 장악하고 있는 장사꾼들을 청소하려고 한다. 그 비장한 결전의 날 그는 잎사귀가 무성한 무화과나무를 본다. 무화과 철이 아니기 때문에 그 속에 열매가 없다. 그러나 그것은 잎사귀만 무성하고 열매가 없는 유대교의 모습을 잘 보여주고 있다.

그는 자기 백성들에게서 의의 열매를 기대한다. 무화과나무 잎사귀들을 들추며 열심히 열매를 찾고 있는 나사렛 예수의 모습은 이스라엘 백성들에게서 의의 열매를 찾는 하나님의 모습과 똑같다. 열매를 찾다가 허탕 친 나사렛 예수의 분노와 저주는 자기 백성에게서 의의 열매를 얻지 못한 하나님의 분노와 슬픔을 잘 드러내고 있다.

나사렛 예수는 그날 예루살렘 성전에 들어가 그 분노와 슬픔을

폭발시킨다. 그의 성전을 향한 사랑의 에너지는 폭력적으로 표출된다. 구약의 하나님은 자기 백성을 향한 사랑의 에너지를 폭력적으로 사용한다. 나사렛 예수는 그분과 동일한 사랑의 하나님이다.

나사렛 예수는 이제 곧 예루살렘에 들어가 성전을 장악하고 있는 종교권력에 도전한다. 그의 무화과나무 사건은 예루살렘 성전 숙청을 예고하는 계시적 사건이다.

성전 숙청

마가복음 11:15-19

15절

Καὶ ἔρχονται εἰς Ἱεροσόλυμα. Καὶ εἰσελθὼν εἰς τὸ ἱερὸν ἤρξατο ἐκβάλλειν τοὺς πωλοῦντας καὶ τοὺς ἀγοράζοντας ἐν τῷ ἱερῷ, καὶ τὰς τραπέζας τῶν κολλυβιστῶν καὶ τὰς καθέδρας τῶν πωλούντων τὰς περισ τερὰς κατέστρεψεν,

그리고 그들은 예루살렘으로 간다. 그리고 그는 성전에 들어가서 성전 안에서 파는 자들과 사는 자들을 쫓아내기 시작했다. 그리고 그는 환전상들의 탁자들과 비둘기파는 자들의 의자들을 둘러엎었다.

16절

καὶ οὐκ ἤφιεν ἵνα τις διενέγκῃ σκεῦος διὰ τοῦ ἱεροῦ,

그리고 그는 누가 성전을 통하여 그릇을 나르는 것을 허락하지 않았다.

17절

καὶ ἐδίδασκεν καὶ ἔλεγεν αὐτοῖς Οὐ γέγραπται ὅτι Ὁ οἶκός μου οἶκος προσευχῆς κληθήσεται πᾶσιν τοῖς ἔθνεσιν; ὑμεῖς δὲ πεποιήκατε αὐτὸν σπήλαιον λῃστῶν.

그리고 그들에게 가르치며 말하고 있었다.

"내 집은 모든 민족들에게 기도의 집으로 불릴 것이라고 기록되어 있지 않느냐?

그런데 너희들은 그것을 강도들의 소굴로 만들었도다."

18절

καὶ ἤκουσαν οἱ ἀρχιερεῖς καὶ οἱ γραμματεῖς, καὶ ἐζήτουν πῶς αὐτὸν ἀπολέσωσιν· ἐφοβοῦντο γὰρ αὐτόν, πᾶς γὰρ ὁ ὄχλος ἐξεπλήσσετο ἐπὶ τῇ διδαχῇ αὐτοῦ.

그리고 대제사장들과 서기관들이 들었다. 그리고 어떻게 그를 파멸시킬까 연구하고 있었다. 왜냐하면 그들은 그를 두려워하고 있었고, 모든 군중이 그의 가르침에 충격을 받고 있었기 때문이다.

19절

Καὶ ὅταν ὀψὲ ἐγένετο, ἐξεπορεύοντο ἔξω τῆς πόλεως.

그리고 저녁이 되었을 때, 그들은 그 도시 밖으로 나가고 있었다.

해설

    나사렛 예수는 하나님 나라 운동권 세력을 데리고 들어가 독점상
인들을 몰아내고 성전을 장악하는 데 성공한다. 그러자 자본가들에
게 독점상권을 넘긴 유대교 최고위 성직자들과 신학자들은 나사렛
예수를 파멸시키려는 계획을 짜기 시작한다. 그들은 나사렛 예수를
무서워하고 있었는데, 그 이유는 군중들이 나사렛 예수의 가르침에
열렬히 호응하고 있었기 때문이다.

    나사렛 예수는 갈릴리에서와 마찬가지로 계속해서 군중을 가르
치고 있었는데, 그 메시지의 내용은 하나님 나라였다. 그가 선포하는
하나님 나라는 이 세상을 향하여 다가오고 있는 종말론적 심판의 나라
인데, 그것은 나사렛 예수의 말씀과 기적 속에 현존하는 나라였다.
그 시대의 민중들은 나사렛 예수의 하나님 나라 운동에 큰 매력을
느끼며 열렬한 지지를 보내고 있었다. 여기에 위기의식을 느낀 유대
교 보수세력은 서로 연대하여 나사렛 예수를 파멸시키려 하는데, 그
들의 전략의 핵심은 나사렛 예수와 군중을 갈라놓는 것이다.

    나사렛 예수는 성전을 장악하여 해방구로 만들고 군중들을 가르
친 다음, 그들은 저녁이 되면 유유히 도시를 빠져나가 올리브 산에서
밤을 보낸다. 그것은 도시에 머무르면 적들에 의해 공격받을 가능성
이 크기 때문이다.

    예루살렘에서 나사렛 예수의 초기 활동은 갈릴리에서와 마찬가
지로 군중과 견고히 결합되어 있었기 때문에 유대교 세력은 그를 건드
리지 못하고 있다. 하이에나 같은 유대교 세력은 나사렛 예수와 군중

사이의 빈틈을 노리며 계속해서 선전, 선동을 통한 정치공작을 시도한다. 그와 동시에 나사렛 예수에 대한 포위망을 구축하기 위한 연합전선을 형성해 간다.

말라버린 무화과나무

마가복음 11:20-25

20절

Καὶ παραπορευόμενοι πρωῒ εἶδον τὴν συκῆν ἐξηραμμένην ἐκ ῥιζῶν.

그리고 그들은 이른 아침에 지나갈 때 그 무화과나무가 뿌리들로부터 말라버린 것을 보았다.

21절

καὶ ἀναμνησθεὶς ὁ Πέτρος λέγει αὐτῷ Ῥαββεί, ἴδε ἡ συκῆ ἣν κατηράσω ἐξήρανται.

그리고 베드로가 기억이 나서 그에게 말한다. "랍비여, 보세요. 당신이 저주한 그 무화과나무가 말라버렸습니다."

22절

καὶ ἀποκριθεὶς ὁ Ἰησοῦς λέγει αὐτοῖς Ἔχετε πίστιν θεοῦ.

그러자 예수께서 그들에게 대답하며 말한다. "하나님을 믿으라.

23절

ἀμὴν λέγω ὑμῖν ὅτι ὃς ἂν εἴπῃ τῷ ὄρει τούτῳ Ἄρθητι καὶ βλήθητι εἰς τὴν θάλασσαν, καὶ μὴ διακριθῇ ἐν τῇ καρδίᾳ αὐτοῦ ἀλλὰ πιστεύῃ ὅτι ὃ λαλεῖ γίνεται, ἔσται αὐτῷ.

내가 진실로 너희들에게 말하건대, 사람이 이 산에게 '들려져서 바닷속에 던져져라'라고 말하고 그의 마음속으로 의심하지 않고 대신에 자기가 이야기하는 것이 이루어진다고 믿으면, 그에게 될 것이다.

24절

διὰ τοῦτο λέγω ὑμῖν, πάντα ὅσα προσεύχεσθε καὶ αἰτεῖσθε, πιστεύετε ὅτι ἐλάβετε, καὶ ἔσται ὑμῖν.

이 때문에 내가 너희들에게 말한다. 너희들이 기도하고 구하는 모든 것은 받았다고 믿어라. 그러면 너희들에게 될 것이다.

25절

καὶ ὅταν στήκετε προσευχόμενοι, ἀφίετε εἴ τι ἔχετε κατά τινος, ἵνα καὶ ὁ Πατὴρ ὑμῶν ὁ ἐν τοῖς οὐρανοῖς ἀφῇ ὑμῖν τὰ παραπτώματα ὑμῶν.

그리고 너희들이 기도하기 위해 서 있을 때 어떤 사람에 대하여 맺힌 것이 있으면 용서하라. 그리하면 하늘에 계시는 너희들의 아버지께서도 너희들에게 너희들의 허물들을 용서하실 것이다."

해설

    셋째 날 이른 아침 예루살렘으로 들어가는 길목에서 제자들은 그 전날 나사렛 예수에게 저주받은 무화과나무가 뿌리째 말라버린 것을 발견한다.

    그때 베드로가 나서서 나사렛 예수에게 그 사실을 알리는데, 마가복음에서는 항상 베드로가 제자들을 대표해서 나사렛 예수에게 말한다. 이것은 베드로의 특별한 위치를 나타내는 것이다.

    나사렛 예수는 말라죽은 무화과나무 이야기를 통해 믿음과 기도의 능력에 대해 말한다. 본문은 ἐχετε πιστιν θεου(에케테 피스틴 데오우)다. 그것을 문자적으로 옮기면 "하나님의 믿음을 가져라"인데, 그것은 잘못된 해석이다. 왜냐하면 인간은 하나님의 믿음을 가질 수 없기 때문이다. 그런 식으로 하면 인간이 신이 될 수 있다는 말이 된다. 또 성경에 하나님의 믿음이라는 말도 없다. 여기서 믿음이란 "하나님을 향한 믿음"이다.

    나사렛 예수는 기도 응답의 조건으로 이웃의 허물에 대한 용서를 요구한다. 이것은 하나님 앞에서 자신 또한 연약한 육체에 불과하다는 겸손한 자기 인식이 기도 응답의 전제조건이라는 것이다. 믿음의 능력보다 더 중요한 것은 사랑이다.

예수의 권세

마가복음 11:27-33

27절

Καὶ ἔρχονται πάλιν εἰς Ἱεροσόλυμα. καὶ ἐν τῷ ἱερῷ περιπατοῦντος αὐτοῦ ἔρχονται πρὸς αὐτὸν οἱ ἀρχιερεῖς καὶ οἱ γραμματεῖς καὶ οἱ πρεσβύτεροι,

그리고 그들은 다시 예루살렘으로 간다. 그리고 그가 성전에서 걸어 다닐 때 대제사장들과 서기관들과 장로들이 그를 향하여 온다.

28절

καὶ ἔλεγον αὐτῷ Ἐν ποίᾳ ἐξουσίᾳ ταῦτα ποιεῖς; ἢ τίς σοι ἔδωκεν τὴν ἐξουσίαν ταύτην ἵνα ταῦτα ποιῇς;

그리고 그들은 그에게 말하고 있었다. "무슨 권세로 이것들을 하느냐? 혹은 누가 너에게 이 권세를 주어서 네가 이것들을 행하는 것이냐?"

29절

ὁ δὲ Ἰησοῦς εἶπεν αὐτοῖς Ἐπερωτήσω ὑμᾶς ἕνα λόγον, καὶ ἀποκρί θητέ μοι, καὶ ἐρῶ ὑμῖν ἐν ποίᾳ ἐξουσίᾳ ταῦτα ποιῶ.

그러자 예수께서 그들에게 말했다. "내가 너희들에게 한마디 말을 묻겠다. 그리고 너희들은 나에게 대답하라. 그러면 나도 내가 무슨 권세로 이것들을 행하고 있는지 너희들에게 말할 것이다.

30절

τὸ βάπτισμα τὸ Ἰωάνου ἐξ οὐρανοῦ ἦν ἢ ἐξ ἀνθρώπων; ἀποκρίθητέ μοι.

요한의 세례는 하늘로부터냐? 아니면 사람들로부터냐? 나에게 대답하라."

31절

καὶ διελογίζοντο πρὸς ἑαυτοὺς λέγοντες Ἐὰν εἴπωμεν Ἐξ οὐρανοῦ, ἐρεῖ Διὰ τί οὖν οὐκ ἐπιστεύσατε αὐτῷ;

그리고 그들은 자기들끼리 토론하면서 말하고 있었다. "만약 우리가 하늘로부터라고 말하면, 그는 그러면 왜 너희들은 그를 믿지 않았느냐라고 말할 것이다.

32절

ἀλλὰ εἴπωμεν Ἐξ ἀνθρώπων;— ἐφοβοῦντο τὸν ὄχλον· ἅπαντες γὰρ εἶχον τὸν Ἰωάνην ὄντως ὅτι προφήτης ἦν.

대신에 우리가 사람들로부터라고 말하면?" 그들은 군중을 무서워하고 있었다. 왜냐하면 모든 사람이 전적으로 요한에 대해 그는 선지자였다고 생각하고 있었기 때문이다.

33절

καὶ ἀποκριθέντες τῷ Ἰησοῦ λέγουσιν Οὐκ οἴδαμεν. καὶ ὁ Ἰησοῦς
λέγει αὐτοῖς Οὐδὲ ἐγὼ λέγω ὑμῖν ἐν ποίᾳ ἐξουσίᾳ ταῦτα ποιῶ.

그리고 그들은 예수에게 대답하며 말한다. "우리는 모르겠다." 그러자
예수께서 그들에게 말한다. "나도 너희들에게 내가 무슨 권세로 이것들
을 하고 있는지 말하지 않겠다."

해설

유대교 지도층은 자기들의 안마당인 성전에서 그들의 돈줄인 독점상인들이 쫓겨난 것에 대해 크게 분노한다. 그들은 나사렛 예수의 기습공격에 속수무책으로 당한 것이다. 그들이 성전경비대라는 무력을 사용하지 못한 것은 군중이 나사렛 예수와 밀착해 있었기 때문이다. 나사렛 예수의 성전 숙청으로 그들은 부패하고 타락한 종교권력이라는 것이 드러나고, 그들의 위신은 땅에 떨어졌다. 그들은 나사렛 예수에게 반격을 가하여 반드시 그를 무너뜨려야 한다. 그렇지 않으면 그들은 끝장날 것이다.

그들은 다음 날 또다시 제자들과 함께 성전에 들어와 마음대로 휘젓고 돌아다니고 있는 나사렛 예수를 발견한다. 그리고 그에게 다가가 무슨 권세로 이런 일을 하느냐고 추궁한다. 이어서 군중들이 지켜보는 가운데 나사렛 예수의 권위에 대한 공개적인 논쟁이 벌어진다. 그러나 그것은 그들에게 결코 도움이 되지 않는다. 그들은 예수와 논쟁할수록 더욱더 궁지에 몰리고 망신을 당하게 된다. 그들은 나사렛 예수의 정체를 모른다. 이것이 그들의 공포심을 증폭시키는 요인이다. 그것은 나사렛 예수에 대한 군중의 지지와 환호보다 더 무서운 부분이다. 그들에게 나사렛 예수는 신비에 싸인 공포의 대상이다.

나사렛 예수는 성전의 주인이며, 이스라엘의 왕이다. 그러기에 그는 성전을 깨끗이 청소하여 만민이 기도하는 집으로 회복할 의무가 있다. 왜냐하면 성전은 그의 몸이기 때문이다. 그는 성전에서 가르치고 찬양과 경배를 받기에 합당한 성전의 참주인이다.

포도원 소작인들

마가복음 12:1-12

1절

Καὶ ἤρξατο αὐτοῖς ἐν παραβολαῖς λαλεῖν. ἀμπελῶνα ἄνθρωπος ἐφύτευσεν, καὶ περιέθηκεν φραγμὸν καὶ ὤρυξεν ὑπολήνιον καὶ ᾠκοδό μησεν πύργον, καὶ ἐξέδετο αὐτὸν γεωργοῖς, καὶ ἀπεδήμησεν.

그리고 그는 비유로 그들에게 이야기하기 시작했다. "어떤 사람이 포도 원을 심고 울타리를 둘러치고 포도주 틀을 파고 망대를 세우고 그것을 농부들에게 세를 주고 여행을 떠났다.

2절

καὶ ἀπέστειλεν πρὸς τοὺς γεωργοὺς τῷ καιρῷ δοῦλον, ἵνα παρὰ τῶν γεωργῶν λάβῃ ἀπὸ τῶν καρπῶν τοῦ ἀμπελῶνος·

그리고 때가 되어서 농부들에게서 포도원의 열매로부터 (얼마를) 받기 위해 농부들을 향하여 종을 보냈다.

3절

καὶ λαβόντες αὐτὸν ἔδειραν καὶ ἀπέστειλαν κενόν.

그리고 그들은 그를 때리고 빈손으로 보냈다.

4절

καὶ πάλιν ἀπέστειλεν πρὸς αὐτοὺς ἄλλον δοῦλον· κἀκεῖνον ἐκεφαλίωσαν καὶ ἠτίμασαν.

그리고 그는 다시 그들을 향하여 다른 종을 보냈다. 그들은 저 종도 머리를 때리고 모욕했다.

5절

καὶ ἄλλον ἀπέστειλεν· κἀκεῖνον ἀπέκτειναν, καὶ πολλοὺς ἄλλους, οὓς μὲν δέροντες, οὓς δὲ ἀποκτέννοντες.

그리고 그는 다른 종을 보냈다. 그들은 저 종도 죽였다. 그리고 많은 다른 종들을 보냈고, 그들은 어떤 종들은 때리고, 어떤 종들은 죽였다.

6절

ἔτι ἕνα εἶχεν, υἱὸν ἀγαπητόν· ἀπέστειλεν αὐτὸν ἔσχατον πρὸς αὐτοὺς λέγων ὅτι Ἐντραπήσονται τὸν υἱόν μου.

그는 아직 하나 사랑하는 아들을 가지고 있었다. 그는 마지막으로 그들을 향하여 그를 보내며 그들이 나의 사랑하는 아들은 존경할 것이라고 말했다.

7절

ἐκεῖνοι δὲ οἱ γεωργοὶ πρὸς ἑαυτοὺς εἶπαν ὅτι Οὗτός ἐστιν ὁ κληρονόμος· δεῦτε ἀποκτείνωμεν αὐτόν, καὶ ἡμῶν ἔσται ἡ κληρονομία.

그런데 저 농부들은 자기들끼리 말했다. '이 사람이 상속자다. 오라, 그를 죽이자. 그러면 그 유업이 우리의 것이 될 것이다.'

8절

καὶ λαβόντες ἀπέκτειναν αὐτόν, καὶ ἐξέβαλον αὐτὸν ἔξω τοῦ ἀμπε λῶνος.

그리고 그를 잡아 죽이고 그를 포도원 밖으로 내던졌다.

9절

τί ποιήσει ὁ κύριος τοῦ ἀμπελῶνος; ἐλεύσεται καὶ ἀπολέσει τοὺς γεωργούς, καὶ δώσει τὸν ἀμπελῶνα ἄλλοις.

포도원의 주인이 무엇을 하겠느냐? 그가 와서 그 농부들을 멸망시키고 그 포도원을 다른 사람들에게 줄 것이다.

10절

οὐδὲ τὴν γραφὴν ταύτην ἀνέγνωτε

Λίθον ὃν ἀπεδοκίμασαν οἱ οἰκοδομοῦντες,

οὗτος ἐγενήθη εἰς κεφαλὴν γωνίας·

너희들은 이 성경을 읽지 않았느냐?

집 짓는 자들이 버린 돌,

이것이 모퉁이의 머릿돌이 되었다.

11절

παρὰ Κυρίου ἐγένετο αὕτη,

καὶ ἔστιν θαυμαστὴ ἐν ὀφθαλμοῖς ἡμῶν;

그것은 주님께로부터 된 것이니

우리들의 눈에 놀랍도다."

12절

Καὶ ἐζήτουν αὐτὸν κρατῆσαι, καὶ ἐφοβήθησαν τὸν ὄχλον· ἔγνωσαν γὰρ ὅτι πρὸς αὐτοὺς τὴν παραβολὴν εἶπεν. καὶ ἀφέντες αὐτὸν ἀπῆλθον.

그리고 그들은 그를 잡으려고 시도했다. 그리고 그들은 군중을 두려워했다. 그리고 그들은 그를 내버려 두고 떠났다.

해설

포도원의 소작인들은 처음에는 소작료를 떼어먹는 것으로 시작하여 주인의 종들을 두들겨 패고, 거기에 더하여 종들을 살해하게 되는데, 이 모든 것은 주인을 시험하는 행동이다. 주인은 소작인들의 행패에도 불구하고 생각 없는 사람처럼 계속 종들을 보낸다. 그러면 그럴수록 소작인들은 더욱더 주인을 우습게 여기고 악행을 저지른다. 그런데도 주인은 그 악당들이 자기 아들은 존경할 것이라는 바보 천치 같은 말을 하며 사랑하는 아들을 보낸다.

이미 악행을 저지르는 데 익숙하고 주인을 무시하는 무법자가 된 소작인들은 마침내 주인의 아들을 죽이고 포도원을 빼앗아 공동소유하자는 흉악한 음모를 실행에 옮긴다. 그러나 그들의 혁명은 포도원 주인의 귀환과 무력진압에 의해 실패로 끝나고, 그들은 모두 무참히 학살당하고 멸망의 길로 간다.

소작인들이 이런 반역적 행동을 저지른 것은 주인이 멀리 떠나 보이지 않았고, 메신저를 통해 간접적으로 주인과 소통했고, 주인의 인내를 무능력과 어리석음으로 해석했고, 자신들의 악행에 대한 즉각적인 응징이 없었고, 그리하여 주인을 있으나 마나 한 투명 인간 취급했기 때문이다.

나사렛 예수는 이 비유를 통해 이스라엘 민족의 반역적 악행을 고발하고 있다. 유대교 지도자들은 이 비유가 자기들을 향한 것임을 알고 나사렛 예수를 잡으려 하지만 군중이 무서워 포기한다. 그러나 그들이 군중을 나사렛 예수로부터 분리하는 날 그들의 의도는 실현될 것이다.

세금 논쟁
마가복음 12:13-17

13절

Καὶ ἀποστέλλουσιν πρὸς αὐτόν τινας τῶν Φαρισαίων καὶ τῶν Ἡρῳ διανῶν ἵνα αὐτὸν ἀγρεύσωσιν λόγῳ.

그리고 그들은 그를 말로 사냥하기 위해 바리새인들과 헤롯당들 중에 어떤 사람들을 그를 향하여 보낸다.

14절

καὶ ἐλθόντες λέγουσιν αὐτῷ Διδάσκαλε, οἴδαμεν ὅτι ἀληθὴς εἶ καὶ οὐ μέλει σοι περὶ οὐδενός· οὐ γὰρ βλέπεις εἰς πρόσωπον ἀνθρώπων, ἀλλ᾽ ἐπ᾽ ἀληθείας τὴν ὁδὸν τοῦ Θεοῦ διδάσκεις· ἔξεστιν δοῦναι κῆνσον Καίσαρι ἢ οὔ; δῶμεν ἢ μὴ δῶμεν;

그리고 와서 그에게 말한다. "선생님, 우리는 당신이 진실하고 누구에게 도 거리끼는 것이 없다는 것을 알고 있습니다. 왜냐하면 당신은 사람들의 얼굴을 보지 않고 대신에 진리로 하나님의 길을 가르치기 때문입니다. 카이사르에게 주민세를 바치는 것이 옳습니까, 아니면 옳지 않습니까? 우리가 바칠까요, 아니면 바치지 말까요?"

15절

ὁ δὲ εἰδὼς αὐτῶν τὴν ὑπόκρισιν εἶπεν αὐτοῖς Τί με πειράζετε; φέρετέ μοι δηνάριον ἵνα ἴδω.

그러자 그가 그들의 위선을 알고 그들에게 말했다. "어찌하여 나를 시험하느냐? 내가 보도록 데나리온을 나에게 가져오라."

16절

οἱ δὲ ἤνεγκαν. καὶ λέγει αὐτοῖς Τίνος ἡ εἰκὼν αὕτη καὶ ἡ ἐπιγραφή; οἱ δὲ εἶπαν αὐτῷ Καίσαρος.

그러자 그들이 그에게 가져왔다. 그리고 그가 그들에게 말한다. "이 초상과 글자가 누구의 것이냐?" 그러자 그들이 그에게 말했다. "카이사르의 것입니다."

17절

ὁ δὲ Ἰησοῦς εἶπεν αὐτοῖς Τὰ Καίσαρος ἀπόδοτε Καίσαρι καὶ τὰ τοῦ Θεοῦ τῷ Θεῷ. καὶ ἐξεθαύμαζον ἐπ᾽ αὐτῷ.

그러자 예수가 그들에게 말했다. "카이사르의 것은 카이사르에게 바쳐라, 그리고 하나님의 것은 하나님께." 그러자 그들은 그를 기이히 여기고 있었다.

해설

　나사렛 예수가 카이사르에게 세금을 내어야 한다고 말하는 순간 그의 메시아됨은 부정된다. 그리고 내지 말아야 한다고 말하는 순간 그는 로마제국의 권위에 저항하는 반역자가 된다. 저들의 질문은 비수와 같이 예리하게 나사렛 예수의 심장을 겨누고 있다. 그러나 나사렛 예수는 유유히 올가미를 빠져나간다. 그는 역사적 사실의 문제를 신학적 해석의 문제로 바꾸었던 것이다.

　데나리우스 동전은 로마군인들의 하루 일당이며, 노동자들의 하루 품삯이다. 그 은으로 된 동전에는 그 시대 제국의 통치자인 카이사르의 얼굴과 이름이 새겨져 있다. 발굴된 것들 중에는 로마제국 역사상 최고의 정치가인 아우구스투스 황제의 것도 있다. 그는 이미 세상에서 사라진 지 오래되었다. 그가 지배했던 세상은 과연 그의 것인가?

　카이사르의 것은 카이사르에게, 하나님의 것은 하나님께. 카이사르의 것은 무엇이며, 하나님의 것은 무엇인가? 그들이 세상을 카이사르의 것이라고 말하면, 그들은 더 이상 유대인이 아니다. 그러나 그들이 세상은 하나님의 것이라고 말하면, 그들은 로마에 대한 반역자들이 된다. 그들은 진퇴양난에 빠지게 되었다. 그들이 나사렛 예수를 말로 사냥하기 위해 던진 올가미는 자기들에게로 돌아왔다. 그들은 아무런 대답을 하지 못하고 나사렛 예수를 기이하고 놀라운 존재로 여긴다. 이것으로 나사렛 예수에 대한 그들의 공포심은 더 커진다.

　나사렛 예수를 사냥하기 위해 그에게 올가미를 던진 사람들은 바리새인들과 헤롯당원들이다. 이것은 이미 나사렛 예수에 대한 포위망이 좁혀져 오고 있다는 증거다. 대제사장들, 서기관들, 장로들, 바리새인들, 헤롯당들이 나사렛 예수를 제거하기 위한 연합전선을 형성하고 있다.

부활 논쟁

마가복음 12:18-27

18절

Καὶ ἔρχονται Σαδδουκαῖοι πρὸς αὐτόν, οἵτινες λέγουσιν ἀνάστασιν μὴ εἶναι, καὶ ἐπηρώτων αὐτὸν λέγοντες

그리고 사두개인들이 그를 향하여 오는데, 그들은 부활이 없다고 말하는 자들이다. 그리고 그들은 그에게 질문하며 말한다.

19절

Διδάσκαλε, Μωϋσῆς ἔγραψεν ἡμῖν ὅτι ἐάν τινος ἀδελφὸς ἀποθάνῃ καὶ καταλίπῃ γυναῖκα καὶ μὴ ἀφῇ τέκνον, ἵνα λάβῃ ὁ ἀδελφὸς αὐτοῦ τὴν γυναῖκα καὶ ἐξαναστήσῃ σπέρμα τῷ ἀδελφῷ αὐτοῦ.

"선생님, 모세는 우리에게 어떤 사람의 형제가 죽어서 아내를 남겨놓고 자녀를 남기지 않았으면, 그의 형제가 그의 아내를 취하여 자기의 형제에게 씨를 일으키라고 썼습니다.

20절

ἑπτὰ ἀδελφοὶ ἦσαν· καὶ ὁ πρῶτος ἔλαβεν γυναῖκα, καὶ ἀποθνῄσκων οὐκ ἀφῆκεν σπέρμα·

일곱 형제가 있었습니다. 그리고 첫째가 아내를 취하고 죽을 때 씨를 남겨놓지 못했습니다.

21절

καὶ ὁ δεύτερος ἔλαβεν αὐτήν, καὶ ἀπέθανεν μὴ καταλιπὼν σπέρμα· καὶ ὁ τρίτος ὡσαύτως·

둘째도 그 여자를 취하고 씨를 남겨놓지 않고 죽었습니다. 셋째도 마찬가지였습니다.

22절

καὶ οἱ ἑπτὰ οὐκ ἀφῆκαν σπέρμα. ἔσχατον πάντων καὶ ἡ γυνὴ ἀπέθανεν.

그리고 일곱이 씨를 남기지 못했습니다. 그들 중 마지막으로 그 여자도 죽었습니다.

23절

ἐν τῇ ἀναστάσει, ὅταν ἀναστῶσιν, τίνος αὐτῶν ἔσται γυνή; οἱ γὰρ ἑπτὰ ἔσχον αὐτὴν γυναῖκα.

그들이 일어나는 부활에 그 여자는 그들 중 누구의 아내가 될 것입니까? 왜냐하면 일곱이 그 여자를 아내로 가졌기 때문입니다."

24절

ἔφη αὐτοῖς ὁ Ἰησοῦς Οὐ διὰ τοῦτο πλανᾶσθε μὴ εἰδότες τὰς γραφὰς μηδὲ τὴν δύναμιν τοῦ Θεοῦ;

예수께서 그들에게 엄숙히 말했다. "이 때문에 곧 너희들이 성경도 하나님의 능력도 모르기 때문에 헤매는 것 아니냐?

25절

ὅταν γὰρ ἐκ νεκρῶν ἀναστῶσιν, οὔτε γαμοῦσιν οὔτε γαμίζονται, ἀλλ᾽ εἰσὶν ὡς ἄγγελοι ἐν τοῖς οὐρανοῖς.

사람들이 죽은 자들 가운데서 일어날 때, 그들은 시집가지도 장가들지도 않고, 하늘에 있는 천사들과 같다.

26절

περὶ δὲ τῶν νεκρῶν ὅτι ἐγείρονται, οὐκ ἀνέγνωτε ἐν τῇ βίβλῳ Μωϋσέως ἐπὶ τοῦ Βάτου πῶς εἶπεν αὐτῷ ὁ Θεὸς λέγων Ἐγὼ ὁ Θεὸς Ἀβραὰμ καὶ Θεὸς Ἰσαὰκ καὶ Θεὸς Ἰακώβ;

죽은 자들이 일어나는 것에 대해서는 너희들이 모세의 책 떨기나무 부분에서 하나님께서 그에게 어떻게 말씀하셨는지 나는 아브라함의 하나님이고 이삭의 하나님이고 야곱의 하나님이라고 말씀하신 것을 읽지 못하였느냐?

27절

οὐκ ἔστιν Θεὸς νεκρῶν ἀλλὰ ζώντων. πολὺ πλανᾶσθε.

그분은 죽은 자들의 하나님이 아니라 살아있는 자들의 하나님이시다. 너희들은 많이 헤매고 있다."

해설

　나사렛 예수의 갈릴리 사역은 병 고치고 귀신 쫓아내고 기적을 행하는 능력 사역이다. 반면에 예루살렘에서의 사역은 유대교 지도자들과의 신학논쟁이 중심이다. 그는 태초부터 계시는 영원한 말씀이다.

　사두개인들은 성령, 부활, 천사, 내세를 부인하는 자들이다. 그들이 인정하는 것은 현세, 육체, 물질, 권력뿐이다. 이런 사람들이 하나님의 백성 이스라엘의 영적 지도자였다는 것은 그 시대의 큰 불행이다. 그들은 자기들의 신학적 정당성을 입증하기 위해 말도 안 되는 황당한 논리를 지어낸다. 그것은 나사렛 예수가 말하는 종말론적 심판과 부활의 미래를 부정하기 위해서다. 그들은 나사렛 예수를 군중들이 보는 가운데 웃음거리로 만들 작정이었다. 그러나 그들은 나사렛 예수 안에 하나님의 지혜와 지식의 말씀이 충만한 것을 알지 못했다. 나사렛 예수는 그들이 성경도 모르고 하나님의 능력도 모르기 때문에 길을 잃고 헤매고 있다고 훈계한다. 그 결과 사두개인들은 군중들 앞에서 공개적으로 개망신을 당한다. 그들은 가만히 있었으면 좋았을 것이다.

　나사렛 예수는 부활의 세계에서는 하늘에 있는 천사들처럼, 시집가고 장가드는 일이 없다고 말한다. 거기는 육체적 욕구의 충동에 끌려다니는 노예의 삶이 없다. 거기는 천사들처럼 영적 몸을 가지고 하나님의 순수한 아가페 사랑을 나누는 진정한 자유가 있다. 거기서 우리는 천사들처럼 거룩함과 의로움의 영광스러운 빛 가운데 살 것이다. 그러나 우리는 지금 연약한 죄의 몸속에서 죄의 현실을 살고 있다. 부활의 세계는 우리에게 주어진 하나님의 종말론적 희망의 약속이다.

첫째 되는 계명

마가복음 12:28-34

28절

Καὶ προσελθὼν εἷς τῶν γραμματέων, ἀκούσας αὐτῶν συνζητούντων, εἰδὼς ὅτι καλῶς ἀπεκρίθη αὐτοῖς, ἐπηρώτησεν αὐτόν Ποία ἐστὶν ἐντολ ὴ πρώτη πάντων;

그리고 서기관들 중에 하나가 그들이 토론하는 것을 듣고, 그가 그들에게 잘 대답하는 것을 보고 그에게 질문했다. "선생님, 어떤 것이 모든 것들 중에서 첫째가는 계명인가요?"

29절

ἀπεκρίθη ὁ Ἰησοῦς ὅτι Πρώτη ἐστίν Ἄκουε, Ἰσραήλ, Κύριος ὁ Θεὸς ἡμῶν Κύριος εἷς ἐστιν,

예수께서 대답했다. "첫째는 이것이니 들으라 이스라엘아, 주 우리의 하나님은 한 분이신 주님이시니,

30절

καὶ ἀγαπήσεις Κύριον τὸν Θεόν σου ἐξ ὅλης τῆς καρδίας σου καὶ ἐξ ὅλης τῆς ψυχῆς σου καὶ ἐξ ὅλης τῆς διανοίας σου καὶ ἐξ ὅλης τῆς ἰσχύος σου.

주 너의 하나님을 너의 온 마음으로 그리고 온 목숨으로 그리고 온 생각으로 그리고 온 힘으로 사랑하라.

31절

δευτέρα αὕτη Ἀγαπήσεις τὸν πλησίον σου ὡς σεαυτόν. μείζων τούτων ἄλλη ἐντολὴ οὐκ ἔστιν.

둘째는 이것이니, 너의 이웃을 너 자신처럼 사랑하라. 이것들보다 더 큰 다른 계명은 없다."

32절

καὶ εἶπεν αὐτῷ ὁ γραμματεύς Καλῶς, Διδάσκαλε, ἐπ᾽ ἀληθείας εἶπες ὅτι εἷς ἐστιν καὶ οὐκ ἔστιν ἄλλος πλὴν αὐτοῦ·

그리고 서기관은 그에게 말했다. "좋습니다, 선생님. 당신은 그분은 한 분이시고 그 외에 다른 신은 없다는 것을 참되게 말씀하셨습니다.

33절

καὶ τὸ ἀγαπᾶν αὐτὸν ἐξ ὅλης τῆς καρδίας καὶ ἐξ ὅλης τῆς συνέσεως καὶ ἐξ ὅλης τῆς ἰσχύος, καὶ τὸ ἀγαπᾶν τὸν πλησίον ὡς ἑαυτὸν περισσότ ερόν ἐστιν πάντων τῶν ὁλοκαυτωμάτων καὶ θυσιῶν.

그리고 그를 온 마음으로 그리고 온 뜻으로 그리고 온 힘으로 사랑하는 것과 네 이웃을 너 자신처럼 사랑하는 것이 모든 번제와 제물들보다 더 낫습니다."

34절

καὶ ὁ Ἰησοῦς, ἰδὼν αὐτὸν ὅτι νουνεχῶς ἀπεκρίθη, εἶπεν αὐτῷ Οὐ μακρὰν εἶ ἀπὸ τῆς βασιλείας τοῦ Θεοῦ. καὶ οὐδεὶς οὐκέτι ἐτόλμα αὐτὸν ἐπερωτῆσαι.

그리고 예수께서 그가 지혜롭게 대답하는 것을 보고 그에게 말했다. "너는 하나님의 나라에서 멀지 않도다." 그리고 그 누구도 더 이상 그에게 감히 질문하지 않았다.

해설

서기관은 예수님께 질문하고, 칭찬하고, 설교까지 한다. 그가 북치고 장구 치고 하는 것은 아직 나사렛 예수의 정체를 모르기 때문이다. 그럼에도 불구하고 나사렛 예수는 이 잘난 척하는 철부지 서기관을 칭찬한다. 그것은 그가 하나님의 본질이 사랑이라는 것을 정확하게 이해하고 있기 때문이다.

서기관은 짐승을 통째로 불사르는 번제와 모든 제사보다 하나님 사랑과 이웃 사랑이 더 귀하다고 성경을 요약함으로 예수님으로부터 크게 칭찬받는다. 이는 율법과 제사는 하나님의 적개심을 완전히 제거하지 못하고, 다만 그것을 일시적으로 누그러뜨릴 뿐이기 때문이다. 하나님과 우리의 인격적 사랑의 관계는 나사렛 예수 그리스도 안에 약속되어 있다.

서기관은 하나님 나라에서 가깝다는 말씀을 들었을 뿐이다. 그는 아직 나사렛 예수가 하나님이 보내신 아들이라는 것을 모르고 있다.

다윗의 자손 논쟁

마가복음 12:35-37

35절

Καὶ ἀποκριθεὶς ὁ Ἰησοῦς ἔλεγεν διδάσκων ἐν τῷ ἱερῷ Πῶς λέγουσιν οἱ γραμματεῖς ὅτι ὁ Χριστὸς υἱὸς Δαυείδ ἐστιν;

그리고 예수께서 성전에서 가르치면서 반박하며 말하고 있었다. "어떻게 서기관들은 그리스도가 다윗의 자손이라고 말하느냐?

36절

αὐτὸς Δαυεὶδ εἶπεν ἐν τῷ Πνεύματι τῷ Ἁγίῳ Εἶπεν Κύριος τῷ Κυρίῳ μου Κάθου ἐκ δεξιῶν μου ἕως ἂν θῶ τοὺς ἐχθρούς σου ὑποκάτω τῶν ποδῶν σου.

다윗 자신이 성령의 감동 속에 말했다.

주께서 나의 주님께 말씀하셨다.

너는 내가 네 원수들을 너의 발아래 둘 때까지 나의 오른쪽에 앉아있어라.

37절

αὐτὸς Δαυεὶδ λέγει αὐτὸν Κύριον, καὶ πόθεν αὐτοῦ ἐστιν υἱός; Καὶ ὁ πολὺς ὄχλος ἤκουεν αὐτοῦ ἡδέως.

다윗 자신이 그를 주님이라고 말하고 있는데, 어찌하여 그가 다윗의 자손이냐?" 그리고 많은 군중이 즐겁게 그의 말을 들었다.

해설

    이 본문은 나사렛 예수가 스스로 자신을 영원한 신성을 가진 메시아로 계시하고 있다. 그가 노골적으로 자신의 실체를 밝히는 것은 그의 죽음이 임박했기 때문이다. 그는 자신의 죽음을 정면으로 맞설 준비가 된 것이다. 많은 백성이 그의 말을 기뻐한 것은 다윗의 나라보다 더 크고 위대한 나라를 기대했기 때문이다.

저주받은 서기관들

마가복음 12:38-40

38절

Καὶ ἐν τῇ διδαχῇ αὐτοῦ ἔλεγεν Βλέπετε ἀπὸ τῶν γραμματέων τῶν θελόντων ἐν στολαῖς περιπατεῖν καὶ ἀσπασμοὺς ἐν ταῖς ἀγοραῖς

그리고 그가 그의 가르침 속에서 말하고 있었다.

"서기관들을 조심하라. 그들은 긴 옷을 입고 다니는 것과 시장에서 인사 받는 것과

39절

καὶ πρωτοκαθεδρίας ἐν ταῖς συναγωγαῖς καὶ πρωτοκλισίας ἐν τοῖς δείπνοις·

회당에서 상좌와 잔치 자리에서 상석을 좋아한다.

40절

οἱ κατεσθίοντες τὰς οἰκίας τῶν χηρῶν καὶ προφάσει μακρὰ προσευχ όμενοι, οὗτοι λήμψονται περισσότερον κρίμα.

그들은 과부들의 집들을 삼키고 과장되게 길게 기도한다. 그들은 더욱 엄한 심판을 받을 것이다."

해설

　서기관들은 유대교 율법체제의 이론적 수호자들이며, 나사렛 예수의 하나님 나라 운동에 가장 적대적인 집단이다. 그들은 나사렛 예수의 활동 초기부터 감시하고, 나사렛 예수를 이단으로 판정하고 비방한다. 그들은 나사렛 예수를 종교재판에 회부 할 자료들을 계속 수집한다. 그들은 장차 산헤드린 공의회에서 나사렛 예수를 이단으로 정죄하여 그를 죽음으로 몰고 가는 데 결정적 역할을 한다.

　나사렛 예수는 성전에서 군중을 가르칠 때, 서기관들의 거짓과 위선과 교만과 탐욕을 공개적으로 비난한다. 그 자리에는 분명히 서기관들도 앉아있다. 그들은 나사렛 예수에 대한 적개심을 한층 불태운다. 그들은 나사렛 예수의 진실과 겸손과 순수함과 사랑을 견디지 못한다. 나사렛 예수의 존재는 그들의 실체를 선명하게 드러낸다.

과부의 헌금

마가복음 12:41-44

41절

Καὶ καθίσας κατέναντι τοῦ γαζοφυλακίου ἐθεώρει πῶς ὁ ὄχλος βάλλει χαλκὸν εἰς τὸ γαζοφυλάκιον· καὶ πολλοὶ πλούσιοι ἔβαλλον πολλά·

그리고 그는 헌금함 맞은편에 앉아서 군중이 어떻게 헌금함에 동전을 던지는지 지켜보고 있었다. 그리고 많은 부자가 많은 것을 넣고 있었다.

42절

καὶ ἐλθοῦσα μία χήρα πτωχὴ ἔβαλεν λεπτὰ δύο, ὅ ἐστιν κοδράντης.

그리고 한 가난한 과부가 와서 두 렙톤을 던졌는데, 그것은 1 코드란테스이다.

43절

καὶ προσκαλεσάμενος τοὺς μαθητὰς αὐτοῦ εἶπεν αὐτοῖς Ἀμὴν λέγω ὑμῖν ὅτι ἡ χήρα αὕτη ἡ πτωχὴ πλεῖον πάντων ἔβαλεν τῶν βαλλόντων εἰς τὸ γαζοφυλάκιον·

그리고 자기의 제자들을 불러서 그들에게 말했다. "내가 진실로 너희들에게 말하건대 이 가난한 과부가 헌금함에 던지고 있는 모든 사람보다 더 많이 던졌다.

44절

πάντες γὰρ ἐκ τοῦ περισσεύοντος αὐτοῖς ἔβαλον, αὕτη δὲ ἐκ τῆς ὑστερήσεως αὐτῆς πάντα ὅσα εἶχεν ἔβαλεν, ὅλον τὸν βίον αὐτῆς.

왜냐하면 모든 사람은 그들에게 풍족함 가운데 던졌지만, 이 여자는 그녀의 부족함 중에 가지고 있던 모든 것인 자기의 생활비 전부를 던졌기 때문이다."

해설

　나사렛 예수는 성전 입구에 있는 헌금함 맞은편에 앉아서 사람들이 헌금하는 것을 유심히 지켜보고 있다. 그것은 나사렛 예수 자신이 헌금을 받는 성전의 주인임을 나타내는 종말론적 광경이다. 이것을 그림으로 그린다면 참으로 아름답고 장엄한 작품이 될 것이다. 성전의 참주인이 거기에 와서 앉아계시기 때문이다.

　나사렛 예수는 누가 자기에게 얼마큼의 예물을 바치는지 자세히 알고 싶어한다. 그는 헌금함에 떨어지는 동전 소리를 듣는다. 그리고 누가 얼마를 던졌는지 안다. 그는 헌금의 양뿐만 아니라, 마음의 중심을 보기 원한다. 그 많은 사람 중에 나사렛 예수를 감동시킨 것은 한 가난한 과부였다. 그녀는 동전 두 개를 던졌을 뿐이다. 아무도 그것이 그녀가 가지고 있었던 것 전부인 것을 모른다. 그런데 나사렛 예수는 그것을 알고 있다.

　나사렛 예수는 물질을 창조하고, 물질을 다스리고, 물질을 귀하게 여기는, 물질의 하나님이다.

성전파괴 예언

마가복음 13:1-2

1절

Και εκπορευομενου αυτού εκ του ίερου λέγει αυτω είς των μαθητών αυτού, Διδάσκαλε, ιδε ποπαποι λίθοι και ποταπαι οικοδομαι.

그리고 그가 성전에서 나갈 때 그의 제자들 중 하나가 그에게 말한다. "선생님, 보세요. 어떠한 돌들이고 어떠한 건물들인가요!"

2절

και ό Ιησούς ειπεν αυτω, Βλέπεις παντας τας μεγαλας οικοδομας; ου μη αφεθη ώδε λίθος επί λίθον ός ου μη καταλυθη.

그리고 예수께서 그에게 말했다. "네가 이 거대한 건물들을 보고 있느냐? 여기 돌 위에 돌이 남겨지지 않고 완전히 파괴될 것이다."

해설

　어리석은 제자는 영원한 성전이신 예수에게 사람의 손으로 지어진 성전의 아름다움을 보라고 권유한다. 그러자 예수는 성전의 파괴를 예언한다. 그것은 자기 몸의 완전한 파괴인 죽음에 대한 예언이다. 그의 몸은 십자가에 매달려 세포 하나하나까지 고통 속에 파괴되는 완전한 죽음을 맞이한다.

　성전은 하나님의 진노를 누그러뜨리기 위해 짐승의 제물을 바치는 곳이다. 이제 나사렛 예수의 영원한 속죄의 제사가 완성되면 그런 돌로 지은 성전은 필요 없고, 그것은 무너져야 마땅하다.

종말의 시작

마가복음 13:3-13

3절

Καὶ καθημένου αὐτοῦ εἰς τὸ ὄρος τῶν Ἐλαιῶν κατέναντι τοῦ ἱεροῦ, ἐπηρώτα αὐτὸν κατ᾿ ἰδίαν Πέτρος καὶ Ἰάκωβος καὶ Ἰωάνης καὶ Ἀνδρέας

그리고 그가 성전 맞은편 올리브 산에 앉아있을 때 베드로와 야고보와 요한과 안드레가 따로 그에게 질문했다.

4절

Εἰπὸν ἡμῖν, πότε ταῦτα ἔσται, καὶ τί τὸ σημεῖον ὅταν μέλλῃ ταῦτα συντελεῖσθαι πάντα;

"우리에게 말해주세요. 언제 이 일들이 있을 것이며 이 모든 일들이 완성될 때 무슨 표시가 있겠습니까?"

5절

ὁ δὲ Ἰησοῦς ἤρξατο λέγειν αὐτοῖς Βλέπετε μή τις ὑμᾶς πλανήσῃ.

그러자 예수께서 그들에게 말하기 시작했다. "누가 너희를 속이지 못하도록 조심하라.

6절

πολλοὶ ἐλεύσονται ἐπὶ τῷ ὀνόματί μου λέγοντες ὅτι Ἐγώ εἰμι, καὶ πολλοὺς πλανήσουσιν.

많은 사람이 내 이름으로 와서 나라고 말하며 많은 사람들을 속일 것이다.

7절

ὅταν δὲ ἀκούσητε πολέμους καὶ ἀκοὰς πολέμων, μὴ θροεῖσθε· δεῖ γενέσθαι, ἀλλ᾽ οὔπω τὸ τέλος.

그런데 너희들이 전쟁 소리와 전쟁의 소문을 들을 때 두려워하지 말아라. 그것은 반드시 일어날 것이지만, 아직 끝은 아니다.

8절

ἐγερθήσεται γὰρ ἔθνος ἐπ᾽ ἔθνος καὶ βασιλεία ἐπὶ βασιλείαν. ἔσονται σεισμοὶ κατὰ τόπους, ἔσονται λιμοί· ἀρχὴ ὠδίνων ταῦτα.

왜냐하면 민족이 민족을, 나라가 나라를 대적하여 일어날 것이고, 곳곳마다 지진들이 있을 것이고, 기근들이 있을 것이다. 이는 산고의 시작이다.

9절

Βλέπετε δὲ ὑμεῖς ἑαυτούς· παραδώσουσιν ὑμᾶς εἰς συνέδρια καὶ εἰς συναγωγὰς δαρήσεσθε καὶ ἐπὶ ἡγεμόνων καὶ βασιλέων σταθήσεσθε ἕνεκεν ἐμοῦ, εἰς μαρτύριον αὐτοῖς.

너희들은 스스로 조심하라. 사람들이 너희를 공의회와 회당에 넘길 것이고 너희들은 매를 맞을 것이다. 그리고 너희들은 나 때문에 그들에게 증거로 통치자들과 왕들 앞에 세워질 것이다.

10절

καὶ εἰς πάντα τὰ ἔθνη πρῶτον δεῖ κηρυχθῆναι τὸ εὐαγγέλιον.

그리고 먼저 모든 민족에게 복음이 전파되어야 한다.

11절

καὶ ὅταν ἄγωσιν ὑμᾶς παραδιδόντες, μὴ προμεριμνᾶτε τί λαλήσητε, ἀλλ᾽ ὃ ἐὰν δοθῇ ὑμῖν ἐν ἐκείνῃ τῇ ὥρᾳ, τοῦτο λαλεῖτε· οὐ γάρ ἐστε ὑμεῖς οἱ λαλοῦντες ἀλλὰ τὸ Πνεῦμα τὸ Ἅγιον.

그리고 사람들이 너희를 넘겨주려고 끌고 갈 때 무엇을 이야기할까 미리 염려하지 말아라. 다만 저 시간에 너희들에게 주어지는 이것을 이야기하라. 왜냐하면 이야기하는 것은 너희들이 아니라 성령이시기 때문이다.

12절

καὶ παραδώσει ἀδελφὸς ἀδελφὸν εἰς θάνατον καὶ πατὴρ τέκνον, καὶ ἐπαναστήσονται τέκνα ἐπὶ γονεῖς καὶ θανατώσουσιν αὐτούς·

그리고 형제가 형제를, 아버지가 자녀를 죽음에 넘길 것이다. 그리고 자녀들이 부모에게 대적하여 일어나서 그들을 죽일 것이다.

13절

καὶ ἔσεσθε μισούμενοι ὑπὸ πάντων διὰ τὸ ὄνομά μου· ὁ δὲ ὑπομείνας εἰς τέλος, οὗτος σωθήσεται.

그리고 너희들은 내 이름 때문에 모든 사람들에 의해 미움을 받을 것이다. 그러나 끝까지 인내하는 이 사람은 구원받을 것이다."

해설

　베드로, 야고보, 요한, 안드레는 올리브 산에 앉아서 건너편 예루살렘 성전을 바라보고 있는 나사렛 예수에게 은밀히 다가간다. 이 장면은 한 폭의 아름다운 그림같이 평화롭고 한가하다. 그러나 나사렛 예수는 십자가 죽음을 눈앞에 두고 있다.

　그는 예루살렘 성전을 바라보면서 그것의 종말을 생각한다. 그에게 있어서 성전의 파괴는 곧 자신의 죽음이다. 그리고 그것은 또한 부활로 가는 길이다. 그의 몸은 영원한 성전이기에 그의 죽음과 부활은 옛 세상의 종말과 새로운 세계의 시작이다. 나사렛 예수는 그 종말론적 희망의 미래를 바라보며 자신의 죽음을 준비하고 있다.

　그러나 제자들은 성전의 파괴가 스승의 죽음을 의미한다는 것을 모르고 있다. 그들은 다만 그 거대하고 화려한 성전이 무너진다는 것이 믿어지지 않았던 것이다. 그래서 도대체 어떤 엄청난 일이 벌어지기에 그 거대하고 아름다운 성전이 돌 하나가 돌 위에 남겨지지 않고 완전히 파괴되는 것인지 묻고 싶은 것이다. 그들의 관심은 사람들에 의해 돌로 지어진 성전에 관심이 있을 뿐이다. 그들은 자신들 곁에 앉아있는 나사렛 예수의 몸이 영원한 성전이라는 것은 모르고 있다. 그들은 돌로 지어진 성전이 무너지는 때의 시대적 징조를 묻는다.

　그러나 나사렛 예수의 대답은 그들의 기대와는 전혀 다른 것이었다. 그는 가짜 예수들의 등장, 곳곳에서 들려오는 전쟁과 지진과 기근의 소식들, 제자들에 대한 박해, 모든 민족에게 복음이 전파되는 것을 말한다. 이것으로 보아 나사렛 예수가 말하는 종말은 예루살렘 성전의 파괴가 아닌 것이 분명하다. 그는 세상의 종말을 말하고 있는 것이다. 특히 산고의 시작(αρχή ωδινων, 아르케 오디논)이라는 말이 의미심장하다. 이 말은 옛 세상의 종말과 함께 새로운 세계가 탄생하는 우주적 진통을 표현하고 있다.

그 시대의 징조는 부모와 자녀, 형제와 형제 사이에 서로를 죽음에 넘기는 무서운 시대, 사랑이 식어버린 잔인한 시대다. 그 시대는 기독교인들이 모든 사람들로부터 미움을 받는 시대다. 그것은 인류 보편의 이성 종교가 탄생하여 나사렛 예수 안에 있는 구원의 유일성을 믿는 사람들은 증오의 대상이 되는 시대다. 그 시대는 많은 사람이 믿음을 포기하는 시대가 될 것이다. 그러나 끝까지 인내하며 믿음을 지키는 자들은 구원받을 것이다.

재앙의 날들

마가복음 13:14-23

14절

Ὅταν δὲ ἴδητε τὸ βδέλυγμα τῆς ἐρημώσεως ἐστηκότα ὅπου οὐ δεῖ, ὁ ἀναγινώσκων νοείτω, τότε οἱ ἐν τῇ Ἰουδαίᾳ φευγέτωσαν εἰς τὰ ὄρη,

"그런데 너희가 황폐함의 가증한 것이 있어서는 안 되는 곳에 서 있는 것을 보거든, 읽는 사람은 깨달으라, 그때 유대에 있는 사람들은 산악지대로 도망쳐라.

15절

ὁ ἐπὶ τοῦ δώματος μὴ καταβάτω μηδὲ εἰσελθάτω τι ἆραι ἐκ τῆς οἰκίας αὐτοῦ,

그런데 지붕 위에 있는 사람은 집에서 무엇을 챙기기 위해 내려가지도 말고 들어가지도 말라.

16절

καὶ ὁ εἰς τὸν ἀγρὸν μὴ ἐπιστρεψάτω εἰς τὰ ὀπίσω ἆραι τὸ ἱμάτιον αὐτοῦ.

그리고 들에 있는 사람은 자기의 겉옷을 챙기기 위해 뒤로 돌이키지 말라.

17절

οὐαὶ δὲ ταῖς ἐν γαστρὶ ἐχούσαις καὶ ταῖς θηλαζούσαις ἐν ἐκείναις ταῖς ἡμέραις.

그런데 저 날들에는 뱃속에 (아이를) 가지고 있는 여자들과 젖먹이는 여자들에게는 재앙이다.

18절

προσεύχεσθε δὲ ἵνα μὴ γένηται χειμῶνος·

그러나 그날이 겨울이 되지 않도록 기도해라.

19절

ἔσονται γὰρ αἱ ἡμέραι ἐκεῖναι θλῖψις, οἵα οὐ γέγονεν τοιαύτη ἀπ᾽ ἀρχῆς κτίσεως ἣν ἔκτισεν ὁ Θεὸς ἕως τοῦ νῦν καὶ οὐ μὴ γένηται.

왜냐하면 저 날들은 하나님께서 창조하신 날부터 지금까지 없었던 그런 날들이 될 것이기 때문이다.

20절

καὶ εἰ μὴ ἐκολόβωσεν Κύριος τὰς ἡμέρας, οὐκ ἂν ἐσώθη πᾶσα σάρξ· ἀλλὰ διὰ τοὺς ἐκλεκτοὺς οὓς ἐξελέξατο ἐκολόβωσεν τὰς ἡμέρας.

그리고 주님께서 그날들을 단축시키지 않으셨다면, 모든 육체가 구원받지 못했을 것이다. 그러나 그가 택하신 택함 받은 자들을 위하여 그가 그날들을 단축하셨다.

21절

καὶ τότε ἐάν τις ὑμῖν εἴπῃ Ἴδε ὧδε ὁ Χριστός, Ἴδε ἐκεῖ, μὴ πιστεύετε·

그리고 그때 누가 너희들에게 '보라 그리스도가 여기에 있다, 보라 저기에 있다' 하여도 믿지 말라.

22절

ἐγερθήσονται δὲ ψευδόχριστοι καὶ ψευδοπροφῆται καὶ ποιήσουσιν σημεῖα καὶ τέρατα πρὸς τὸ ἀποπλανᾶν εἰ δυνατὸν τοὺς ἐκλεκτούς·

왜냐하면 거짓 그리스도들과 거짓 선지자들이 일어나서 할 수만 있다면 택하심을 받은 자들을 미혹하기 위해 표적들과 기사들을 줄 것이기 때문이다.

23절

ὑμεῖς δὲ βλέπετε· προείρηκα ὑμῖν πάντα.

그러나 너희들은 조심해라. 내가 너희들에게 모든 것들을 미리 말했다."

나사렛 예수는 가짜 메시아들을 조심하라고 경고하고 있다. 40년 후 유대 땅에서는 강력한 무장봉기가 일어난다. 그러나 그것은 로마 군대에 의해 진압되고 끔찍한 학살이 일어난다. 그 결과 성전은 파괴되고 유대인들은 약속의 땅에서 쫓겨난다. 그것은 가짜 메시아 운동이었다. 나사렛 예수는 40년 후에 일어날 긴박한 상황을 예언하고 있다. 그는 그 상황이 벌어지면 도망가라고 미리 명령한다. 실제로 AD 70년 유대 전쟁 때 기독교 공동체는 요르단 동쪽 페트라 지역으로 피신했다고 한다.

이스라엘은 위대한 제국건설을 위해 부름 받은 백성이 아니다. 그들은 하나님의 구원의 빛을 온 세상에 전파하는 선교적 사명을 위탁받은 민족이다. 그들이 이 거룩한 사명을 버리고 이방인들과 똑같은 길을 갈 때 하나님은 무자비하게 밟아버리신다. 그런 점에서 그들은 고난을 타고난 민족이다. 그들은 이 역사 속에서 하나님 때문에 십자가를 지고 가는 민족이다. 고난을 숙명처럼 짊어진 그들에게 번듯한 국가의 울타리가 얼마나 간절했겠는가?

그러나 그들의 민족적 열망은 언제나 하나님에게 차갑게 거절당한다. 거절당하는 그 백성의 슬픔은 또한 그들을 부르신 하나님의 슬픔이기도 하다. 그러기 때문에 그들은 또한 하나님의 자비와 긍휼 가운데 있는 백성이다. 그들이 비록 그리스도를 거부하고 그 죗값으로 온 세상을 이리저리 떠돌아다니는 나그네의 삶을 살더라도 그들은 여전히 하나님의 은혜 안에 있는 백성이다. 그러므로 그들을 학대하는 것은 하나님을 학대하는 것이다. 온 세계의 그리스도인들은 이스라엘 민족에게 빚진 사람들이다. 그들이 고난에 찬 믿음의 길을 따라 그리스도께서 오셨기 때문이다. 나사렛 예수도 유대인이고 그의 제자들도 유대인들이다. 교회는 유대교 회당의 예배형식을 그대로 물려받고, 구약성경도 물려받았다. 성경의 위대한 선지자들도 다 유대인이다. 이 세상의 모든 그리스도인은 그들을 위해 기도해야 한다.

영광의 임재

마가복음 13:24-27

24절

Ἀλλὰ ἐν ἐκείναις ταῖς ἡμέραις μετὰ τὴν θλῖψιν ἐκείνην ὁ ἥλιος σκοτισθήσεται, καὶ ἡ σελήνη οὐ δώσει τὸ φέγγος αὐτῆς,

"그러나 저 날들에 저 환란 후 태양이 어두워질 것이다.

그리고 달이 자기의 빛을 주지 않을 것이다.

25절

καὶ οἱ ἀστέρες ἔσονται ἐκ τοῦ οὐρανοῦ πίπτοντες, καὶ αἱ δυνάμεις αἱ ἐν τοῖς οὐρανοῖς σαλευθήσονται.

별들이 하늘로부터 떨어지고 있을 것이다.

그리고 하늘들에 있는 능력들이 흔들릴 것이다.

26절

καὶ τότε ὄψονται τὸν Υἱὸν τοῦ ἀνθρώπου ἐρχόμενον ἐν νεφέλαις μετὰ δυνάμεως πολλῆς καὶ δόξης.

그리고 그때 사람들이 사람의 아들이 많은 능력과 영광과 함께 구름들 속에서 오는 것을 볼 것이다.

27절

καὶ τότε ἀποστελεῖ τοὺς ἀγγέλους καὶ ἐπισυνάξει τοὺς ἐκλεκτοὺς αὐτοῦ ἐκ τῶν τεσσάρων ἀνέμων ἀπ' ἄκρου γῆς ἕως ἄκρου οὐρανοῦ.

그리고 그때 천사들을 보내어 그의 택함 받은 자들을 땅끝에서 하늘 끝까지 사방으로부터 모을 것이다."

해설

십자가에 달려 죽었던 나사렛 예수의 재림은 무서운 날이다. 그날 해와 달은 나사렛 예수의 영광 앞에서 겸손해질 것이고, 하늘의 별들이 쏟아지고, 우주 만물들이 두려움 속에 벌벌 떠는 가운데 십자가의 패배자는 영광의 승리자로 나타난다.

그때 모든 사람들이 무시무시한 공포와 전율 속에 그의 임재를 목격할 것이다. 그의 나타남은 고난 속에서 그가 약속한 종말론적 희망의 날을 기다려 온 자들에게는 기쁨이 될 것이다. 그러나 그를 배척하고 끝까지 반역한 자들에게는 끔찍한 재앙이 될 것이다. 나사렛 예수는 거룩한 천사들을 사방에 보내어 택함 받은 자들을 불러 모아 자신의 영원한 영광 속으로 데려갈 것이다. 그리고 나머지는 버려질 것이다.

무화과나무의 교훈

마가복음 13:28-31

28절

Ἀπὸ δὲ τῆς συκῆς μάθετε τὴν παραβολήν· ὅταν ἤδη ὁ κλάδος αὐτῆς ἀπαλὸς γένηται καὶ ἐκφύῃ τὰ φύλλα, γινώσκετε ὅτι ἐγγὺς τὸ θέρος ἐστίν·

"그런데 너희들은 무화과나무에서 교훈을 배워라. 벌써 그것의 가지가 싱싱해지고 잎사귀들이 돋아날 때 너희들은 여름이 가깝다는 것을 안다.

29절

οὕτως καὶ ὑμεῖς, ὅταν ἴδητε ταῦτα γινόμενα, γινώσκετε ὅτι ἐγγύς ἐστιν ἐπὶ θύραις.

이와같이 너희들도 이 일들이 이루어지는 것을 볼 때, 그가 문들에 가까운 것을 알라.

30절

ἀμὴν λέγω ὑμῖν ὅτι οὐ μὴ παρέλθῃ ἡ γενεὰ αὕτη μέχρις οὗ ταῦτα πάντα γένηται.

내가 진실로 너희들에게 말하건대 이 모든 일들이 이루어질 때까지 결코

이 세대가 지나가지 않을 것이다.

31절

ὁ οὐρανὸς καὶ ἡ γῆ παρελεύσονται, οἱ δὲ λόγοι μου οὐ παρελεύσονται.

하늘과 땅은 사라질 것이다. 그러나 나의 말들은 결코 사라지지 않을 것이다."

해설

마태복음의 종말론은 역사적 종말론이다. 거기에는 나사렛 예수의 부활과 재림 사이에 역사라는 시간의 간격이 있다. 그러나 마가복음의 종말론은 실존적 종말론이다. 거기에는 나사렛 예수의 부활과 재림은 모두 그 세대 안에 모두 성취되고 역사는 사라진다.

나사렛 예수는 지금 죽음을 앞에 두고 있다. 사형장을 향해 걸어가는 자에게 역사는 아무런 의미가 없다. 그의 시간은 실존적이고 종말론적이다. 그에게는 현세와 내세, 죽음과 부활은 딱 붙어있다. 그의 죽음은 곧장 부활의 미래로 연결되는 종말론적 희망의 문이다. 거기에 역사는 없다. 역사를 이야기한다는 것은 그에게 한가한 일이다. 죽음을 앞둔 나사렛 예수에게는 모든 것이 하나의 순간 속에 응축되어 있다.

나사렛 예수는 이 모든 일들이 그 세대에 다 일어날 것이라고 예언한다. 그에게 그 세대는 하루가 될 수 있고 천 년이 될 수 있다. 그에게 시간은 역사성이 없다. 오직 실존적이며 종말론적 무게를 가지고 있는 현재뿐이다. 그런 점에서 마가의 종말론은 현재적 종말론이다.

마가복음은 나사렛 예수의 뒤를 따라 죽음의 길을 걸어가고 있던 제자가 남겨놓은 아름다운 사랑 이야기다. 세상에 마가복음보다 더 아름다운 사랑 이야기는 없을 것이다.

그날과 그 시간

마가복음 13:32-37

32절

Περὶ δὲ τῆς ἡμέρας ἐκείνης ἢ τῆς ὥρας οὐδεὶς οἶδεν, οὐδὲ οἱ ἄγγελοι ἐν οὐρανῷ οὐδὲ ὁ Υἱός, εἰ μὴ ὁ Πατήρ.

"그런데 저 날과 저 시간에 대해서는 아무도 모른다. 하늘에 있는 천사들도 아들도 모른다, 아버지 말고는.

33절

Βλέπετε, ἀγρυπνεῖτε· οὐκ οἴδατε γὰρ πότε ὁ καιρός ἐστιν.

조심하라, 깨어있어라. 너희들은 그때가 언제인지 알지 못하기 때문이다.

34절

ὡς ἄνθρωπος ἀπόδημος ἀφεὶς τὴν οἰκίαν αὐτοῦ καὶ δοὺς τοῖς δούλοις αὐτοῦ τὴν ἐξουσίαν, ἑκάστῳ τὸ ἔργον αὐτοῦ, καὶ τῷ θυρωρῷ ἐνετείλατο ἵνα γρηγορῇ.

그것은 마치 먼 길을 떠나는 사람이 자기의 집을 떠나면서 종들 각자에게 자기의 권세를 주면서 문지기에게는 깨어있으라고 명령하는 것과 같다.

35절

γρηγορεῖτε οὖν· οὐκ οἴδατε γὰρ πότε ὁ κύριος τῆς οἰκίας ἔρχεται,
ἢ ὀψὲ ἢ μεσονύκτιον ἢ ἀλεκτοροφωνίας ἢ πρωΐ·

그러므로 깨어있어라. 왜냐하면 너희들은 주인이 언제 오는지, 혹 저녁인
지 혹 한밤중인지, 혹 닭이 우는 때인지 혹 아침인지 알지 못하기 때문이다.

36절

μὴ ἐλθὼν ἐξαίφνης εὕρῃ ὑμᾶς καθεύδοντας.

그가 갑자기 와서 너희들이 잠들어 있는 것을 보지 못하게 하라.

37절

ὃ δὲ ὑμῖν λέγω, πᾶσιν λέγω, γρηγορεῖτε.

그런데 내가 너희들에게 말하고 있는 것은 모든 사람들에게 말하고 있는
것이다. 깨어있어라."

해설

이 세상에는 신의 아들인 나사렛 예수도 모르는 종말의 때와 시간을 안다고 하는 사기꾼들이 한둘이 아니다. 그들의 공통점은 자기들이 하나님으로부터 직통계시를 받는다는 것이다. 그들은 예수 밖에 있는 자들이며, 예수 위에 있는 자들이다. 그들은 하나님과 아무런 관계가 없는 거짓말쟁이들이다. 왜냐하면 하나님의 생명은 오직 나사렛 예수 안에만 있기 때문이다.

주인은 종들에게 각자의 임무를 맡긴 후 집을 떠난다. 그는 언제 돌아올지 아무도 모른다. 그러므로 그 주인은 항상 오는 중이다. 종들이 주체적으로 할 수 있는 것은 아무것도 없다. 거기에는 역사가 없고, 그 시간은 종말론적 긴장의 순간이다.

이것이 마가복음의 특징이며, 마태복음과 다른 점이다. 마태복음의 역사는 그리스도의 가르침(Διδαχη, 디다케) 위에 교회를 세우고 세상을 섬기는 교회의 역사다. 그러나 누가복음의 역사는 교회 밖의 일반 역사다. 교회는 그 역사의 일부분이다. 그러나 그것은 역사의 머릿돌이 되는 일부분이다.

종들은 주인이 언제 올지 모르기 때문에 항상 깨어 준비하고 있어야 한다. 그는 주인이 자기에게 맡겨준 일만 열심히 하면 된다. 주인은 맡겨주지 않은 것을 요구하지는 않는다. 종은 자기에게 주어진 경계선을 넘으면 안 된다. 그는 주인이 아니기 때문이다. 우리는 우리에게 주어진 은사에 충실할 때 주님으로부터 축복을 받는다. 전체를 돌보시는 분은 하나님이시다. 우리는 그 전체의 일부분이다.

나사렛 예수는 자신이 제자들에게 말하는 것은 동시에 모든 사람들에게 말하는 것이라고 한다. 그러므로 모든 사람은 똑같은 종말론적 긴장의 순간 속에 있다. 그들은 같은 시간을 살고 있는 동시대의 종말론적 실존들이다. 그런 점에서 마가복음은 한마디로 "하나님 나라 운동권 이야기"다.

유월절 이틀 전

마가복음 14:1-2

1절

Ἦν δὲ τὸ πάσχα καὶ τὰ ἄζυμα μετὰ δύο ἡμέρας. καὶ ἐζήτουν οἱ ἀρχιερεῖς καὶ οἱ γραμματεῖς πῶς αὐτὸν ἐν δόλῳ κρατήσαντες ἀποκτείνωσιν.

그런데 이틀 후면 유월절과 누룩 없는 빵들의 축제다. 그리고 대제사장들과 서기관들은 어떻게 하면 그를 계략으로 잡아 죽일까 연구하고 있었다.

2절

ἔλεγον γάρ Μὴ ἐν τῇ ἑορτῇ, μή ποτε ἔσται θόρυβος τοῦ λαοῦ.

왜냐하면 그들은 말하고 있었기 때문이다. "축제 기간에는 말자. 백성의 소동이 있지 않도록."

해설

　유월절 이틀 전이라는 것은 나사렛 예수의 죽음이 이틀 후로 다가 왔다는 뜻이다. 그러나 그것은 오직 나사렛 예수만 알고 있는 운명의 시간이다. 그는 이미 만세 전부터 유월절 어린 양으로 도살되기로 예정된 존재다. 그것을 정하신 것은 그의 아버지다. 그는 그의 아버지 의 뜻에 순종하여 아버지께서 정해 놓으신 그 일을 이루기 위해 세상 에 온 사랑의 아들이다.

　유월절 이틀 전이란 이제 그가 세상을 떠나 아버지께로 돌아갈 시간이 다가왔다는 뜻이다. 그는 아버지께로부터 태어나 세상에 왔 다가, 세상을 떠나 다시 아버지께로 돌아가고 있다.

　그러므로 그 시간은 인간의 시간이 아니라 하나님의 시간이다. 왜냐하면 성 삼위일체 진리의 하나님만이 그 시간의 의미를 알고 있기 때문이다.

　유대인들은 해마다 유월절을 종교적 축제의 날로 지켜왔다. 그들 이 지켜온 그날은 장차 나타날 영원한 실체의 모형이다. 나사렛 예수 는 이 세상에 나타난 영원한 실체다. 그러나 나사렛 예수가 그 영원한 실체라는 것을 아는 자는 없다. 그러기 때문에 나사렛 예수는 고독하 다. 그것은 절대적 고독의 시간이다.

　나사렛 예수에게 그날은 종교적 축제의 날이 아니라, 자기 몸의 희생을 통하여 영원한 생명의 길을 여는 종말론적 실존의 시간이다. 그리고 그것은 그가 자신의 아버지를 이 땅에서 영화롭게 하는 시간이 다. 그리고 그것을 통해 자기 자신이 영광을 받는 시간이다.

여성신학의 출발점

마가복음 14:3-9

3절

Καὶ ὄντος αὐτοῦ ἐν Βηθανίᾳ ἐν τῇ οἰκίᾳ Σίμωνος τοῦ λεπροῦ, κατακε
ιμένου αὐτοῦ ἦλθεν γυνὴ ἔχουσα ἀλάβαστρον μύρου νάρδου πιστικῆς
πολυτελοῦς· συντρίψασα τὴν ἀλάβαστρον κατέχεεν αὐτοῦ τῆς κεφαλῆς.

그리고 그가 베다니에 있는 나병환자 시몬의 집에 있을 때, 그가 (식탁에)
기대어 앉아있을 때, 값비싼 순전한 나르드 향유의 옥합을 가지고 있는
여자가 왔다. 그리고 옥합을 깨뜨리고 그의 머리에 쏟아부었다.

4절

ἦσαν δέ τινες ἀγανακτοῦντες πρὸς ἑαυτούς Εἰς τί ἡ ἀπώλεια αὕτη
τοῦ μύρου γέγονεν;

그러자 어떤 사람들이 자기들끼리 분개하고 있었다. "이 향유의 낭비는
무슨 목적으로 된 것이냐?

5절

ἠδύνατο γὰρ τοῦτο τὸ μύρον πραθῆναι ἐπάνω δηναρίων τριακοσίων
καὶ δοθῆναι τοῖς πτωχοῖς· καὶ ἐνεβριμῶντο αὐτῇ.

왜냐하면 이 향유는 300데나리온 이상에 팔려서 가난한 자들에게 주어질 수 있었기 때문이다." 그리고 그들은 그녀에게 씩씩거리고 있었다.

6절

ὁ δὲ Ἰησοῦς εἶπεν Ἄφετε αὐτήν· τί αὐτῇ κόπους παρέχετε; καλὸν ἔργον ἠργάσατο ἐν ἐμοί.

그러자 예수께서 말했다. "그녀를 내버려 두라. 왜 그녀에게 고통을 주느냐? 그녀는 내 안에서 아름다운 일을 이루었다.

7절

πάντοτε γὰρ τοὺς πτωχοὺς ἔχετε μεθ᾽ ἑαυτῶν, καὶ ὅταν θέλητε δύνασθε αὐτοῖς εὖ ποιῆσαι, ἐμὲ δὲ οὐ πάντοτε ἔχετε.

너희는 언제나 가난한 자들을 너희 곁에 가지고 있다. 그리고 너희가 원할 때 그들에게 좋은 일을 할 수 있다. 그러나 나를 항상 너희가 가지고 있지는 못한다.

8절

ὃ ἔσχεν ἐποίησεν· προέλαβεν μυρίσαι τὸ σῶμά μου εἰς τὸν ἐνταφιασμόν.

그녀는 자기가 가지고 있던 것을 행했다. 그녀는 나의 장례식을 미리 치르기 위해 나의 몸에 향유를 바른 것이다.

9절

ἀμὴν δὲ λέγω ὑμῖν, ὅπου ἐὰν κηρυχθῇ τὸ εὐαγγέλιον εἰς ὅλον

τὸν κόσμον, καὶ ὃ ἐποίησεν αὕτη λαληθήσεται εἰς μνημόσυνον αὐτῆς.

내가 진실로 너희에게 말하노니, 복음이 온 세상에 전파되는 곳마다 이 여자가 행한 것도 그녀의 기념물로 이야기될 것이다."

종말론적 죽음을 향해 가고 있는 나사렛 예수의 절대 고독의 시간 속에 들어온 사람이 있었다. 그것은 이름 없는 한 여자다. 그녀는 값비싼 순전한 나르드 향유의 옥합을 깨뜨리고 나사렛 예수의 머리에 쏟아 부었다. 그러자 나사렛 예수의 온몸은 향유로 덮이고 방 안은 향기로운 냄새로 가득하게 되었다. 동석하고 있던 제자들은 그녀의 행동을 충동적인 낭비라고 비난하며 분개한다.

그러나 나사렛 예수는 그녀가 자기 안에서 아름다운 일을 했다고 칭찬한다.

καλὸν ἔργον ἠργάσατο ἐν ἐμοί.
그녀는 내 안에서 아름다운 일을 이루었다(6절).

그녀는 나사렛 예수의 마음속에 들어가 있다. 그녀는 죽음을 향하여 걸어가고 있는 나사렛 예수의 마음속에서, 나사렛 예수를 향하여 자신의 마음을 행동으로 표현한다.

나사렛 예수는 그녀가 가지고 있던 것을 행했다고 말한다.

ὃ ἔσχεν ἐποίησεν.
그녀는 자기가 가지고 있던 것을 행했다(8절).

그녀는 무엇을 가지고 있었던 것인가? 그것은 나사렛 예수를 향한 믿음과 사랑이다. 그녀는 나사렛 예수의 죽음이 하나님의 부활의 미래를 여는 종말론적 사건이라는 것을 인식했다. 그녀는 나사렛 예수의 몸이 깨어져야 한다는 신학적 인식을 갖고 있다. 그녀가 깨뜨린 옥합은 나사렛 예수의 몸이다. 그리고 그 속에 들어있는 향유는 성령이다. 성령은 나사렛 예수의 몸이 깨어져 산산이 부서질 때 온 세상에 퍼져나간다. 그녀는 나사렛 예수의 죽음의 의미를 통찰한 위대한 신학자다.

나사렛 예수는 그녀가 자신의 장례식을 미리 치른 것이라고 말한다.

προέλαβεν μυρίσαι τὸ σῶμά μου εἰς τὸν ἐνταφιασμόν.
그녀는 나의 장례식을 미리 치르기 위해 나의 몸에 향유를 바른 것이다
(8절).

그녀는 나사렛 예수의 죽음을 현실로 인식했다. 그녀는 나사렛 예수의 죽음이 하나님의 부활의 세계로 가기 위해 반드시 거쳐야 할 과정임을 인식한 유일한 인물이다.

나사렛 예수는 복음이 전파되는 곳마다 이 여자가 행한 아름다운 믿음과 사랑이 기념물이 될 것이라고 말한다. 그녀는 죽음을 향해 가고 있는 나사렛 예수의 외로움을 보듬어 준, 나사렛 예수의 진정한 친구요 제자다.

바로 여기가 여성신학의 출발점이다.

가룟 유다의 배신

마가복음 14:10-11

10절

Καὶ Ἰούδας Ἰσκαριὼθ, ὁ εἷς τῶν δώδεκα, ἀπῆλθεν πρὸς τοὺς ἀρχιερ εῖς ἵνα αὐτὸν παραδοῖ αὐτοῖς.

그리고 열둘 중의 하나인 가룟 유다는 그를 대제사장들에게 넘겨주기 위해 그들을 향하여 떠났다.

11절

οἱ δὲ ἀκούσαντες ἐχάρησαν καὶ ἐπηγγείλαντο αὐτῷ ἀργύριον δοῦναι. καὶ ἐζήτει πῶς αὐτὸν εὐκαίρως παραδοῖ.

그러자 그들은 듣고 기뻐하며 그에게 돈을 주겠다고 약속했다. 그리고 그는 어떻게 하면 좋은 기회에 그를 넘겨줄까 노리고 있었다.

해설

　가룟 유다는 향유 여인의 기름 부음 사건 후에 갑자기 대제사장들과 손을 잡고 나사렛 예수를 제거하는 일에 앞장선다. 그것은 나사렛 예수가 자신의 죽음을 기정사실로 했기 때문이다. 여기에서 나사렛 예수의 죽음을 둘러싼 두 가지 상반된 반응을 볼 수 있다. 향유 여인에게 나사렛 예수의 죽음은 하나님의 부활의 세계를 여는 종말론적 희망의 문이다. 그러나 가룟 유다에게는 무능력한 패배다. 가룟 유다는 이 무능력한 패배주의를 용납할 수 없다. 그래서 그는 자기 발로 대제사장들을 찾아간다. 이제 그는 세상에서 가장 소름 끼치는 배신자의 비열함을 보여줄 것이다.

　향유 여인은 나사렛 예수의 부활을 믿었기 때문에 자신의 가장 소중한 향유를 쏟아부어 종말론적 메시아의 고난을 축복한다. 그러나 그것은 가룟 유다에게는 용납할 수 없는 비현실적인 몽상이다. 그런 면에서 그는 유물론자다. 가룟 유다가 자기 발로 찾아가 손잡은 대제사장들도 부활을 인정하지 않는 철저한 현세주의자들이었다. 그들에게 유일한 가치는 돈과 권력과 명예다. 가룟 유다는 확신을 갖고 나사렛 예수를 잔인하게 밟아버리기로 결심한다. 이 세상에서 가장 무서운 것은 배신자의 사악함과 교활함과 잔인함이다. 이제 가룟 유다는 그것을 보여줄 것이다.

유월절 어린 양

마가복음 14:12-21

12절

Καὶ τῇ πρώτῃ ἡμέρᾳ τῶν ἀζύμων, ὅτε τὸ πάσχα ἔθυον, λέγουσιν αὐτῷ οἱ μαθηταὶ αὐτοῦ Ποῦ θέλεις ἀπελθόντες ἑτοιμάσωμεν ἵνα φάγῃς τὸ πάσχα;

그리고 누룩 없는 빵들의 첫날, 유월절 양을 잡을 때 그의 제자들이 그에게 말한다. "당신은 우리가 어디에서 당신이 유월절 양을 먹도록 준비하기를 원하십니까?"

13절

καὶ ἀποστέλλει δύο τῶν μαθητῶν αὐτοῦ καὶ λέγει αὐτοῖς Ὑπάγετε εἰς τὴν πόλιν, καὶ ἀπαντήσει ὑμῖν ἄνθρωπος κεράμιον ὕδατος βαστάζων· ἀκολουθήσατε αὐτῷ,

그러자 그는 자기의 제자들 중 둘을 보내며 그들에게 말한다. "도시로 가라. 그러면 물동이를 짊어지고 있는 사람이 너희를 마중 나올 것이다. 그를 따라가라.

14절

καὶ ὅπου ἐὰν εἰσέλθῃ εἴπατε τῷ οἰκοδεσπότῃ ὅτι Ὁ Διδάσκαλος λέγει Ποῦ ἐστιν τὸ κατάλυμά μου, ὅπου τὸ πάσχα μετὰ τῶν μαθητῶν μου φάγω;

그리고 그가 들어가는 곳의 집주인에게 말해라. 선생님께서 말씀하십니다. 내가 나의 제자들과 함께 유월절 양을 먹을 나의 객실이 어디 있느냐?

15절

καὶ αὐτὸς ὑμῖν δείξει ἀνάγαιον μέγα ἐστρωμένον ἕτοιμον· καὶ ἐκεῖ ἑτοιμάσατε ἡμῖν.

그러면 그가 너희에게 준비된 큰 다락방이 펼쳐진 것을 보여줄 것이다. 그러면 거기에 우리를 위해 준비해라."

16절

καὶ ἐξῆλθον οἱ μαθηταὶ καὶ ἦλθον εἰς τὴν πόλιν καὶ εὗρον καθὼς εἶπεν αὐτοῖς, καὶ ἡτοίμασαν τὸ πάσχα.

그리고 제자들은 나가서 도시로 들어가 그가 그들에게 말한 대로 찾아서 유월절 식사를 준비했다.

17절

Καὶ ὀψίας γενομένης ἔρχεται μετὰ τῶν δώδεκα.

그리고 저녁이 되었을 때 그는 열둘과 함께 온다.

18절

καὶ ἀνακειμένων αὐτῶν καὶ ἐσθιόντων ὁ Ἰησοῦς εἶπεν Ἀμὴν λέγω
ὑμῖν ὅτι εἷς ἐξ ὑμῶν παραδώσει με, ὁ ἐσθίων μετ’ ἐμοῦ.

그리고 그들이 식탁에 기대어 앉아서 먹고 있을 때 예수께서 말했다.
"내가 진실로 너희에게 말하노니 너희 중의 하나가 곧 나와 함께 먹고
있는 사람이 나를 넘길 것이다."

19절

ἤρξαντο λυπεῖσθαι καὶ λέγειν αὐτῷ εἷς κατὰ εἷς Μήτι ἐγώ;

그들은 슬퍼하며 한 사람씩 그에게 말하기 시작했다. "나는 아니지요?"

20절

ὁ δὲ εἶπεν αὐτοῖς Εἷς τῶν δώδεκα, ὁ ἐμβαπτόμενος μετ’ ἐμοῦ εἰς
τὸ τρύβλιον.

그러자 그가 그들에게 말했다. "열둘 중의 하나, 곧 나와 함께 대접에 (빵
을) 적시고 있는 그 사람이다.

21절

ὅτι ὁ μὲν Υἱὸς τοῦ ἀνθρώπου ὑπάγει καθὼς γέγραπται περὶ αὐτοῦ·
οὐαὶ δὲ τῷ ἀνθρώπῳ ἐκείνῳ δι’ οὗ ὁ Υἱὸς τοῦ ἀνθρώπου παραδίδοται·
καλὸν αὐτῷ εἰ οὐκ ἐγεννήθη ὁ ἄνθρωπος ἐκεῖνος.

진정 사람의 아들은 자기에 대하여 기록된 대로 간다. 그러나 사람의
아들이 넘겨지는 통로가 되는 저 사람에게는 재앙이다. 저 사람은 태어
나지 않았다면 그에게 좋았을 것이다."

해설

　　나사렛 예수가 유월절 만찬을 준비하는 과정을 보면 열두 제자들이 모르는 조직이 있었음을 알 수 있다. 그는 자신의 비밀 조직을 통해 이미 그것을 준비해 놓았던 것이다. 성경을 보면 우리는 나사렛 예수가 조직의 천재라는 것을 알 수 있다. 그의 공생애가 시작되기 전 거의 30년의 세월은 침묵 속에 있다. 그것은 그의 짧은 공생애를 완벽하게 준비하는 긴 시간이었다. 그는 하나님 나라 운동의 전략 전술을 이미 다 짜 놓았을 뿐 아니라, 그 운동에 참여할 조직을 만들어 놓았던 것이다. 조직은 하루아침에 생기는 것이 아니다. 그것은 오랜 기간의 성실하고 끈질긴 노력의 결과로 만들어지는 것이다. 나사렛 예수는 주도면밀한 하나님 나라 운동권 지도자의 모습을 보여주고 있다.

　　나사렛 예수는 유월절 어린 양 잡는 날 저녁 열두 명의 제자들과 함께 예루살렘에 있는 어느 집 2층 홀에 준비된 유월절 만찬에 참석한다. 그는 유월절 어린 양으로 오신, 유월절 축제의 주인공이다. 이스라엘 백성들의 구원을 위해 유월절 어린 양이 도살되었듯이, 나사렛 예수는 온 인류의 구원을 위해 도살된다. 유월절 어린 양의 피가 이스라엘 백성을 살육의 천사로부터 지켜주었듯이, 나사렛 예수의 피는 그의 백성들을 지옥의 심판으로부터 지켜줄 것이다. 유월절 축제 때마다 수많은 어린 양들이 도살되었다. 그러나 나사렛 예수의 죽음은 단번에(ἅπαξ, 하팍스) 어린 양들의 유월절 희생을 끝낼 것이다.

　　그는 몇 시간 후면 유월절 어린 양으로 붙잡혀 도살될 운명이다. 그에게 유월절 만찬은 제자들과의 마지막 식사이며, 세상에서의 마지막 시간이다. 그 시간은 두렵고 떨리는 종말론적 긴장의 시간이다. 그는 유월절 어린 양을 먹으면서 제자들 중 하나가 자신을 팔아넘길 것을 예고한다. 제자들은 슬픔과 두려움 속에 혹시 그 저주받을 배신자가 자신은 아닐까 걱정하며 "나는 아니지요?"라고 묻는다. 세상에 이보다 더 슬픈 이야기는 없을 것이다. 이것을 그림으로 그린다면 비극의 미학이 될 것이다. 나사렛 예수의 이야기는 미학적 요소들로 가득 차 있다. 그것은 나사렛 예수 자신이 아름답고 화려한 우주 만물의 창조자이기 때문이다. 거기에는 그의 지혜와 능력과 영광이 계시되어 있다. 그는 창조의 근원이며, 거룩한 영광의 본체다. 그러나 그의 세상에서의 삶은 비극적인 요소들로 가득 차 있다. 그것은 그가 창조한 세계가 죄로 인해 파괴되었기 때문이다.

성만찬

마가복음 14:22-26

22절

Καὶ ἐσθιόντων αὐτῶν λαβὼν ἄρτον εὐλογήσας ἔκλασεν καὶ ἔδωκεν αὐτοῖς καὶ εἶπεν Λάβετε· τοῦτό ἐστιν τὸ σῶμά μου.

그리고 그들이 먹고 있을 때 그가 빵을 들어 축복하고 쪼갰다. 그리고 그들에게 주면서 말했다. "받으라. 이것은 나의 몸이다."

23절

καὶ λαβὼν ποτήριον εὐχαριστήσας ἔδωκεν αὐτοῖς, καὶ ἔπιον ἐξ αὐτοῦ πάντες.

그리고 잔을 들어 감사하고 그들에게 주었다. 그리고 그들은 그것을 마셨다.

24절

καὶ εἶπεν αὐτοῖς Τοῦτό ἐστιν τὸ αἷμά μου τῆς διαθήκης τὸ ἐκχυννόμενον ὑπὲρ πολλῶν.

그리고 그가 그들에게 말했다. "이것은 많은 사람을 위하여 흘리는 내 계약의 피다.

25절

ἀμὴν λέγω ὑμῖν ὅτι οὐκέτι οὐ μὴ πίω ἐκ τοῦ γενήματος τῆς ἀμπέλου
ἕως τῆς ἡμέρας ἐκείνης ὅταν αὐτὸ πίνω καινὸν ἐν τῇ βασιλείᾳ τοῦ
Θεοῦ.

내가 진실로 너희에게 말하노니 하나님의 나라에서 그것을 새것으로
마시는 그날까지 나는 포도나무의 소출로부터 결코 마시지 않을 것이
다."

26절

Καὶ ὑμνήσαντες ἐξῆλθον εἰς τὸ ὄρος τῶν Ἐλαιῶν.

그리고 그들은 찬송을 부르면서 올리브 나무의 산으로 나갔다.

해설

나사렛 예수는 성찬식을 통해 자신의 삶과 죽음을 압축하여 상징화한다. 그것은 한 폭의 거룩하고 아름다운 그림이다. 그는 이 그림을 남겨놓고 아버지께로 돌아간다. 그리고 거기서 그가 사랑하는 제자들을 기다린다. 그 부활의 세계에는 포도나무들이 있고 그 열매들에서 얻은 음료들이 있다. 그는 그의 제자들과의 재회의 날까지 그것을 마시지 않겠다고 약속한다. 그것은 그가 그 나라에서의 만남을 간절히 기다린다는 메시지다. 그리고 제자들은 스승의 뒤를 따라 죽음을 통해 그곳에 가게 될 것이다.

성찬식은 나사렛 예수가 제자들에게 남겨놓은 원초적 예배형식이다. 그것은 단순하고도 강렬한 이미지를 간직하고 있다. 아마도 초기 기독교 공동체는 모일 때마다 성찬식을 통해 나사렛 예수의 고난과 죽음을 회상했을 것이다. 그리고 나사렛 예수에 대한 이런저런 여러 가지 생생한 기억을 나누었을 것이다. 만약 오늘날, 이 시대의 교회가 개혁되어야 한다면 그것은 단순한 성찬식과 생생한 나사렛 예수 이야기로 다시 돌아가는 것이 되어야 한다.

나사렛 예수는 성찬식이라는 형식 속에 자신의 몸과 피를 세상을 향한 선물로 남겨놓고 아버지께로 돌아갔다. 그것은 우리의 구원과 생명을 위한 은혜의 선물이다.

나사렛 예수는 성찬식이라는 거룩한 예술품을 완성한 후 제자들과 함께 무리 지어 찬송을 부르면서 올리브 산을 향하여 나간다. 그리고 그날 밤 거기서 잡혀서 죽음의 길로 직행한다.

갈릴리로 가겠다

마가복음 14:27-31

27절

Καὶ λέγει αὐτοῖς ὁ Ἰησοῦς ὅτι Πάντες σκανδαλισθήσεσθε, ὅτι γέγρ απται Πατάξω τὸν ποιμένα, καὶ τὰ πρόβατα διασκορπισθήσονται.

그리고 예수께서 그들에게 말한다. "너희 모두 걸려 넘어질 것이다. 왜냐 하면 '내가 목자를 칠 것이다. 그리고 양들은 뿔뿔이 흩어질 것이다'라고 기록되어 있기 때문이다.

28절

ἀλλὰ μετὰ τὸ ἐγερθῆναί με προάξω ὑμᾶς εἰς τὴν Γαλιλαίαν.

그러나 내가 일으켜진 후에 나는 너희보다 먼저 갈릴리로 갈 것이다."

29절

ὁ δὲ Πέτρος ἔφη αὐτῷ Εἰ καὶ πάντες σκανδαλισθήσονται, ἀλλ᾽ οὐκ ἐγώ.

그러자 베드로가 그에게 엄숙히 말했다. "모두가 걸려 넘어질지라도, 나는 아닙니다."

30절

καὶ λέγει αὐτῷ ὁ Ἰησοῦς Ἀμὴν λέγω σοι ὅτι σὺ σήμερον ταύτῃ τῇ νυκτὶ πρὶν ἢ δὶς ἀλέκτορα φωνῆσαι τρίς με ἀπαρνήσῃ.

그러자 예수께서 그에게 말한다. "내가 진실로 너에게 말한다. 너는 이 밤에 닭이 두 번 울기 전에 나를 세 번 부인할 것이다."

31절

ὁ δὲ ἐκπερισσῶς ἐλάλει Ἐὰν δέῃ με συναποθανεῖν σοι, οὐ μή σε ἀπαρνήσομαι. ὡσαύτως δὲ καὶ πάντες ἔλεγον.

그러나 그는 더욱 힘주어 이야기하고 있었다. "만약 내가 당신과 함께 죽을지라도, 나는 결코 당신을 부인하지 않을 것입니다." 그러자 모두가 똑같이 말하고 있었다.

해설

    나사렛 예수는 제자들과 지상에서의 마지막 작별의 순간을 보내고 있다. 그는 제자들 모두 자기를 버리고 도망칠 것이라고 예고한다. 그러나 제자들은 절대로 그런 일은 없을 것이라고 굳게 약속한다. 그들은 끝까지 나사렛 예수를 따라가기를 원한다. 그러나 지금은 아니다. 언젠가는 그들도 나사렛 예수가 갔던 길을 따라 그가 있는 곳으로 가서 그의 영광에 참여하게 될 것이다. 그들은 나사렛 예수의 말대로 스승을 버리고 뿔뿔이 흩어져 도망친다.

    나사렛 예수는 부활 후 제자들보다 먼저 갈릴리로 가겠다는 말을 한다. 나사렛 예수는 부활한 후에도 역사의 현장에 남고 싶어 한다. 그리고 그가 남고 싶어 하는 역사의 현장은 갈릴리다. 이것은 엄청난 신학적 메시지를 품고 있다. 그러나 마가복음에는 실제로 나사렛 예수와 제자들이 갈릴리에서 만났다는 이야기가 없다.

    마태복음에서 부활 후 나사렛 예수는 미리 약속한 갈릴리의 어느 산에서 제자들과 만난다. 그리고 세상 끝 날까지 항상 제자들과 함께 있겠다는 영원한 현존의 약속을 한다.

    누가복음과 사도행전에서 나사렛 예수는 부활 후 40일 동안 지상에 머무르다가 제자들이 보는 가운데 예루살렘 건너편 올리브 산에서 승천한다. 그리고 성령을 보내어 제자들과 함께 역사 속에 영으로 현존한다.

    요한복음에서 부활 후 나사렛 예수는 갈릴리 디베랴 바닷가에서 제자들과 만나는 것으로 끝난다. 그리고 나사렛 예수가 어디로 갔는지는 말하지 않는다. 나사렛 예수는 영원한 신비 속에 감추어져 있다.

모든 복음서가 증거하는 예수는 세상 끝 날까지 제자들과 함께 역사의 현장에 남아있다. 그 역사의 현장은 나사렛 예수가 죽임을 당한 고난의 현장이다.

예수의 실존

마가복음 14:32-42

32절

Καὶ ἔρχονται εἰς χωρίον οὗ τὸ ὄνομα Γεθσημανεί, καὶ λέγει τοῖς μαθηταῖς αὐτοῦ Καθίσατε ὧδε ἕως προσεύξωμαι.

그리고 그들은 겟세마네라는 장소로 간다. 그리고 그는 자기의 제자들에게 말한다. "내가 기도할 때까지 여기에 앉아있어라."

33절

καὶ παραλαμβάνει τὸν Πέτρον καὶ τὸν Ἰάκωβον καὶ τὸν Ἰωάνην μετ᾽ αὐτοῦ, καὶ ἤρξατο ἐκθαμβεῖσθαι καὶ ἀδημονεῖν,

그리고 자기와 함께 베드로와 야고보와 요한을 데리고 간다. 그리고 그는 괴로워하며 근심하기 시작했다.

34절

καὶ λέγει αὐτοῖς Περίλυπός ἐστιν ἡ ψυχή μου ἕως θανάτου· μείνατε ὧδε καὶ γρηγορεῖτε.

그리고 그는 그들에게 말한다. "나의 영혼이 죽기까지 심히 괴롭다. 여기에 머물러라. 그리고 깨어있어라."

35절

καὶ προελθὼν μικρὸν ἔπιπτεν ἐπὶ τῆς γῆς, καὶ προσηύχετο ἵνα εἰ δυνατόν ἐστιν παρέλθῃ ἀπ᾽ αὐτοῦ ἡ ὥρα,

그리고 그는 조금 앞으로 가서 땅에 엎드렸다. 그리고 그는 가능하다면 그에게서 그 시간이 지나가기를 기도한다.

36절

καὶ ἔλεγεν Ἀββᾶ ὁ Πατήρ, πάντα δυνατά σοι· παρένεγκε τὸ ποτήριον τοῦτο ἀπ᾽ ἐμοῦ· ἀλλ᾽ οὐ τί ἐγὼ θέλω ἀλλὰ τί σύ.

그리고 그는 말하고 있었다. "아빠 아버지, 당신에게는 모든 것이 가능합니다. 나에게서 이 잔을 치워주세요. 그러나 내가 원하는 것이 아니라 대신에 당신이 원하는 것을."

37절

καὶ ἔρχεται καὶ εὑρίσκει αὐτοὺς καθεύδοντας, καὶ λέγει τῷ Πέτρῳ Σίμων, καθεύδεις; οὐκ ἴσχυσας μίαν ὥραν γρηγορῆσαι;

그리고 그는 온다. 그리고 그들이 잠들어 있는 것을 발견한다. 그리고 베드로에게 말한다. "시몬, 너는 한 시간을 깨어있을 수 없느냐?

38절

γρηγορεῖτε καὶ προσεύχεσθε, ἵνα μὴ ἔλθητε εἰς πειρασμόν· τὸ μὲν πνεῦμα πρόθυμον, ἡ δὲ σὰρξ ἀσθενής.

너희는 깨어있어라. 그리고 시험에 들어가지 않도록 기도해라. 진정 영은 간절하지만 육체가 약하구나."

39절

καὶ πάλιν ἀπελθὼν προσηύξατο τὸν αὐτὸν λόγον εἰπών.

그리고 떠나서 똑같은 말을 말하며 기도했다.

40절

καὶ πάλιν ἐλθὼν εὗρεν αὐτοὺς καθεύδοντας, ἦσαν γὰρ αὐτῶν οἱ ὀφθαλμοὶ καταβαρυνόμενοι, καὶ οὐκ ἤδεισαν τί ἀποκριθῶσιν αὐτῷ.

그리고 그가 왔을 때 그는 그들이 잠들어 있는 것을 발견했다. 왜냐하면 그들의 눈들이 짓눌려 있었기 때문이다. 그리고 그들은 그에게 무엇을 대답할지 알지 못했다.

41절

καὶ ἔρχεται τὸ τρίτον καὶ λέγει αὐτοῖς Καθεύδετε τὸ λοιπὸν καὶ ἀναπαύεσθε· ἀπέχει· ἦλθεν ἡ ὥρα, ἰδοὺ παραδίδοται ὁ Υἱὸς τοῦ ἀνθρώπου εἰς τὰς χεῖρας τῶν ἁμαρτωλῶν.

그리고 그는 세 번째 온다. 그리고 그는 그들에게 말한다. "이제는 자라. 그리고 푹 쉬어라. 충분하다. 그 시간이 왔다. 보라! 사람의 아들이 죄인들의 손에 넘겨진다.

42절

ἐγείρεσθε ἄγωμεν· ἰδοὺ ὁ παραδιδούς με ἤγγικεν.

일어나라. 가자. 보라! 나를 넘기는 자가 가까이 다가왔도다."

해설

나사렛 예수는 유월절 만찬을 성찬식이라는 거룩한 예술품으로 만든 다음 제자들과 함께 찬송을 부르며 예루살렘 성 밖으로 나간다. 그것은 거룩하고 아름다운 행진이다. 성찬식은 나사렛 예수의 몸을 통한 새 하늘과 새 땅의 창조를 약속하고 있다. 그 새 하늘과 새 땅이 펼쳐지려면 반드시 나사렛 예수의 몸이 죽어야 한다.

나사렛 예수는 제자들을 데리고 올리브나무 숲속에 있는 겟세마네라는 곳으로 들어간다. 거기는 올리브기름을 짜는 곳이었다. 나사렛 예수는 거기서 자신의 영혼이 올리브 열매처럼 깨어지고 산산이 부서지는 죽음을 경험한다. 그는 절대 고독의 시간 속에서 죽음의 공포와 맞서 싸워 이겨야 한다. 그렇지 않으면 하나님이 약속하신 희망의 미래, 부활의 미래는 열리지 않는다.

그는 그 고통의 시간이 그냥 지나가기를 원한다. 그러나 그가 세상에 온 목적은 바로 그 시간을 위해서다. 그는 아버지의 뜻을 이루기 위해 세상에 온 사랑의 아들이다. 그는 끝까지 아버지의 뜻에 순종하여 자신에게 주어진 죽음의 잔을 받아마시기로 다시 한번 결단한다. 그는 세 번의 기도를 통해 영혼의 소용돌이를 빠져나와 마음의 평정을 찾고 외친다.

απέχει: 됐다, 충분하다

그리고 제자들을 데리고 용감하게 죽음을 향해 나아간다. 그의 결단은 옛 세상에 종말을 고하고 새로운 세계를 여는 창조의 씨앗이 된다.

겟세마네 이야기 속에는 나사렛 예수의 실존을 묘사하는 단어들이 많이 등장한다.

εκθαμβεω(에크담베오): 깜짝 놀라다, 괴로워하다.

αδημονεω(아데모네오): 마음에 괴로워하다, 낙담하다, 풀이 죽다, 근심하다, 염려하다.

περιλυπος(페리뤼포스): 매우 슬픈, 심히 서러운, 사방에 슬픔뿐인

απέχει(아페케이): 됐다! 충분하다!

εγειρεσθε αγωμεν(에게이레스데 아고멘): 일어나라! 가자!

이 단어들은 우리들을 새 하늘과 새 땅, 하나님의 희망의 미래, 부활의 세계로 인도하는 나사렛 예수의 종말론적 고뇌와 결단과 용기를 담고 있다.

배신과 체포

마가복음 14:43-50

43절

Καὶ εὐθὺς ἔτι αὐτοῦ λαλοῦντος παραγίνεται ὁ Ἰούδας εἷς τῶν δώδεκα, καὶ μετ᾽ αὐτοῦ ὄχλος μετὰ μαχαιρῶν καὶ ξύλων παρὰ τῶν ἀρχιερέων καὶ τῶν γραμματέων καὶ τῶν πρεσβυτέρων.

그리고 즉시 그가 아직 이야기하고 있을 때 열둘 중의 하나인 유다가 다가온다. 그리고 그와 함께 대제사장들과 장로들에게서 온 무리가 칼과 몽둥이들을 가지고 (다가왔다).

44절

δεδώκει δὲ ὁ παραδιδοὺς αὐτὸν σύσσημον αὐτοῖς λέγων Ὃν ἂν φιλήσω αὐτός ἐστιν· κρατήσατε αὐτὸν καὶ ἀπάγετε ἀσφαλῶς.

그런데 그를 넘기는 자는 그들에게 암호를 주면서 말했다. "내가 키스하는 그 사람이다. 그를 붙잡아라. 그리고 확실하게 끌고 가라."

45절

καὶ ἐλθὼν εὐθὺς προσελθὼν αὐτῷ λέγει Ῥαββεί, καὶ κατεφίλησεν αὐτόν·

그리고 그가 즉시 와서 그에게 다가와 말했다. "랍비(선생님)!" 그리고 그에게 열렬히 키스했다.

46절

οἱ δὲ ἐπέβαλαν τὰς χεῖρας αὐτῷ καὶ ἐκράτησαν αὐτόν.

그러자 그들은 그에게 손을 얹어 그를 붙잡았다.

47절

εἷς δέ τις τῶν παρεστηκότων σπασάμενος τὴν μάχαιραν ἔπαισεν τὸν δοῦλον τοῦ ἀρχιερέως καὶ ἀφεῖλεν αὐτοῦ τὸ ὠτάριον.

그런데 곁에 서 있던 자들 중에 어떤 사람이 칼을 빼어 대제사장의 종을 쳐서 그의 귀를 잘랐다.

48절

καὶ ἀποκριθεὶς ὁ Ἰησοῦς εἶπεν αὐτοῖς Ὡς ἐπὶ λῃστὴν ἐξήλθατε μετὰ μαχαιρῶν καὶ ξύλων συλλαβεῖν με·

그러자 예수께서 그들에게 대답하며 말했다. "강도에게 하듯이 너희는 칼과 몽둥이를 가지고 나를 잡으러 왔느냐?

49절

καθ᾽ ἡμέραν ἤμην πρὸς ὑμᾶς ἐν τῷ ἱερῷ διδάσκων, καὶ οὐκ ἐκράτησατέ με· ἀλλ᾽ ἵνα πληρωθῶσιν αἱ γραφαί.

날마다 나는 성전에서 너희 곁에서 가르치고 있었다. 그리고 너희는 나를 붙잡지 않았다. 다만 기록된 것들이 성취되기 위함이다."

50절

καὶ ἀφέντες αὐτὸν ἔφυγον πάντες.

그리고 모두가 그를 버리고 도망쳤다.

해설

　나사렛 예수가 종말론적 고뇌의 수렁에서 빠져나오자마자 배신자가 그 앞에 나타난다. 배신자는 자신의 스승이 제자들과 함께 그곳에서 밤을 보내고 있는 것을 알고 있다. 그도 나사렛 예수의 제자이기 때문이다. 나사렛 예수는 지금 제자에게 배신당한 스승의 수치와 모욕을 뒤집어쓰고 있다.

　가룟 유다는 나사렛 예수의 종말론적 구원의 사건에서 가장 극적인 요소를 차지하고 있다. 그는 스승과의 다정한 입맞춤을 자신의 배신 암호로 활용하고 있다. 세상에 이보다 더 잔인하고 섬뜩한 장면은 없을 것이다. 그것은 나사렛 예수의 인격 자체를 잔인하게 짓밟아 버리는 의식적, 의지적, 주체적 행위다.

　사실 그는 처음부터 마귀였다. 이제야 그의 실체가 드러났을 뿐이다. 나사렛 예수는 처음부터 그의 의도를 이미 꿰뚫어 보고 있었고, 그가 무슨 생각을 하며 무슨 짓을 하고 돌아다니고 있는지 다 알고 있다. 가룟 유다의 사악함과 교활함은 나사렛 예수의 온유함과 지혜의 덫에 걸려 있는 먹잇감에 불과하다. 오늘 우리는 우리 마음속의 가룟 유다를 경계해야 한다. 우리가 두렵고 떨리는 가운데 경외함으로 주님을 섬기지 않으면 언제 어떻게 타락한 배신자로 전락할지 아무도 모른다.

어떤 젊은이 이야기

마가복음 14:51-52

51절

Καὶ νεανίσκος τις συνηκολούθει αὐτῷ περιβεβλημένος σινδόνα ἐπὶ γυμνοῦ, καὶ κρατοῦσιν αὐτόν·

그리고 어떤 젊은이가 알몸에 고운 베옷을 걸친 채 그와 함께 따라가고 있었다. 그러자 사람들이 그를 붙잡았다.

52절

ὁ δὲ καταλιπὼν τὴν σινδόνα γυμνὸς ἔφυγεν.

그러자 그는 고운 베옷을 내던지고 알몸으로 도망쳤다.

해설

한밤중에 많은 사람이 나사렛 예수를 붙잡아 끌고 갈 때 예루살렘의 거리는 소란스러웠다. 그때 한 젊은이가 잠을 자다가 알몸에 고운 베옷을 걸치고 나사렛 예수를 따라가고 있다. 이 젊은이는 부잣집 아들일 가능성이 높다. 또한 그는 나사렛 예수를 알고 있는 사람일 수 있다. 또는 나사렛 예수를 사랑하는 젊은이일 수도 있다. 확실한 건 그가 나사렛 예수에 대해 관심이 많다는 사실이다.

어쩌면 그는 이 이야기를 쓰고 있는 마가복음의 저자일 수도 있다. 왜냐하면 이 이야기는 마가복음에만 나오기 때문이다. 마가는 이 부끄러운 이야기를 통해 자신의 철없던 젊은 시절의 어리석음을 고백하고 있는지도 모른다. 성경은 그런 이야기들을 많이 남겨놓고 있다. 그것은 우리가 모두 그리스도의 은혜로 용서받은 죄인들임을 확인시켜 주기 위함이다. 그리고 그것은 우리가 교만의 덫에 걸리지 않게 막아주는 역할을 한다. 만약 이 이야기의 주인공이 마가복음의 저자라면 그는 용감한 사람이다.

우리는 모두 한때 미숙했던 시절을 간직하고 있다. 그리고 주님 앞에 온전한 자도 없다. 천국은 의인들이 들어가는 나라가 아니라 회개한 죄인들이 들어가는 나라다. 우리는 서로를 그리스도의 사랑으로 품어야 한다.

신성모독

마가복음 14:53-65

53절

Καὶ ἀπήγαγον τὸν Ἰησοῦν πρὸς τὸν ἀρχιερέα, καὶ συνέρχονται πάντες οἱ ἀρχιερεῖς καὶ οἱ πρεσβύτεροι καὶ οἱ γραμματεῖς.

그리고 그들은 예수를 대제사장을 향해 끌고 갔다. 그리고 모든 대제사장들과 장로들과 서기관들이 함께 온다.

54절

καὶ ὁ Πέτρος ἀπὸ μακρόθεν ἠκολούθησεν αὐτῷ ἕως ἔσω εἰς τὴν αὐλὴν τοῦ ἀρχιερέως, καὶ ἦν συγκαθήμενος μετὰ τῶν ὑπηρετῶν καὶ θερμαινόμενος πρὸς τὸ φῶς.

그리고 베드로는 멀리 떨어져서 대제사장의 뜰 안까지 그를 따라갔다. 그리고 하속들과 함께 앉아서 불빛을 향하여 불을 쬐고 있었다.

55절

Οἱ δὲ ἀρχιερεῖς καὶ ὅλον τὸ συνέδριον ἐζήτουν κατὰ τοῦ Ἰησοῦ μαρτυρίαν εἰς τὸ θανατῶσαι αὐτόν, καὶ οὐχ ηὕρισκον·

그런데 대제사장들과 온 공회는 예수를 죽이기 위해서 예수에 대한 증거를 찾고 있었다. 그러나 그들은 찾지 못하고 있었다.

56절

πολλοὶ γὰρ ἐψευδομαρτύρουν κατ᾽ αὐτοῦ, καὶ ἴσαι αἱ μαρτυρίαι οὐκ ἦσαν.

왜냐하면 많은 사람이 그를 대적하는 거짓 증언을 하고 있었지만, 증언들이 일치하지 않았기 때문이다.

57절

καί τινες ἀναστάντες ἐψευδομαρτύρουν κατ᾽ αὐτοῦ λέγοντες

그리고 어떤 사람들이 일어나서 그를 대적하는 거짓 증언을 하며 말하고 있었다.

58절

ὅτι Ἡμεῖς ἠκούσαμεν αὐτοῦ λέγοντος ὅτι Ἐγὼ καταλύσω τὸν ναὸν τοῦτον τὸν χειροποίητον καὶ διὰ τριῶν ἡμερῶν ἄλλον ἀχειροποίητον οἰκοδομήσω.

"우리는 그가 '나는 손으로 지어진 이 성전을 무너뜨리고 사흘 동안 손으로 짓지 않은 다른 것을 세우겠다'라고 말하는 것을 들었습니다."

59절

καὶ οὐδὲ οὕτως ἴση ἦν ἡ μαρτυρία αὐτῶν.

그러나 그들의 증언들도 마찬가지로 일치하지 않았다.

60절

καὶ ἀναστὰς ὁ ἀρχιερεὺς εἰς μέσον ἐπηρώτησεν τὸν Ἰησοῦν λέγων Οὐκ ἀποκρίνῃ οὐδέν; τί οὗτοί σου καταμαρτυροῦσιν;

그러자 대제사장이 한가운데 서서 예수에게 질문하며 말했다. "이 사람들이 너를 대적하며 증거하는 것이 무엇이냐?"

61절

ὁ δὲ ἐσιώπα καὶ οὐκ ἀπεκρίνατο οὐδέν. πάλιν ὁ ἀρχιερεὺς ἐπηρώτα αὐτὸν καὶ λέγει αὐτῷ Σὺ εἶ ὁ Χριστὸς ὁ Υἱὸς τοῦ Εὐλογητοῦ;

그러나 그는 침묵하며 한마디도 대답하지 않았다. 대제사장이 다시 그에게 질문하며 말한다. "네가 찬양받으실 분의 아들이냐?"

62절

ὁ δὲ Ἰησοῦς εἶπεν Ἐγώ εἰμι, καὶ ὄψεσθε τὸν Υἱὸν τοῦ ἀνθρώπου ἐκ δεξιῶν καθήμενον τῆς δυνάμεως καὶ ἐρχόμενον μετὰ τῶν νεφελῶν τοῦ οὐρανοῦ.

그러자 예수가 말했다. "나다. 그리고 너희는 사람의 아들이 능력의 오른쪽에 앉아있는 것과 하늘의 구름들과 함께 오는 것을 볼 것이다."

63절

ὁ δὲ ἀρχιερεὺς διαρρήξας τοὺς χιτῶνας αὐτοῦ λέγει Τί ἔτι χρείαν ἔχομεν μαρτύρων;

그러자 대제사장은 자기의 속옷을 갈가리 찢으면서 말한다. "아직 우리가 무슨 증인들이 필요한가?

64절

ἠκούσατε τῆς βλασφημίας· τί ὑμῖν φαίνεται; οἱ δὲ πάντες κατέκριναν αὐτὸν ἔνοχον εἶναι θανάτου.

너희는 하나님을 모독하는 것을 들었다. 너희에게는 어떻게 보이느냐?" 그러자 모든 사람이 그는 죽어 마땅하다고 판결했다.

65절

Καὶ ἤρξαντό τινες ἐμπτύειν αὐτῷ καὶ περικαλύπτειν αὐτοῦ τὸ πρόσ ωπον καὶ κολαφίζειν αὐτὸν καὶ λέγειν αὐτῷ Προφήτευσον, καὶ οἱ ὑπηρ έται ῥαπίσμασιν αὐτὸν ἔλαβον.

그리고 어떤 사람들이 그에게 침을 뱉고 그의 얼굴을 가리고 그의 머리를 때리며 그에게 말하기 시작했다. "알아 맞춰봐라." 그리고 하속들이 그의 뺨을 때렸다.

해설

　나사렛 예수는 산헤드린 공의회에서 사형판결을 받는다. 그의 죄목은 신성모독(βλασφημία, 블라스페미아)이다. 그것은 나사렛 예수가 대놓고 자신을 신의 아들이라고 선포했기 때문이다. 나사렛 예수는 자기가 장차 능력의 우편에 앉을 것과 구름과 함께 임재할 것이라고 말했다. 여기서 능력의 우편은 하나님의 아들을 가리키고, 하늘의 구름과 함께 온다는 것은 우주적 왕권을 가리킨다. 나사렛 예수는 대담하게 자신을 우주적 왕권을 가지고 있는 하나님의 아들로 선언했다. 그것은 영원 전부터 감추어졌던 비밀의 계시였다. 이것으로 나사렛 예수는 자신의 정체를 드러냈다. 또한 이것으로 그는 죽음의 길을 피할 수 없게 되었다.

　그러나 이 말을 들은 대제사장은 자기의 속옷을 갈가리 찢으면서 분노한다. 그리고 모든 공회원들은 그가 죽어 마땅하다고 만장일치로 사형판결을 내린다. 유대교 공의회는 나사렛 예수를 정신병자 취급을 하며 몇 대 때리고 쫓아버리면 그만이다. 그러나 그들은 그럴 수 없었다. 그것은 나사렛 예수의 지혜와 능력이 지극히 탁월하고, 나사렛 예수의 사상은 유대교 체제를 뿌리부터 흔드는 강력한 도전이었기 때문이다. 나사렛 예수는 유대교를 무너뜨리고, 인간을 율법의 정죄로부터 해방시키고, 하나님의 형상인 인간의 주체성과 자유를 회복시켰다. 그들에게 나사렛 예수는 공포와 전율의 대상이다. 게다가 가장 큰 결정적 문제는 그가 대중들의 강력한 지지를 받아왔다는 점이다. 나사렛 예수는 말과 행위에 있어서 약점이나 빈틈이 없었다.

그들이 나사렛 예수를 공격할 수 있는 유일한 부분은 그의 정체성 곧 그의 신성에 관한 것이었다.

나사렛 예수는 유대교 법정에서 이단의 괴수로 정죄 받았다. 그러나 나사렛 예수는 자기 백성을 찾아오신 임마누엘 하나님이시다. 이 재판은 자기들의 하나님에게 사형판결을 내린 반역의 재판이었다.

베드로의 눈물

마가복음 14:66-72

66절

Καὶ ὄντος τοῦ Πέτρου κάτω ἐν τῇ αὐλῇ ἔρχεται μία τῶν παιδισκῶν τοῦ ἀρχιερέως,

그리고 베드로가 뜰 아래 있을 때 대제사장의 여종 중의 하나가 온다.

67절

καὶ ἰδοῦσα τὸν Πέτρον θερμαινόμενον ἐμβλέψασα αὐτῷ λέγει Καὶ σὺ μετὰ τοῦ Ναζαρηνοῦ ἦσθα τοῦ Ἰησοῦ.

그리고 그녀는 베드로가 불을 쬐고 있는 것을 본 후 그를 자세히 들여다보면서 그에게 말한다. "너도 나사렛 예수와 함께 있었다."

68절

ὁ δὲ ἠρνήσατο λέγων Οὔτε οἶδα οὔτε ἐπίσταμαι σὺ τί λέγεις. καὶ ἐξῆλθεν ἔξω εἰς τὸ προαύλιον·

그러자 그가 부인하며 말한다. "나는 당신이 무엇을 말하고 있는지 알지도 못하고 이해하지도 못하겠다." 그리고 그는 바깥 현관으로 나갔다. [그리고 닭이 울었다]

69절

καὶ ἡ παιδίσκη ἰδοῦσα αὐτὸν ἤρξατο πάλιν λέγειν τοῖς παρεστῶσιν ὅτι Οὗτος ἐξ αὐτῶν ἐστιν.

그리고 그 여종이 그를 보고 다시 곁에 섰던 사람들에게 말하기 시작했다. "이 사람은 그들과 한패다."

70절

ὁ δὲ πάλιν ἠρνεῖτο. καὶ μετὰ μικρὸν πάλιν οἱ παρεστῶτες ἔλεγον τῷ Πέτρῳ Ἀληθῶς ἐξ αὐτῶν εἶ· καὶ γὰρ Γαλιλαῖος εἶ.

그러자 그는 다시 부인했다. 그리고 조금 후에, 곁에 섰던 사람들이 다시 그에게 말하고 있었다. "참으로 너는 그들과 한패다. 너도 갈릴리 사람이기 때문이다."

71절

ὁ δὲ ἤρξατο ἀναθεματίζειν καὶ ὀμνύναι ὅτι Οὐκ οἶδα τὸν ἄνθρωπον τοῦτον ὃν λέγετε.

그러자 그는 저주하며 맹세하기 시작했다. "나는 당신들이 말하고 있는 이 사람을 모른다."

72절

καὶ εὐθὺς ἐκ δευτέρου ἀλέκτωρ ἐφώνησεν. καὶ ἀνεμνήσθη ὁ Πέτρος τὸ ῥῆμα ὡς εἶπεν αὐτῷ ὁ Ἰησοῦς ὅτι Πρὶν ἀλέκτορα δὶς φωνῆσαι τρίς με ἀπαρνήσῃ· καὶ ἐπιβαλὼν ἔκλαιεν.

그리고 즉시 닭이 두 번째 울었다. 그리고 베드로는 예수께서 자기에게

"너는 닭이 두 번 울기 전에 세 번 나를 부인할 것이다"라고 말한 말씀이 기억났다. 그리고 그는 쓰러져 울고 있었다.

주님과 함께 죽을지라도 결단코 주님을 배반하지 않겠다고 맹세
한 베드로는 보잘것없는 여종의 기습공격에 허무하게 무너진다. 그
는 나사렛 예수를 너무나 사랑했지만, 그것은 또한 너무나 인간적인
사랑이었다. 그것을 아름답게 묘사하고 있는 것이 바로 요한복음 21
장의 디베랴 바닷가 이야기다.

그는 나사렛 예수를 따르기 위해 배도, 그물도, 처자식도 버렸던
위대한 믿음의 사람이었다. 그는 나사렛 예수와 동고동락하며 죽음
을 무릅쓰고 예루살렘까지 따라왔다. 그러나 그는 지금 비참한 패배
자로 서 있다. 과연 그가 나사렛 예수를 위하여 바쳤던 사랑과 충성은
이대로 허망하게 끝나는 것일까? 그는 나사렛 예수의 수제자였고,
제자들을 대변하는 우두머리였다. 그러나 그는 이 참담한 실패 앞에
서 넋을 잃고 있는 너무도 보잘것없는 한 인간일 뿐이다. 이 세상에
위로가 필요하다면 베드로보다 더 필요한 사람은 없을 것이다.

오, 베드로!
너무 슬퍼하지 마세요
주님께서는 당신의 마음을 알고 계십니다
당신이 얼마나 순수한 사람인지,
당신이 얼마나 주님을 사랑하는지,
당신이 얼마나 용감하고 충성스러운지,
주님은 알고 계십니다.

부활하신 주님께서는 베드로를 찾아오시어 그의 상처받은 마음을 치료하시고 자기 양들을 베드로에게 맡기신다. 그러나 그때까지 베드로는 암흑과 절망 속에서 헤맬 것이다.

빌라도와 예수

마가복음 15:1-5

1절

Καὶ εὐθὺς πρωῒ συμβούλιον ἑτοιμάσαντες οἱ ἀρχιερεῖς μετὰ τῶν πρεσβυτέρων καὶ γραμματέων καὶ ὅλον τὸ συνέδριον, δήσαντες τὸν Ἰησοῦν ἀπήνεγκαν καὶ παρέδωκαν Πιλάτῳ.

그리고 즉시 이른 아침에 대제사장들과 온 공의회는 장로들과 서기관들과 더불어 의논한 뒤, 예수를 묶은 후 끌고 가서 빌라도에게 넘겼다.

2절

καὶ ἐπηρώτησεν αὐτὸν ὁ Πιλᾶτος Σὺ εἶ ὁ Βασιλεὺς τῶν Ἰουδαίων; ὁ δὲ ἀποκριθεὶς αὐτῷ λέγει Σὺ λέγεις.

그리고 빌라도는 그에게 질문했다. "네가 유대인들의 왕이냐?" 그러자 예수께서 그에게 대답하며 말한다. "네가 말하고 있다."

3절

καὶ κατηγόρουν αὐτοῦ οἱ ἀρχιερεῖς πολλά.

그리고 대제사장들은 그에 대하여 많은 것들을 고발한다.

4절

ὁ δὲ Πελᾶτος πάλιν ἐπηρώτα αὐτὸν λέγων Οὐκ ἀποκρίνη οὐδέν; ἴδε πόσα σου κατηγοροῦσιν.

그러자 빌라도는 다시 그에게 질문하며 말한다. "너는 아무것도 대답하지 않느냐? 보라, 그들이 얼마나 많이 너를 고발하고 있느냐?"

5절

ὁ δὲ Ἰησοῦς οὐκέτι οὐδὲν ἀπεκρίθη, ὥστε θαυμάζειν τὸν Πειλᾶτον.

그러나 예수는 더 이상 아무것도 대답하지 않자 빌라도는 이상하게 생각했다.

해설

    나사렛 예수는 두 번의 재판에서 자신의 실체를 계시한다. 유대인 공의회 앞에서는 영광 받을 하나님의 아들로, 빌라도 앞에서는 유대인의 왕으로. 그러나 세상은 예수의 계시 말씀을 받아들이지 않는다. 대신에 그를 죽이기 위해 미리 정해 놓은 각본을 따라 움직인다. 저들에게는 진리를 사랑하는 마음이 없다.

    나사렛 예수는 거짓의 세상에 진리의 하나님으로 서 있다. 그는 유대인의 종교재판에서, 빌라도의 정치재판에서도 법정 토론을 거부한다. 그는 세상의 질문에 대답하지 않음으로 자신을 신비의 영역 속에 남겨둔다. 그리하여 저들은 영원한 미궁 속으로 빠져든다.

사형선고

마가복음 15:6-15

6절

Κατὰ δὲ ἑορτὴν ἀπέλυεν αὐτοῖς ἕνα δέσμιον ὃν παρῃτοῦντο.

그런데 축제 때마다 그는 사람들이 요구하는 죄수 하나를 석방하고 있었다.

7절

ἦν δὲ ὁ λεγόμενος Βαραββᾶς μετὰ τῶν στασιαστῶν δεδεμένος, οἵτινες ἐν τῇ στάσει φόνον πεποιήκεισαν.

그런데 폭동 속에서 살인을 행한 폭도들과 함께 바라바라 하는 자가 있었다.

8절

καὶ ἀναβὰς ὁ ὄχλος ἤρξατο αἰτεῖσθαι καθὼς ἐποίει αὐτοῖς.

그리고 군중이 올라와서 그가 자기들에게 해왔던 대로 해 주기를 요구하기 시작했다.

9절

ὁ δὲ Πιλᾶτος ἀπεκρίθη αὐτοῖς λέγων Θέλετε ἀπολύσω ὑμῖν τὸν Βασιλέα τῶν Ἰουδαίων;

그러자 빌라도는 그들에게 대답하며 말했다. "너희들은 내가 유대인들의 왕을 석방하기 원하느냐?"

10절

ἐγίνωσκεν γὰρ ὅτι διὰ φθόνον παραδεδώκεισαν αὐτὸν οἱ ἀρχιερεῖς.
왜냐하면 그는 대제사장들이 시기 질투 때문에 그를 넘겨주었다는 것을 알고 있었기 때문이다.

11절

οἱ δὲ ἀρχιερεῖς ἀνέσεισαν τὸν ὄχλον ἵνα μᾶλλον τὸν Βαραββᾶν ἀπολύσῃ αὐτοῖς.
그런데 대제사장들은 오히려 그가 바라바를 그들에게 석방시키라고 군중을 선동했다.

12절

ὁ δὲ Πιλᾶτος πάλιν ἀποκριθεὶς ἔλεγεν αὐτοῖς Τί οὖν ποιήσω ὃν λέγετε τὸν Βασιλέα τῶν Ἰουδαίων;
그러자 빌라도는 다시 그들에게 대답하며 말하고 있었다. "그러면 너희들은 내가 너희들이 유대인들의 왕이라고 말하는 사람에게 무엇을 해 주기를 원하느냐?"

13절

οἱ δὲ πάλιν ἔκραξαν Σταύρωσον αὐτόν.
그러자 그들은 다시 고함쳤다. "그를 십자가에 매달아라!"

14절

ὁ δὲ Πιλᾶτος ἔλεγεν αὐτοῖς Τί γὰρ ἐποίησεν κακόν; οἱ δὲ περισσῶς
ἔκραξαν Σταύρωσον αὐτόν.

그런데 빌라도는 그들에게 말하고 있었다. "그러면 그는 무슨 악한 일을
했느냐?" 그러자 그들은 더욱더 소리 질렀다. "그를 십자가에 매달아라."

15절

ὁ δὲ Πιλᾶτος βουλόμενος τῷ ὄχλῳ τὸ ἱκανὸν ποιῆσαι ἀπέλυσεν
αὐτοῖς τὸν Βαραββᾶν, καὶ παρέδωκεν τὸν Ἰησοῦν φραγελλώσας ἵνα
σταυρωθῇ.

그러자 빌라도는 군중에게 호의를 베풀기를 원했기 때문에 그들에게
바라바를 석방시켜 주었다. 그리고 예수를 채찍질한 후에 그가 십자가에
못 박히도록 넘겨주었다.

진리의 왕인 나사렛 예수는 유대교 종교재판에서 신성모독죄로 고발을 당하고, 로마인의 법정에서 사형선고를 받는다. 로마인은 나사렛 예수가 죄가 없다는 것을 알고 있다. 로마인은 나사렛 예수가 유대교 지도자들의 시기 질투 때문에 자기에게 넘겨진 것도 알고 있다. 이 로마인은 나사렛 예수가 유대인들에게 가장 잘 어울리는 왕이라고 생각한다. 그런 점에서 그는 식민지 유대인을 잘 이해하고 있는 총명한 정치가다. 그러나 그는 진리를 위해 자기의 권력을 희생시키는 것은 원치 않는다. 그는 나사렛 예수가 죄가 없다는 것을 알면서도 유대 민중의 마음을 얻기 위해 예수를 죽음에 넘겨준다. 이로써 그의 정치적 지혜는 악마적 지혜라는 것이 드러난다. 그는 로마제국에 대한 폭동을 일으키고 잡혀 온 폭력혁명가를 석방하고 평화의 왕이신 나사렛 예수를 대신 십자가의 제물로 넘겨주는 자기 모순적 인물이다. 그는 진리를 배신한 자요, 권력을 위해 자기 양심을 팔아먹은 배덕자다. 이 불행한 로마인은 무자비한 폭력과 권모술수로 세계를 지배하고 있던 자기 조국의 실체를 충성스럽게 대변하고 있는 제국의 아들이다.

진리의 왕이신 나사렛 예수는 이렇게 해서 자신을 세상에 보내신 아버지의 뜻을 이루고 다시 아버지께로 가게 된다. 이 신비에 싸인 진리의 왕이 거짓의 세계에 와서 죽지 않는다면 오히려 그것이 이상한 일이다. 그의 죽음은 이 세상이 하나님의 심판 아래 있음을 보여주고 있다. 그가 죽음으로 인해 세상의 거짓과 불의는 폭로된다. 그는 자신의 죽음을 통해 세상의 거짓과 불의를 폭로함으로써 세상을 하나님의 심판대 앞으로 끌고 간다. 그리하여 영광의 아들을 죽인 세상은 곧 멸망의 운명을 맞이하게 된다.

조롱당하는 예수

마가복음 15:16-20

16절

Οἱ δὲ στρατιῶται ἀπήγαγον αὐτὸν ἔσω τῆς αὐλῆς, ὅ ἐστιν Πραιτώ ριον, καὶ συγκαλοῦσιν ὅλην τὴν σπεῖραν.

그러자 군인들이 그를 뜰 안 곧 사령부로 끌고 갔다. 그리고 보병부대 전체를 소집했다.

17절

καὶ ἐνδιδύσκουσιν αὐτὸν πορφύραν καὶ περιτιθέασιν αὐτῷ πλέξαν τες ἀκάνθινον στέφανον·

그리고 그에게 자주색 옷을 입혔다. 그리고 가시로 면류관을 엮어서 그에게 씌워주었다.

18절

καὶ ἤρξαντο ἀσπάζεσθαι αὐτόν Χαῖρε, Βασιλεῦ τῶν Ἰουδαίων·

그리고 그들은 그에게 인사하기 시작했다. "안녕하시오, 유대인의 왕이여!"

19절

καὶ ἔτυπτον αὐτοῦ τὴν κεφαλὴν καλάμῳ καὶ ἐνέπτυον αὐτῷ, καὶ τιθέντες τὰ γόνατα προσεκύνουν αὐτῷ.

그리고 그들은 갈대로 그의 머리를 때리고 있었다. 그리고 무릎을 꿇고 그에게 경배하고 있었다.

20절

καὶ ὅτε ἐνέπαιξαν αὐτῷ, ἐξέδυσαν αὐτὸν τὴν πορφύραν καὶ ἐνέδυσαν αὐτὸν τὰ ἱμάτια αὐτοῦ. Καὶ ἐξάγουσιν αὐτὸν ἵνα σταυρώσωσιν αὐτόν.

그리고 그들이 그를 조롱했을 때, 그들은 그에게서 자주색 옷을 벗기고 그에게 그의 겉옷을 입혔다. 그리고 십자가에 못 박기 위해 그를 끌고 나갔다.

해설

　나사렛 예수는 제국의 심장부인 로마군 사령부로 끌려간다. 거기서 장난감 같은 로마 병정들에게 가짜 왕으로 조롱받는다. 진리의 왕이 가짜 왕으로 조롱을 받는다면 세상은 가짜들이 판치는 놀이터다. 그들은 가짜 왕복, 가짜 왕관을 취하고 가짜 왕 노릇 하기에 정신이 없다. 나사렛 예수는 이 모든 가짜들의 저주와 조롱을 대신 뒤집어쓴다. 그리고 그것은 십자가의 대속적 죽음으로 완결된다. 그리하여 하나님의 은혜의 날개 아래로 자기의 백성들을 불러 모은다.

무능력한 전능자

마가복음 15:21-32

21절

καὶ ἀγγαρεύουσιν παράγοντά τινα Σίμωνα Κυρηναῖον ἐρχόμενον ἀπ᾽ ἀγροῦ, τὸν πατέρα Ἀλεξάνδρου καὶ Ῥούφου, ἵνα ἄρῃ τὸν σταυρὸν αὐτοῦ.

그리고 그들은 시골에서 오고 있는 시몬이라는 구레네 사람을 강압하여 그의 십자가를 지게 했는데, 그는 알렉산더와 루포의 아버지다.

22절

καὶ φέρουσιν αὐτὸν ἐπὶ τὸν Γολγοθᾶν τόπον, ὅ ἐστιν μεθερμηνευόμ ενος Κρανίου τόπος.

그리고 그들은 골고다라는 장소로 그를 데리고 가는데, 그것은 해골의 장소라고 번역된다.

23절

καὶ ἐδίδουν αὐτῷ ἐσμυρνισμένον οἶνον· ὃς δὲ οὐκ ἔλαβεν.

그리고 그들은 그에게 몰약을 탄 포도주를 주고 있었다. 그러나 그는 받지 않았다.

24절

καὶ σταυροῦσιν αὐτὸν, καὶ διαμερίζονται τὰ ἱμάτια αὐτοῦ, βάλλον
τες κλῆρον ἐπ᾽ αὐτὰ τίς τί ἄρῃ.

그리고 그들은 그를 십자가에 못 박는다. 그리고 그들은 누가 무엇을
차지할까, 하고 그의 겉옷들 위에 제비를 던져 그것들을 나누고 있었다.

25절

ἦν δὲ ὥρα τρίτη καὶ ἐσταύρωσαν αὐτόν.

그런데 3시가 되었고 그들은 그를 십자가에 못 박았다.

26절

καὶ ἦν ἡ ἐπιγραφὴ τῆς αἰτίας αὐτοῦ ἐπιγεγραμμένη Ο ΒΑΣΙΛΕΥΣ
ΤΩΝ ΙΟΥΔΑΙΩΝ.

그리고 쓰인 그의 죄목의 글자는 '유대인들의 왕'이었다.

27절

Καὶ σὺν αὐτῷ σταυροῦσιν δύο λῃστάς, ἕνα ἐκ δεξιῶν καὶ ἕνα ἐξ
εὐωνύμων αὐτοῦ.

그리고 그들은 그와 함께 강도 둘을 십자가에 못 박았다. 하나는 그의
오른쪽에 하나는 그의 왼쪽에.

28절

(없음)

29절

Καὶ οἱ παραπορευόμενοι ἐβλασφήμουν αὐτὸν κινοῦντες τὰς κεφα
λὰς αὐτῶν καὶ λέγοντες Οὐὰ ὁ καταλύων τὸν ναὸν καὶ οἰκοδομῶν
ἐν τρισὶν ἡμέραις,

그리고 지나가는 사람들은 자기들의 머리를 흔들면서 그를 비방하며
말했다. "우와~ 성전을 허물고 3일 안에 짓는 자여!

30절

σῶσον σεαυτὸν καταβὰς ἀπὸ τοῦ σταυροῦ.

십자가에서 내려와 너 자신을 구원하라."

31절

ὁμοίως καὶ οἱ ἀρχιερεῖς ἐμπαίζοντες πρὸς ἀλλήλους μετὰ τῶν
γραμματέων ἔλεγον Ἄλλους ἔσωσεν, ἑαυτὸν οὐ δύναται σῶσαι·

마찬가지로 대제사장들도 서기관들과 함께 서로 조롱하며 말하고 있었
다. "그가 다른 사람들은 구원했으나 자기 자신은 구원할 수 없구나!

32절

ὁ Χριστὸς ὁ Βασιλεὺς Ἰσραὴλ καταβάτω νῦν ἀπὸ τοῦ σταυροῦ,
ἵνα ἴδωμεν καὶ πιστεύσωμεν. καὶ οἱ συνεσταυρωμένοι σὺν αὐτῷ
ὠνείδιζον αὐτόν.

이스라엘의 왕 그리스도여, 십자가에서 내려오라. 그래서 우리가 보
고 믿게 하라." 그리고 그와 함께 십자가에 못 박힌 자들도 그를 욕하고
있었다.

해설

　사형장으로 끌려가 십자가에 매달려 조롱과 모멸을 당하고 있는 초월적 전능자는 무능력하다. 그것은 그의 본질에 어긋난다.

　그의 본질은 영원한 영광과 생명과 능력이다. 그는 왜 자신의 본질에서 이탈하여 수치와 능멸의 장소에 와 있는가? 그것은 거기에 자기의 백성들이 있기 때문이다. 그들은 마귀에게 속아 죄의 노예로 팔려 왔다. 그들은 자신들의 힘으로는 거기서 빠져나올 수 없다. 그것은 마귀가 그들보다 강하기 때문이다. 노예의 해방을 위해서는 속전이 필요하다. 하나님의 백성을 위한 속전은 하나님의 아들의 죽음이다. 이것은 영원한 생명의 근원인 하나님의 아들의 자기부정이다. 이것이 나사렛 예수가 받은 명령이며 그에게 주어진 잔이다.

　모든 존재자에게 자기 본질의 부정은 곧 죽음이다. 나사렛 예수는 이미 갈릴리에서 자신을 초월적 전능자로 계시했다. 그는 제자들을 데리고 올라간 변화산에서 자신의 영광의 본체를 드러냈다. 십자가에 매달려 있는 자는 바로 그 초월적 전능자요 영광의 본체다. 그는 자기 백성의 구원을 위해 십자가 위에서 수치와 능멸의 잔을 마시고 있다. 그뿐만 아니라 그에게는 암흑과 절망, 그리고 더 나아가서 무능력한 죽음이라는 완전한 자기부정이 기다리고 있다. 그것은 신의 완전한 죽음이다. 그러나 오직 그것만이 하나님의 백성들이 자유와 주체성, 존귀와 영광, 영원한 생명으로 가득 찬 부활의 세계로 나아가는 해방의 길이다. 그러므로 나사렛 예수의 고난과 죽음은 자기 백성의 구원을 위한 신의 자기부정이며, 종말론적 희망의 미래를 여는 구원의 문이다.

신 죽음의 신학

마가복음 15:33-41

33절

Καὶ γενομένης ὥρας ἕκτης σκότος ἐγένετο ἐφ' ὅλην τὴν γῆν ἕως ὥρας ἐνάτης.

그리고 6시가 되었을 때 어두움이 9시까지 온 땅 위에 있었다.

34절

καὶ τῇ ἐνάτῃ ὥρᾳ ἐβόησεν ὁ Ἰησοῦς φωνῇ μεγάλῃ Ἐλωῒ Ἐλωῒ λαμὰ σαβαχθανεί; ὅ ἐστιν μεθερμηνευόμενον Ὁ Θεός μου ὁ Θεός μου, εἰς τί ἐγκατέλιπές με;

그리고 9시에 예수께서 큰 음성으로 외쳤다. "엘로이 엘로이 라마 사바크타니" 이것은 "나의 하나님 나의 하나님 어찌하여 나를 내버리셨나이까"라고 번역된다.

35절

καὶ τινες τῶν παρεστηκότων ἀκούσαντες ἔλεγον Ἴδε Ἡλείαν φωνεῖ.

그리고 곁에 섰던 사람들 중 어떤 사람들이 듣고서 말하고 있었다. "보라, 그가 엘리야를 부르고 있다."

36절

δραμὼν δέ τις καὶ γεμίσας σπόγγον ὄξους περιθεὶς καλάμῳ ἐπότιζεν αὐτόν, λέγων Ἄφετε ἴδωμεν εἰ ἔρχεται Ἡλείας καθελεῖν αὐτόν.

그러자 어떤 사람이 달려가 신 포도주로 적신 스펀지를 갈대에 매달아 그에게 마시게 하면서 말했다. "내버려 두라. 엘리야가 그를 끌어내리기 위해 오는지 우리가 보자."

37절

ὁ δὲ Ἰησοῦς ἀφεὶς φωνὴν μεγάλην ἐξέπνευσεν.

그런데 예수는 큰 소리를 남긴 후 숨을 거두었다.

38절

Καὶ τὸ καταπέτασμα τοῦ ναοῦ ἐσχίσθη εἰς δύο ἀπ᾽ ἄνωθεν ἕως κάτω.

그리고 성전의 휘장이 위에서부터 아래까지 둘로 찢어졌다.

39절

Ἰδὼν δὲ ὁ κεντυρίων ὁ παρεστηκὼς ἐξ ἐναντίας αὐτοῦ ὅτι οὕτως ἐξέπνευσεν, εἶπεν Ἀληθῶς οὗτος ὁ ἄνθρωπος Υἱὸς Θεοῦ ἦν.

그러자 그의 맞은편 가까이 서 있던 백인대장이 그가 이렇게 숨을 거두는 것을 보고서 말했다. "진실로 이 사람은 하나님의 아들이었구나."

40절

Ἦσαν δὲ καὶ γυναῖκες ἀπὸ μακρόθεν θεωροῦσαι, ἐν αἷς καὶ Μαρία

ἡ Μαγδαληνὴ καὶ Μαρία ἡ Ἰακώβου τοῦ μικροῦ καὶ Ἰωσῆτος μήτηρ
καὶ Σαλώμη,

그런데 여자들도 멀리서 바라보고 있었다. 그들 중에는 막달라 마리아와
작은 야고보와 요셉의 어머니 마리아와 살로메가 있었다.

41절

αἳ ὅτε ἦν ἐν τῇ Γαλιλαίᾳ ἠκολούθουν αὐτῷ καὶ διηκόνουν αὐτῷ,
καὶ ἄλλαι πολλαὶ αἱ συναναβᾶσαι αὐτῷ εἰς Ἰεροσόλυμα.

그들은 그가 갈릴리에 있을 때 그를 따라다니며 그를 섬기고 있었다.
그리고 그와 함께 예루살렘에 올라온 다른 많은 여자들도 있었다.

해설

나사렛 예수의 죽음을 가장 잘 표현하는 한마디 말이 있다면 그것은 신 죽음의 신학이다. 나사렛 예수의 죽음의 현장은 곧 신 죽음의 현장이다. 과거 신 죽음의 신학이 발표되었을 때 많은 사람이 그 개념 자체를 신성모독이라고 비난했다. 십자가에 매달려 죽은 나사렛 예수는 신이 아닌가? 그렇다면 우리가 예수를 믿어야 할 이유도 없다. 그러므로 그들 스스로가 예수 그리스도의 신성을 부인하는 무신론자인 것을 증명하는 것이다.

나사렛 예수가 끌려가 못 박혀 죽은 골고다 사형장은 신 죽음의 현장이다. 그의 죽음이 신의 죽음이라는 것을 알고 슬퍼하며 그의 고통에 참여하고 있는 것은 그의 말씀으로 창조된 물질세계였다. 온 땅이 자기를 지으신 신의 죽음을 슬퍼하며 깊은 어둠에 잠겨 애도를 표한다. 그 장엄한 광경을 보고서 나사렛 예수의 죽음이 신의 죽음이라는 것을 인지하고 고백한 사람은 놀랍게도 나사렛 예수의 사형집행을 책임지고 있었던 로마군 백인대장이었다. 그는 "아~ 진실로 이분은 신의 아들이었구나!"라는 위대한 신앙고백을 토해낸다. 이 로마군 장교의 신앙고백은 틀림없이 저 위대한 로마교회의 초석이 되었을 것이다. 이것은 하나님의 본 백성 이스라엘의 불신앙과 반역을 고발하고 있다.

나사렛 예수에게는 많은 제자와 열두 사도가 있었지만 그들은 다 어디로 가고 갈릴리에서부터 나사렛 예수를 따라다니면서 섬기고 있던 여자들이 신 죽음의 현장을 지키고 있다. 그들은 예루살렘 여자들이 아니고 갈릴리 여자들이었다. 이 갈릴리 여자들이 예루살렘 교회의 초석이 되어 온 세계에 그리스도의 복음이 전파되게 된다.

십자가에 매달린 나사렛 예수의 죽음이 신의 죽음이기 때문에 그의 부활은 신의 부활이 된다. 그러므로 나사렛 예수의 죽음과 부활은 옛 세계의 종말이며 새 하늘과 새 땅의 시작을 알리는 종말론적 사건이 되는 것이다.

예수의 장례

마가복음 15:42-47

42절

Καὶ ἤδη ὀψίας γενομένης, ἐπεὶ ἦν Παρασκευή, ὅ ἐστιν προσάββατον,

그리고 벌써 저녁이 되었는데, 그날은 준비일 곧 안식일 전날이었기 때문에

43절

ἐλθὼν Ἰωσὴφ ὁ ἀπὸ Ἀριμαθαίας, εὐσχήμων βουλευτής, ὃς καὶ αὐτὸς ἦν προσδεχόμενος τὴν βασιλείαν τοῦ Θεοῦ, τολμήσας εἰσῆλθεν πρὸς τὸν Πειλᾶτον καὶ ᾐτήσατο τὸ σῶμα τοῦ Ἰησοῦ.

아리마대 출신의 품위 있는 공의회 의원인 요셉이 가서 대담하게 빌라도에게 들어가 그에게 예수의 몸을 요청했다.

44절

ὁ δὲ Πιλᾶτος ἐθαύμασεν εἰ ἤδη τέθνηκεν, καὶ προσκαλεσάμενος τὸν κεντυρίωνα ἐπηρώτησεν αὐτὸν εἰ πάλαι ἀπέθανεν·

그러자 빌라도는 그가 벌써 죽었는가 놀랐다. 그리고 백인대장을 불러 그가 벌써 죽었는지 그에게 물었다.

45절

καὶ γνοὺς ἀπὸ τοῦ κεντυρίωνος ἐδωρήσατο τὸ πτῶμα τῷ Ἰωσήφ.

그리고 백인대장으로부터 알고 요셉에게 시체를 내주었다.

46절

καὶ ἀγοράσας σινδόνα καθελὼν αὐτὸν ἐνείλησεν τῇ σινδόνι καὶ κατέθηκεν αὐτὸν ἐν μνήματι ὃ ἦν λελατομημένον ἐκ πέτρας, καὶ προσε κύλισεν λίθον ἐπὶ τὴν θύραν τοῦ μνημείου.

그리고 그는 세마포를 산 후 그를 끌어내리고 세마포로 둘둘 감았다. 그리고 그를 바위를 쪼아낸 무덤에 안치했다. 그리고 무덤 문에 돌을 굴려놓았다.

47절

ἡ δὲ Μαρία ἡ Μαγδαληνὴ καὶ Μαρία ἡ Ἰωσῆτος ἐθεώρουν ποῦ τέθειται.

그런데 막달라 마리아와 요셉의 어머니 마리아가 그가 어디에 안치되었는지를 지켜보고 있었다.

해설

　나사렛 예수는 오전 9시에 사형이 집행되었고 오후 3시에 죽었다. 그 여섯 시간 동안 그는 인간이 경험할 수 있는 가장 끔찍한 고통 속에 십자가에 매달려 있었다.

　장례식은 아리마대 요셉이 치러주었는데, 그것은 목숨을 내놓고 감행한 믿음의 행동이었다. 그는 이 일로 유대인 공의회에서 쫓겨났을 것이다. 또한 이것으로 보아 나사렛 예수의 하나님 나라 운동권 조직이 광범위하게 깔려있었음을 알 수 있다. 나사렛 예수는 어린 시절 요셉의 손에서 성장했는데, 그의 시신을 수습한 사람도 요셉이다. 이로써 요셉이라는 이름은 존귀함을 얻고 있다. 유다지파와 요셉지파는 구약시대 이스라엘 역사를 이끌어 온 두 줄기다. 나사렛 예수의 장례식은 이 두 지파의 아름다운 결합이다. 나사렛 예수는 유다지파 출신의 사자(λέων, 레온, lion)이기 때문이다.

　나사렛 예수의 장례식은 두 번 있었다. 하나는 이름 없는 여인의 향유부음을 통한 영적인 장례식이고, 다른 하나는 아리마대 요셉의 대담한 행동으로 치러진 육신의 장례식이다. 나사렛 예수는 제9시(오후 3시)에 죽고, 그의 장례식은 오후 6시 유대인들의 안식일이 시작되기 전 끝났다. 그 세 시간 동안 있었던 일은 다음과 같다.

1. 아리마대 요셉이 총독 관저를 찾아가 빌라도를 면담하고 예수의 시신 수습을 허락해 달라고 요구한다.
2. 빌라도는 요셉의 말을 듣고 사형장으로 사람을 보내어 사형집행 책임

자인 백인대장을 불러 나사렛 예수의 죽음을 확인한 후 요셉에게 허락한다.

3. 아리마대 요셉은 예루살렘 시장에 가서 세마포를 비롯한 장례용품을 구입한다.

4. 요셉은 사형장으로 가서 로마군인들에게서 예수의 시체를 넘겨받는다.

5. 아리마대 요셉은 어떤 사람과 함께 예수의 시신을 조용한 곳으로 옮긴 후 그의 시신을 깨끗이 닦고 세마포로 둘둘 감는다.

6. 아리마대 요셉은 어떤 사람과 함께 예수의 시신을 자기의 새 무덤으로 옮겨 안치하고 나와서 입구에 큰 돌을 옮겨놓고 집으로 간다.

모든 과정은 세 시간 동안 이루어졌다. 그러므로 나사렛 예수의 장례식은 극소수의 사람들에 의해 매우 짧은 시간에 황급히 치러졌음을 알 수 있다. 거기에는 고관대작들의 화려한 장례행렬도 없었고, 많은 애도객의 환송도 없었다. 그의 장례식은 외롭고 쓸쓸했으나 하나님의 특별한 은혜를 입은 축복받은 영혼들에 의해 치러졌다.

이 모든 과정을 갈릴리 여자들이 계속 따라다니면서 지켜보고 있었다.

예수의 부활

마가복음 16:1-8

1절

Καὶ διαγενομένου τοῦ σαββάτου Μαρία ἡ Μαγδαληνὴ καὶ Μαρία ἡ τοῦ Ἰακώβου καὶ Σαλώμη ἠγόρασαν ἀρώματα ἵνα ἐλθοῦσαι ἀλείψωσιν αὐτόν.

그리고 안식일이 지나간 후 막달라 마리아와 [야고보의 어머니] 마리아와 살로메가 그에게 가서 발라주기 위해 향품을 샀다.

2절

καὶ λίαν πρωῒ τῇ μιᾷ τῶν σαββάτων ἔρχονται ἐπὶ τὸ μνῆμα, ἀνατείλαντος τοῦ ἡλίου.

그리고 그 주간의 첫날 아주 이른 아침 해가 솟아오를 때 그 여자들은 무덤으로 간다.

3절

καὶ ἔλεγον πρὸς ἑαυτάς Τίς ἀποκυλίσει ἡμῖν τὸν λίθον ἐκ τῆς θύρας τοῦ μνημείου;

그리고 그 여자들은 서로에게 말하고 있었다. "누가 우리를 위해 무덤의

문에서 돌을 굴려주지?"

4절

καὶ ἀναβλέψασαι θεωροῦσιν ὅτι ἀνακεκύλισται ὁ λίθος· ἦν γὰρ μέγας σφόδρα.

그리고 그 여자들이 쳐다보았을 때 돌이 이미 굴려져 있는 것을 바라보았다. 왜냐하면 그 돌은 매우 컸기 때문이다.

5절

καὶ εἰσελθοῦσαι εἰς τὸ μνημεῖον εἶδον νεανίσκον καθήμενον ἐν τοῖς δεξιοῖς περιβεβλημένον στολὴν λευκήν, καὶ ἐξεθαμβήθησαν.

그리고 그 여자들은 무덤에 들어갔을 때 희고 긴 옷을 걸친 젊은이가 오른쪽에 앉아있는 것을 보았다.

6절

ὁ δὲ λέγει αὐταῖς Μὴ ἐκθαμβεῖσθε· Ἰησοῦν ζητεῖτε τὸν Ναζαρηνὸν τὸν ἐσταυρωμένον· ἠγέρθη, οὐκ ἔστιν ὧδε· ἴδε ὁ τόπος ὅπου ἔθηκαν αὐτόν.

그러자 그 젊은이가 그 여자들에게 말한다. "놀라지 말라. 너희들은 십자가에 못 박힌 나사렛 예수를 찾고 있구나. 그는 일으켜졌다. 그는 여기에 없다. 보라, 사람들이 그를 안치했던 곳이다.

7절

ἀλλὰ ὑπάγετε εἴπατε τοῖς μαθηταῖς αὐτοῦ καὶ τῷ Πέτρῳ ὅτι

Προάγει ὑμᾶς εἰς τὴν Γαλιλαίαν· ἐκεῖ αὐτὸν ὄψεσθε, καθὼς εἶπεν ὑμῖν.

대신에 너희들은 그의 제자들과 베드로에게 가서, 그는 너희를 앞질러 갈릴리로 간다. 그가 너희에게 말했던 대로 '너희는 거기서 그를 볼 것이다'라고 말해라."

8절

καὶ ἐξελθοῦσαι ἔφυγον ἀπὸ τοῦ μνημείου, εἶχεν γὰρ αὐτὰς τρόμος καὶ ἔκστασις· καὶ οὐδενὶ οὐδὲν εἶπαν· ἐφοβοῦντο γάρ.

그리고 그 여자들은 나가서 무덤에서 도망쳤다. 왜냐하면 떨림과 황홀함이 그 여자들을 사로잡았기 때문이다. 왜냐하면 그 여자들은 두려워하고 있었기 때문이다.

해설

　안식 후 첫날 새벽에 나사렛 예수의 무덤을 찾아간 세 여자는 무덤 입구를 막아놓았던 매우 큰 돌이 굴려져 있는 것을 보았다. 그들은 나사렛 예수의 수의를 벗기고 향품을 발라주기 위해 열린 무덤 속으로 용감하게 들어간다. 그때 그들은 흰옷을 입은 한 청년이 오른쪽에 앉아있는 것을 발견하고 깜짝 놀란다. 그들이 깜짝 놀라 무서워 벌벌 떨고 있을 때 그 청년은 나사렛 예수가 부활했고, 거기에 없다고 말한다. 그 청년이 말한 대로 나사렛 예수의 시신이 안치되어 있던 곳에는 아무것도 없었다. 그러자 그 청년은 나사렛 예수의 제자들과 베드로에게 가서 전달하라고 명령한다. 그 명령은 다음과 같다.

　1. 나사렛 예수는 부활했다.
　2. 그는 그들보다 먼저 갈릴리로 가고 있다.
　3. 그들은 갈릴리에서 그를 보게 될 것이다.
　4. 그것은 그가 이미 그들에게 약속했던 것이다.

　좁은 무덤 안에서 흰옷을 입은 청년을 만난 세 여자는 공포에 사로잡혀 전율과 무아지경에 빠진 상태로 무덤 밖으로 도망친다. 나사렛 예수의 부활은 신비에 싸여있고, 공포와 전율과 무아지경의 기쁨을 가져다주고 있다.
　여자들이 갔을 때 무덤 문은 열려 있었고, 무덤 속에는 나사렛 예수의 시체가 없었다. 여자들에게 나사렛 예수의 부활을 알려준 흰옷 입은 청년의 정체는 밝혀지지 않는다. 그 청년은 세 여자가 모르는 사람이다. 무덤 입구를 막아놓았던 매우 큰 돌을 누가 옮겨놓았는지, 그 청년의 정체는 무엇인지 마가는 말하고 있지 않다.

마가복음은 나사렛 예수가 부활 후 제자들과 갈릴리에서 만났다는 이야기가 없다. 나사렛 예수의 부활의 증거는 빈 무덤뿐이다. 나사렛 예수의 부활 사건은 그 목격자가 없고 흰옷 입은 청년의 증언뿐이다.

가장 궁금한 것은 나사렛 예수가 왜 부활 후 제자들과 갈릴리에서 만나자고 했는가이다.

마가의 짧은 종결문

[Πάντα δε τα παραγγελμενα τοις περι τον Πετρον συντόμως εξηγγει λαν. Μετά δε ταύτα και αυτός ό Ιησούς από ανατολής και αχρι δυσεως εξαπεστειλεν δι' αυτών το ίερον και αφθαρτον κήρυγμα της αιωνιου σωτηρίας. αμην]

[그러자 그 여자들은 명령받은 것들을 베드로 주변의 사람들에게 간단하게 전했다. 그런데 이 일들 후에 예수께서 친히 그들을 통하여 해 뜨는 곳으로부터 해지는 곳까지 거룩하고 썩지 않는 영원한 구원의 케뤼그마를 전파하셨다. 아멘]

막달라 마리아에게 나타나심

마가복음 16:9-11

9절

Ἀναστὰς δὲ πρωῒ πρώτῃ σαββάτου ἐφάνη πρῶτον Μαρίᾳ τῇ Μαγδαληνῇ, παρ᾽ ἧς ἐκβεβλήκει ἑπτὰ δαιμόνια.

그런데 그가 안식 후 첫날 새벽에 일어난 후 막달라 마리아에게 먼저 나타났는데, 그는 그녀에게서 일곱 귀신을 쫓아낸 적이 있었다.

10절

ἐκείνη πορευθεῖσα ἀπήγγειλεν τοῖς μετ᾽ αὐτοῦ γενομένοις πενθοῦσι καὶ κλαίουσιν·

저 여자는 가서 통곡하며 울고 있는 전에 그와 함께 있던 사람들에게 소식을 전했다.

11절

κἀκεῖνοι ἀκούσαντες ὅτι ζῇ καὶ ἐθεάθη ὑπ᾽ αὐτῆς ἠπίστησαν.

그리고 저 사람들은 그가 살아계시고 그녀에게 보이셨다는 것을 듣고도 믿지 않았다.

두 제자에게 나타나심

마가복음 16:12-13

12절

Μετὰ δὲ ταῦτα δυσὶν ἐξ αὐτῶν περιπατοῦσιν ἐφανερώθη ἐν ἑτέρᾳ μορφῇ πορευομένοις εἰς ἀγρόν·

이 일들 후에 그는 그들 중 시골로 가며 걸어가고 있는 두 사람에게 다른 형체로 나타났다.

13절

κἀκεῖνοι ἀπελθόντες ἀπήγγειλαν τοῖς λοιποῖς· οὐδὲ ἐκείνοις ἐπίσ τευσαν.

그리고 저들은 가서 나머지 제자들에게 알렸다. 그러나 그들은 저들의 말도 믿지 않았다.

해설

이 본문에는 대단히 중요한 단어가 등장한다.

εν ἑτέρᾳ μορφῇ(엔 헤테라 모르페): 다른 형체로

μορφή(모르페, 형체)는 주물의 틀 같은 것으로 빌립보서 2:6에서는 본체로 해석되었다(개역개정). μορφή(모르페)는 붕어빵을 찍어내는 쇳덩어리 같은 것이다. 부활하신 예수께서는 두 제자에게 다른 형체(모르페)로 나타나셨기 때문에 그들은 주님을 알아보지 못했다. μορφή(모르페)는 변화산 이야기에는 동사형으로 나온다.

καὶ μετεμορφώθη ἔμπροσθεν αὐτῶν.
그리고 그는 그들 앞에서 형체가 변했다(막 9:2).

μεταμορφοω(메타모르포오): 변형시키다

부활하신 예수께서는 자기의 영광의 본체로 돌아가셨다. 그분은 더 이상 연약한 육체가 아니다. 그분은 다른 세계에 속한 존재다. 그 세계는 부활의 세계다.

마지막 명령

마가복음 16:14-18

14절

Ὕστερον δὲ ἀνακειμένοις αὐτοῖς τοῖς ἕνδεκα ἐφανερώθη, καὶ ὠνείδισεν τὴν ἀπιστίαν αὐτῶν καὶ σκληροκαρδίαν ὅτι τοῖς θεασαμένοις αὐτὸν ἐγηγερμένον οὐκ ἐπίστευσαν.

그런데 그 후 그는 앉아서 밥을 먹고 있는 그들 11명에게 나타났다. 그리고 그들의 불신앙과 완악한 마음을 꾸짖었다. 왜냐하면 그들은 그가 일어난 것을 본 사람들(의 말)을 믿지 않았기 때문이다.

15절

καὶ εἶπεν αὐτοῖς Πορευθέντες εἰς τὸν κόσμον ἅπαντα κηρύξατε τὸ εὐαγγέλιον πάσῃ τῇ κτίσει.

그리고 그는 그들에게 말했다. "너희는 모든 세계로 가서 모든 피조물에게 복음을 선포하라.

16절

ὁ πιστεύσας καὶ βαπτισθεὶς σωθήσεται, ὁ δὲ ἀπιστήσας κατακριθήσεται.

믿고 세례받는 사람은 구원받을 것이다. 그러나 믿지 않는 사람은 정죄당할 것이다.

17절

σημεῖα δὲ τοῖς πιστεύσασιν ταῦτα παρακολουθήσει, ἐν τῷ ὀνόματί μου δαιμόνια ἐκβαλοῦσιν, γλώσσαις λαλήσουσιν καιναῖς,

그런데 이것들이 믿는 사람들을 따라다닐 것이다. 그들은 내 이름으로 귀신들을 내쫓을 것이고, 새로운 언어로 이야기할 것이다.

18절

ὄφεις ἀροῦσιν κἂν θανάσιμόν τι πίωσιν οὐ μὴ αὐτοὺς βλάψῃ, ἐπὶ ἀρρώστους χεῖρας ἐπιθήσουσιν καὶ καλῶς ἕξουσιν.

[그리고 그들은 손으로] 뱀을 들어 올릴 것이고, 쇠약한 사람들 위에 손을 얹으면 그들이 회복될 것이다."

해설

주님께서는 부활을 믿지 않는 제자들을 심하게 책망하신다. 여기서 사용한 동사는 ονειδιζω(오네이디조)인데, 이것은 '욕하다'라는 뜻이다. 헬라어에서 꾸짖는다는 뜻의 단어는 επιτιμαω(에피티마오)라는 동사가 따로 있다.

주님께서는 밥만 먹고 부활을 믿지 않는 제자들을 찾아가 욕을 하면서 꾸짖는다. 여기에 제자들을 향한 주님의 사랑이 잘 표현되어 있다.

마가복음의 예수는 제자들에게 다정다감하지 않다. 그분은 제자들과 거리를 두고 있다. 마가복음을 쓴 사람은 밥을 먹고 있다가 주님으로부터 욕을 잔뜩 먹은 사람이다. 마가복음은 예수를 무섭고 엄격한 스승으로 생각하고 있는 사람이 쓴 책이다.

여기서 중요한 것은 제자들이 하나님의 종말론적 희망의 약속인 부활을 믿지 않고 있다는 충격적인 사실 보도다. 또한 하나님의 종말론적 희망의 약속인 부활은 예수님이 제자들에게 욕을 하면서까지 가르치려고 했던 복음의 본질이라는 것이다.

마가복음의 마지막 주님의 명령은 '선포하라'(κηρυξατε, 케뤽사테)이다. 그러면 그들이 온 세계에 나가서 선포해야 할 케리그마(κήρυγμα)의 내용은 무엇인가?

그것은 바로 하나님의 종말론적 희망의 약속인 부활이다. 교회는 하나님의 종말론적 희망의 약속인 부활의 미래를 놓칠 때 그 본래적 능력을 상실하고 타락하기 시작한다.

제자들과 함께 영원히

마가복음 16:19-20

19절

Ὁ μὲν οὖν Κύριος Ἰησοῦς μετὰ τὸ λαλῆσαι αὐτοῖς ἀνελήμφθη εἰς τὸν οὐρανὸν καὶ ἐκάθισεν ἐκ δεξιῶν τοῦ Θεοῦ.

주 예수께서는 그들에게 이야기한 후에 하늘로 들어 올려졌다. 그리고 하나님의 오른쪽에 앉았다.

20절

ἐκεῖνοι δὲ ἐξελθόντες ἐκήρυξαν πανταχοῦ, τοῦ Κυρίου συνεργοῦντος καὶ τὸν λόγον βεβαιοῦντος διὰ τῶν ἐπακολουθούντων σημείων.

그런데 저들은 나가서 어디서나 선포했다. 주님께서는 함께 일하시고 따르는 표적들을 통하여 말씀을 입증하셨다.

해설

　부활하신 예수는 하늘로 돌아가 아버지 우편에 앉으신다. 그리고 아버지로부터 성령을 받아 세상에 남겨둔 제자들에게 부어 주신다. 제자들은 성령의 기름 부으심을 받은 후 비로소 위대한 사도로서의 삶을 시작한다. 그러므로 능력의 원천은 그들 자신이 아니라 하나님이다.

　예수 그리스도는 세상 끝 날까지 성령을 통하여 제자들과 함께 일하시는 영원한 현존의 하나님이시다.